国家自然科学基金面上项目"城市蔓延对全要素碳排放绩效的影响机制及效应研究"（71774142）
浙江省自然科学基金一般项目"城镇化质量对土地可持续集约利用的影响机理及优化路径设计：基于浙江县域的研究视角"（LY16G030029） 资助
和浙江工业大学2018年度人文社会科学后期资助项目

范建双 著

面向产业结构升级的土地集约利用问题研究

MIANXIANG CHANYEJIEGOUSHENGJI
DE TUDIJIYUE LIYONGWENTI YANJIU

中国财经出版传媒集团

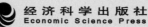

经济科学出版社
Economic Science Press

图书在版编目（CIP）数据

面向产业结构升级的土地集约利用问题研究/范建双著.
—北京：经济科学出版社，2019.4
ISBN 978 - 7 - 5218 - 0500 - 0

Ⅰ.①面⋯ Ⅱ.①范⋯ Ⅲ.①产业结构升级 - 关系 -
土地利用 - 研究 Ⅳ.①F301.2 ②F264

中国版本图书馆 CIP 数据核字（2019）第 073017 号

责任编辑：杜 鹏 王 莹
责任校对：蒋子明
责任印制：邱 天

面向产业结构升级的土地集约利用问题研究

范建双 著

经济科学出版社出版、发行 新华书店经销

社址：北京市海淀区阜成路甲 28 号 邮编：100142

编辑部电话：010 - 88191441 发行部电话：010 - 88191522

网址：www. esp. com. cn

电子邮件：esp_bj@ 163. com

天猫网店：经济科学出版社旗舰店

网址：http://jjkxcbs. tmall. com

固安华明印业有限公司印装

710×1000 16 开 13.25 印张 230000 字

2019 年 4 月第 1 版 2019 年 4 月第 1 次印刷

ISBN 978 - 7 - 5218 - 0500 - 0 定价：56.00 元

（图书出现印装问题，本社负责调换。电话：010 - 88191510）

（版权所有 侵权必究 打击盗版 举报热线：010 - 88191661

QQ：2242791300 营销中心电话：010 - 88191537

电子邮箱：dbts@ esp. com. cn）

前　言

　　本书旨在研究产业结构优化升级背景下的土地集约利用问题，重点关注土地集约利用效果评价及其驱动机制，这种研究取向具有重要的理论价值与实践意义。从理论层面，土地作为重要的生产要素之一，是影响一个国家和地区经济增长的重要驱动要素。土地的市场理论和区位理论阐述了供求关系与地理位置对土地利用的空间布局和配置效率的关键作用，同时土地资源配置效率的高低、土地利用结构的合理与否，是产业结构是否合理、产业布局是否科学的前提条件。当前中国正处于加速完善社会主义市场经济体制的阶段，考虑到中国城镇土地所有权为国家属性带来的土地一级市场国家垄断，土地资源在短期内还无法实现真正意义上的市场化配置，产业用地的非市场化配置尤为突出，"土地的市场化改革一直在不断完善和推进"以及土地用途管制是中国实现产业结构优化升级和经济可持续发展的基本背景，这与土地市场理论的逻辑起点并不一致。此外，作为发展中国家，中国的空间异质性和区域行政差异性也为研究土地市场化改革和土地集约利用问题提供了有利的条件。因此，深入研究产业结构优化升级背景下的土地集约利用问题，在理论发展维度为土地市场理论、土地管理理论的本土化提供了重要的契机。从实践层面，改革开放以来，中国在经济增长方式、产业结构、土地管理体制等方面均出现了变化，现阶段的经济增长方式、产业结构升级和土地管理体制等均处于不断完善和推进的过程中。在城镇土地资源日趋紧张、土地价格不断攀升的背景下，产业结构能否实现优化升级在某种程度上取决于土地集约利用程度，而在土地的市场化改革大力推进的背景下，提出实现土地集约利用这一命题是促进产业结构优化升级和持续发展的逻辑必然，而实现土地集约利用对中国产业的效率提升和分配公平具有双重价值。

　　基于选择的研究主题，本书从五个方面梳理并评述了已有文献：关于土地用途管制制度的相关研究；针对土地用途管制与产业结构演进之间互动关系的相关研究；土地要素与经济可持续增长之间关系的相关研究；土地利用效率测度及其收敛性检验的相关研究；土地集约利用的测度及其驱动因素的相关研究。现有研究针对中国的土地制度和土地集约利用问题作了深入的探索，取得了丰硕的成果，但是仍然有改进的空间。作为对现实的回应和对已有文献的改进，本书先界定了土地集约利用、土地市场化改革和土地违法等核心概念，进而从理论机制的角度分析了产业结构演进、土地市场化改革、土地违法和房地产投资等因素对土地集约利用的影响机制。从互动关系的角度，产业结构演进与土地集约利用之间存在互动影响机制：一方面，产业结构演进使得生产要素在部门和区域间流动，其结果是导致土地利用结构和方式变化。产业结构演进后的区域在既定土地空间上发展产值和效益更高的产业，或者通过资源整合实现产业合作分工，产生集聚效应和范围经济，从而提高土地利用效率。另一方面，土地是产业发展的载体，土地集约利用与产业结构演进之间是一个互动的过程。进一步从人口、土地、经济、社会和城乡一体化五个维度探讨了城镇化质量通过完善城镇基础设施和公共服务、改善居民生活质量、居住环境和就业等方面对土地集约利用的影响机制。从市场和政府的双重视角，提出土地市场化改革对土地集约利用的影响机制：土地市场化改革的过程会直接影响土地市场参与者的土地使用行为和地方政府的土地出让行为，进而通过竞租效应、替代效应和流转效应等影响土地的开发进度、利用强度和利用结构等指标水平，进而导致不同的土地利用方式和可持续集约利用水平。从正负双重作用机制的角度，提出违法用地对土地集约利用的影响机制：一方面，违法用地作为一种土地要素投入同样能够带动地区经济增长、地方投资与就业，进而对土地集约利用产生积极影响；另一方面，从环境负外部性、诱发非理性投资和加剧城镇化负担三个层面论述了违法用地对土地集约利用的负面影响。相对于已有土地集约利用的理论，本书试图从产业结构演进、城镇化质量、土地市场化改革和违法用地四个维度来探讨土地集约利用的驱动机制，将极大丰富现有的土地集约利用理论。

基于土地集约利用的理论机制分析，本书分析了我国土地资源利用的现状和存在的问题。改革开放以来，市场化进程的大力推进和城镇化的快速发展深刻影响并改变了我国的土地利用结构和格局，尤其是建设用地的需求量不断增加导致了土地市场的供需矛盾日益突出。考虑到中国人均土地面积偏少的国情，土地资源在一定程度上构成了地区经济发展的约束条件。因此，本书分别研究了土地要素对经济发展的"增长阻尼"效应和土地资源约束下的工业企业效率问题。针对"增长阻尼"效应的实证检验结果表明，土地资源的确对地区经济发展产生了一定的阻碍作用，这意味着土地资源作为生产要素之一由于粗放利用和低效配置而对经济发展产了"增长阻尼"效应，进而阻碍了产业结构的调整和优化升级，而这种阻碍作用从另一个角度说明了土地集约利用的重要性。针对土地约束下的工业企业效率测度的研究结果表明，外资工业企业是进入高速高效发展模式最多的，此外依次是民营和国有企业，中国工业的发展态势使得企业出现了明显的两极分化趋势。导致上述现象出现的原因是企业的经营管理水平以及资源利用和配置效率的差异，尤其是土地资源的使用和配置效率。外资企业管理理念先进，可以高效地利用和配置土地资源，而民营企业和国有企业则管理水平相对落后，对资源的利用和配置效率不高。因此，新一轮的产业结构优化升级应重点关注国有企业和民营企业的先进管理理念和人才的引进。

　　土地资源构成了地区经济发展的约束条件，说明了现阶段土地利用模式的粗放和配置的低效。因此，本书进一步对现阶段的土地综合利用效率状况进行了系统评价，对土地利用效率的区域差异和产业差异进行了比较分析，对土地利用效率区域之间差异性的变动趋势进行了收敛性检验。针对土地利用综合效率测度及其收敛性的检验，本书的研究指出，浙江省的土地利用综合效率基本呈现出逐年递减的发展态势，这种变动趋势主要源于技术进步和综合效率的恶化。总体上浙江省范围内各城市的土地利用综合效率在研究期内存在绝对收敛趋势。土地利用效率的递减说明了目前的土地低效利用现象并没有得到改善，反而有进一步恶化的趋势。区域内部各城市之间存在收敛性则说明地区之间的差距在缩小，土地利用相对落后城市有向先进城市学习和效仿的动力和倾向，这是一个好的现象。对土地利用效率的区域差异和产业差异的对比分析结果表明，第二、第三产业的土地利用效率要远远高于第一产业。三大区域内部差异从高至低的顺序依次是东部、西部和中部地区。各产业各地区土地利用效率差异在研究期内并没有呈现出明显的 σ 收敛，而是表现出了不同的阶段性特征。出现阶段性特征的主要原因是地区之间产业结构和劳动生产率差异。即控制了产业结构和劳动生产率差异的影响以后，区域之间的土地利用效率差异呈现出了缩小的发展趋势，即存在条件收敛。

土地利用效率作为衡量土地集约利用水平的指标之一，如何科学有效地评价土地集约利用水平是值得研究的重要问题。因此，本书建立了土地集约利用的评价指标体系，并以浙江县域地区为研究对象进行了实证测度。进一步从产业结构演进、违法用地、土地市场化改革、城镇化质量和房地产投资五个维度建立了计量模型，实证检验各类因素对土地集约利用的影响大小和方向。针对土地集约利用的实证结果表明，浙江县域土地集约利用水平整体呈现波动上升的趋势，区域分布上呈现出"东部高，西部低"的空间分布格局，并且土地可持续集约水平较高的地区呈现由南向北转移的态势。针对土地集约利用与产业结构演进的互动关系的研究结果表明，两者的耦合程度较高而耦合协调度较低，即两者之间的互动关系并未完全建立起来，还存在一定的制约因素，约束土地集约利用效果的主要因素是第三产业产值比重。针对土地违法和土地市场化改革对土地集约利用影响的实证结果表明，引入土地市场化水平后，东部和中部地区违法用地对土地集约利用的负向作用被强化，且中部地区高于东部地区。而西部地区的影响作用相反，加入土地市场化因素后违法用地对土地集约利用的影响显著为正。违法用地对土地集约利用的影响在空间上具有溢出效应。导致这种结果的原因在于土地的市场化改革通过市场手段实现土地资源的优化配置，促进了土地集约利用，但同时也带来了负面效应，即土地市场化改革导致土地价值不断攀升，在利益驱动下，很多土地使用者有违法用地的动机和意愿，从而加剧了土地违法行为的发生，进而对土地集约利用产生负向影响。城镇化质量对土地集约利用的实证结果表明：城镇化质量无论是在全国样本中还是分区域样本中，都是土地集约利用的重要驱动因素，而且这种影响存在显著的正向空间溢出效应，即本地的城镇化质量除了对本地区的土地集约利用水平有正向影响外，还通过空间溢出效应对周边地区的土地集约利用产生正向影响。

现阶段中国需要提高土地集约利用水平以促进产业结构的优化升级，进而形成经济可持续发展的动力机制。基于本书提出来的各类驱动要素对土地集约利用的驱动机制及其实证检验结果，我国实现土地集约利用在经济新常态和城镇化进程由高速度发展向高质量发展转换的背景下，必须充分利用淘

汰落后和过剩产能、经济发展方式战略转变等有利条件，主要针对转型期的
土地制度和政府管理方式进行适应性调整。基于条件分析，可以进一步提出
促进产业升级的土地可集约利用的基本思路，即提高土地集约利用水平必须
实现"12345"的五个步骤。其中，"1"是指一个目标：通过提高土地集约
利用水平来构建土地要素与产业要素的良性互动关系；"2"是指两个主体：
市场作为资源配置的主体，而政府作为经济和市场调控的主体；"3"是指三
种要素：人口、土地与产业；"4"是指四种机制：市场化机制、政策互补机
制、因城施策机制和调控机制；"5"是指五个方面的制度完善：产业用地出
让制度、产业用地统计制度、土地市场化出让和管理制度、土地集约利用评
价制度和产业用地动态监测制度。

作者

2019 年 3 月

目　　录

第1章 绪 论

土地作为产业发展的载体，土地政策是参与产业调控政策的重要方面。土地为产业发展提供空间保障的同时，也可以通过土地集约利用政策进一步促进产业结构优化升级。土地集约利用和产业结构优化升级是近些年国家宏观管理的重要事项，也是转变经济发展方式和促进经济可持续发展的重要部分。改革开放以来，中国的经济取得了飞速发展，产业规模不断壮大，为居民提供了大量的就业岗位和产品，同时也带动了地区的投资和消费的升级。但是在经济快速增长的过程中也出现了一系列的问题，大城市用地紧张而中小城镇粗放用地现象严重。城市之间竞相申请建设产业园区和工业园区，大量城市郊区和农村的农用地被占用。然而这些被占用土地的低效利用和闲置情况依然突出，城市之间、城市内部各区之间的产业结构雷同和竞争性引资现象依然存在。如何实现以较少的土地资源消耗支撑新一轮产业升级，努力提高城市尤其是中小城市的产业集聚能力和转型升级能力，形成大中小城市之间的分工协作，是保障中国经济社会持续健康发展的关键。中国的城市土地集约利用水平如何？驱动因素有哪些？其与产业结构之间存在怎样的内在关系？这些问题的回答对于缓解土地资源短缺、合理优化配置土地资源、实现经济可持续发展和产业优化升级战略的顺利实施都具有十分重要的意义。

1.1 现阶段中国土地资源利用的主要特征

土地是人类赖以生存的不可再生资源，严格土地管理，推进节约集约用地，是我们面临的一项长期而紧迫的任务。在经济发展转型的关键阶段，如何实现区域产业结构优化升级，促进土地节约集约利用和城市的"精明增长"是一个重大的理论与现实问题。要掌握我国土地集约节约利用情况需要先准确识别现阶段我国土地资源利用的基本特征。现阶段我国土地资源利用呈现出了以下典型的特征事实。

（1）我国存量建设用地的集约利用水平不断提高。但是与国外发达国家相比还存在一定差距。统计 2002～2016 年全国建设用地的数据，如表 1－1 所示。从表 1－1 中我们看到，2002～2016 年全国建设用地共增加了 11353.84 万亩，增长幅度为 24.64%。从各类建设用地的增长趋势看，三大类建设用地中除了水利设施用地在研究期内均呈现出了一定的波动性以外，其他两类用地的面积均呈现出逐年增长的发展态势。其中，交通运输用地的增长幅度最大，从 2002 年的 3114.85 万亩增加到 2016 年的 5565.30 万亩，增长幅度达到了 78.67%；居民点及独立工矿用地在研究期内呈现稳步增长的发展态势，从 2002 年的 37643.05 万亩发展到 2016 年的 46489.10 万亩，增幅达到 23.50%；水利设施用地由于其需求的不确定性，其用地面积增幅不明显，甚至有些年份出现了下降，2016 年相比 2002 年的增幅仅为 1.61%。从各类用地占建设用地比重来看，居民点及独立工矿用地所占的比重最高，在研究期内始终保持在 80% 以上，并呈现出轻微的下降趋势，从 2002 年的 81.68% 下降到 2016 年的 80.94%。2015 年之前，交通运输用地所占比重始终为最低，2015 年和 2016 年则超过了水利设施用地所占比重，总体呈现了上升的发展态势，从 2002 年的 6.76% 上升到 2016 年的 9.69%；水利设施用地所占比重在研究期内则呈现下降趋势，从 2002 年的 11.56% 下降到 2016 年的 9.38%。

表 1－1　　　　　　　　2002～2016 年全国存量建设用地及其组成变化

年份	建设用地	居民点及独立工矿用地		交通运输用地		水利设施用地	
	面积（万亩）	面积（万亩）	比重（%）	面积（万亩）	比重（%）	面积（万亩）	比重（%）
2002	46085.76	37643.05	81.68	3114.85	6.76	5327.85	11.56
2003	46597.00	38031.25	81.62	3217.76	6.91	5348.00	11.48
2004	47326.80	38592.67	81.55	3349.85	7.08	5384.28	11.38
2005	47883.00	39022.50	81.50	3463.50	7.23	5398.50	11.27
2006	48547.50	39531.00	81.43	3592.50	7.40	5422.50	11.17

年份	建设用地	居民点及独立工矿用地		交通运输用地		水利设施用地	
	面积（万亩）	面积（万亩）	比重（%）	面积（万亩）	比重（%）	面积（万亩）	比重（%）
2007	49080.00	39970.50	81.44	3666.00	7.47	5443.50	11.09
2008	49587.00	40374.00	81.42	3744.00	7.55	5467.50	11.03
2009	51357.20	41966.50	81.71	4234.80	8.25	5155.90	10.04
2010	52363.50	42711.50	81.57	4472.70	8.54	5179.30	9.89
2011	53311.80	43424.60	81.45	4661.20	8.74	5226.00	9.80
2012	54188.20	44126.50	81.43	4814.30	8.88	5247.40	9.68
2013	55005.10	44731.70	81.32	5016.90	9.12	5256.50	9.56
2014	55982.00	45395.60	81.09	5246.70	9.37	5339.70	9.54
2015	56694.40	45949.10	81.05	5387.10	9.50	5358.20	9.45
2016	57439.60	46489.10	80.94	5565.30	9.69	5385.20	9.38

资料来源：全国土地利用变更调查数据。

从土地利用强度和土地利用弹性两个方面，对全国的土地利用效果进行评价，这里主要对建设用地的土地利用效果进行评价。

首先是土地利用强度。采用单位建设用地固定资产投资、单位建设用地财政总收入、单位建设用地 GDP 和人均建设用地面积 4 项指标来反映土地利用强度。2002～2016 年全国土地利用强度变化情况如表 1－2 所示。各类指标均呈现出了逐年增长的发展态势。其中，单位建设用地固定资产投资从 2002 年的 0.9439 万元/亩上升到 2016 年的 10.5583 万元/亩，提高了 1018.60%，增长幅度非常大；单位建设用地公共预算收入从 2002 年的 0.4102 万元/亩上升到 2016 年的 2.7787 万元/亩，提高了 577.42%；单位建设用地 GDP 从 2002 年的 2.6411 万元/亩上升到 2016 年的 12.9550 万元/亩，提高了 390.51%，说明经过了十几年的发展，我国的土地投入强度和经济产出强度有了飞速发展，取得了举世瞩目的成绩。但需要注意的是，人均建设用地面积作为一类反向指标，其值从 2002 年的 0.3588 亩/人增加到 2016 年的 0.4154 亩/人，说明建设用地的人口利用强度在逐年降低。

表 1 – 2   2002 ~ 2016 年全国土地利用强度指标变化情况

年份	单位建设用地固定资产投资（万元/亩）	单位建设用地公共预算收入（万元/亩）	单位建设用地GDP（万元/亩）	人均建设用地面积（亩/人）
2002	0.9439	0.4102	2.6411	0.3588
2003	1.1925	0.4660	2.9492	0.3606
2004	1.4892	0.5577	3.4196	0.3641
2005	1.8540	0.6610	3.9120	0.3662
2006	2.2654	0.7984	4.5201	0.3693
2007	2.7980	1.0457	5.5060	0.3715
2008	3.4854	1.2368	6.4435	0.3734
2009	4.3733	1.3342	6.7971	0.3848
2010	4.8065	1.5870	7.8878	0.3905
2011	5.8427	1.9484	9.1781	0.3957
2012	6.9147	2.1638	9.9720	0.4002
2013	8.1137	2.3490	10.8216	0.4042
2014	9.1462	2.5074	11.5032	0.4093
2015	9.9128	2.6858	12.1538	0.4124
2016	10.5583	2.7787	12.9550	0.4154
2016 年比2002 年提高百分比（%）	1018.60	577.42	390.51	15.79

资料来源：建设用地数据来源于土地利用变更调查，GDP、固定资产投资、财政总收入和人口数据来源于《中国统计年鉴》。

其次是采用单位固定资产投资耗地下降率、单位财政总收入耗地下降率、单位 GDP 耗地下降率和人均建设用地面积增长率四类指标来对用地弹性进行评价。由此计算得到 2002 ~ 2016 年全国用地弹性指标变化情况如表 1 – 3 所示。从表 1 – 3 可知，单位公共预算收入、单位固定资产投资和单位 GDP 的耗地量均呈现不断下降的发展趋势。2002 ~ 2016 年，单位公共预算收入耗地年均下降率达到了 14.88%，单位固定资产投资耗地年均下降 19.02%，单位 GDP 耗地年均下降率为 12.14%，从时间趋势来看，全国用地的集约度、产出度均呈现逐年提高的发展态势。人均建设用地面积增长率则在研究期内表现出了一定的波动性，总体呈现出了倒 U 形的发展态势。这说明，在经济快速发展和城镇化加速推进的过程中，我国的建设用地耗用量迅速扩张，出现了一定的城市蔓延和土地低效利用的现象。2008 年之后，受到国际金融危机的影响，政府开始重视经济的内涵式增长，强调土地的节约集约利用，加大力度盘活存量建设用地，因此，之后年份的人均建设用地增长率出现了下降的趋势，这说明我国的土地集约利用政策起到了一定的成效。

表 1 - 3　　　　　　　　2002 ~ 2016 年全国用地弹性变化情况　　　　　　单位：%

时间	人均建设用地面积增长率	单位公共预算收入耗地下降率	单位固定资产投资耗地下降率	单位 GDP 耗地下降率
2002 ~ 2003 年	0.50	13.61	26.34	11.66
2003 ~ 2004 年	0.97	19.68	24.88	15.95
2004 ~ 2005 年	0.58	18.51	24.50	14.40
2005 ~ 2006 年	0.85	20.79	22.21	15.54
2006 ~ 2007 年	0.58	30.97	23.49	21.81
2007 ~ 2008 年	0.52	18.28	24.57	17.03
2008 ~ 2009 年	3.07	7.87	25.48	5.49
2009 ~ 2010 年	1.47	18.95	9.91	16.05
2010 ~ 2011 年	1.32	22.77	21.56	16.36
2011 ~ 2012 年	1.14	11.05	18.35	8.65
2012 ~ 2013 年	1.01	8.56	17.34	8.52
2013 ~ 2014 年	1.25	6.74	12.73	6.30
2014 ~ 2015 年	0.77	7.11	8.38	5.66
2015 ~ 2016 年	0.72	3.46	6.51	6.59
2002 ~ 2016 年均值	1.05	14.88	19.02	12.14

资料来源：建设用地数据来源于土地利用变更调查，GDP、固定资产投资、财政总收入和人口数据来源于《中国统计年鉴》。

在肯定成绩的同时，我们同样需要看到差距。与国外发达国家相比，我国的土地产出效率仍有待提高。这里以单位国土面积产生的 GDP 指标来比较我国与发达国家土地产出效率的差距。从表 1 - 4 可知，我国的单位国土面积 GDP 仅为 1.2748 亿美元/万公顷，远远低于法国、德国、意大利、日本、英国等发达国家，同时也低于美国，略高于世界平均水平。当前，我国仍然处于城市化加速阶段，对建设用地需求的不断增长要求我们高度重视土地的产出效率问题。土地是经济发展的载体，土地产出效率的高低直接影响经济的可持续发展。如何在转变经济增长方式和产业结构优化升级的宏观背景下合理配置土地资源，实现土地资源的集约利用和经济的可持续增长，是一个重大的理论与现实问题。

表 1-4　　　　　2017 年中国与主要发达国家和全球的单位国土面积 GDP 比较

国别	GDP（亿美元）	国土面积（万公顷）	单位国土面积 GDP（亿美元/万公顷）
世界	806838.00	1342696	0.6009
中国	122377.00	96000	1.2748
法国	25825.00	5492	4.7023
德国	36774.00	3571	10.2980
意大利	19348.00	3013	6.4215
日本	48721.00	3779	12.8926
西班牙	13113.00	5054	2.5946
英国	26224.00	2436	10.7652
美国	193906.00	98315	1.9723

资料来源：《中国统计年鉴》（2018）。其中 GDP 数据摘自国际货币基金组织 WEO 数据库；国土面积数据摘自世界银行数据库。

（2）产业结构的不断优化升级对土地集约利用提出了新的命题和挑战。土地政策为产业结构升级提供了政策支撑。土地是产业发展的承载空间，土地政策是参与产业调控政策的重要方面，土地利用结构则是产业结构在地表的投影映射。因此，土地为产业发展提供空间保障的同时，也可以通过土地政策所形成的土地利用规模、结构和布局等进一步促进产业结构的调整优化。我国自 1998 年新《中华人民共和国土地管理法》确立了以土地用途管制为中心的新型土地管理政策以来，为了抑制部分行业产能过剩和重复建设，引导产业健康发展，规范房地产市场平稳运行，国家出台了一系列的土地政策，如国土资源部和国家发改委先后发布实施的《限制用地项目目录》和《禁止用地项目目录》（1999 年版本、2006 年版本、2006 年版本增补版本和 2012年版本），这些政策的出台是为了与产业结构调整政策《产业结构调整指导目录》等相配合，进一步完善促进产业结构调整的政策体系。另外，为规范房地产用地供应管理，促进闲置土地利用和打击囤地炒地行为，国土资源部按照国家有关房地产市场调控政策要求，先后下发《关于加强房地产用地供应和监管有关问题的通知》《关于进一步加强房地产用地和建设管理调控的通知》《关于严格落实房地产用地调控政策促进土地市场健康发展有关问题的通知》等文件，对商品住宅用地单宗出让面积、住房用地容积率控制标准等作出了明确限定。这些土地政策实施的目的是为了能够建立用地政策与产业政策的联动机制，改善和提高土地调控效果。

随着我国产业结构的不断调整和升级，现有的土地政策已经不能完全适应产业发展的需求。我们绘制了 1978 年以来我国的三次产业产值占总产值的比重的变化趋势图，如图 1-1 所示。不难看出，第一产业产值占国民生产总值的比重在逐年降低，从 1978 年的 27.7% 下降到 2017 年的 7.9%，下降幅度达到了 71.5%；与此同时，我国的第三产业取得了迅猛的发展，第三产业产值占比从 1978 年的 24.6% 上升到 2017 年的 51.6%，并分别在 1985 年和 2012 年超过了第一产业和第二产业，成为名副其实的主导产业。尤其是近年来服务业和金融业的快速发展使得其主导地位不断强化；而第二产业产值占比在研究期内表现出了相对平稳的变化趋势，取值基本维持在 40%~50% 的区间内波动，但是，从 2012 年开始，第二产业产值占比被第三产业反超，这说明，我国的第二产业已经由传统的主导产业变为非主导产业，工业企业正在发生和已经发生了产业的转型升级，落后产能在不断被淘汰，高端装备制造业和战略性新兴产业正在不断崛起。

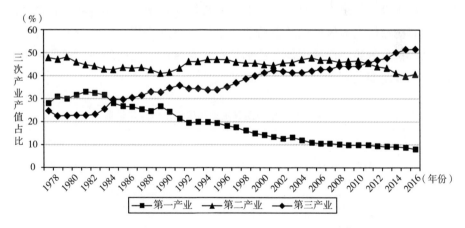

图 1-1　中国 1978~2017 年三次产业产值占 GDP 的比重变化趋势

同时，伴随着我国产业结构的变化，我国土地利用结构也在随之发生变化（见表 1-5）。从表 1-5 可以看出，尽管 2002~2017 年我国的农用地的比重变化幅度不大，但是仍然可以看到明显的下降趋势，即农用地占国土面积的比重逐年下降，从 2002 年的 69.07% 下降到 2017 年的 67.86%，下降了 1.75%；建设用地占国土总面积的比重呈现逐年上升的趋势，从 2002 年的 3.23% 上升到 2017 年的 4.03%，上升了 24.63%，上升幅度明显，其他部分 是未利用地。这说明，随着中国城市化进程的不断深化，对建设用地的需求 不断增长。在我国未利用土地中多为难以开发利用土地，因此，建设用地规 模的扩张多是以占用农用地的方式完成，农用地面积势必逐渐减少。而国家 对耕地和自然生态的保护又使得农用地不能随意占用，要求占补平衡，因此， 可供建设的用地更少。当前我国正处于经济快速发展时期，为了满足经济发 展和产业升级转型需要，势必对建设用地产生大量的需求，供需矛盾日益突 出。同时，这进一步加大了耕地保护难度。当前我国耕地保护面临诸多难题。 一是城镇和农村建设双向挤占耕地。近年来，随着中国城市化率不断提高， 在城镇建设用地规模扩张的同时，农村建设用地规模也在不断扩大。二是实 现耕地占补平衡的难度剧增。一方面，耕地后备资源严重不足；其他可开垦 为耕地的后备资源主要为林地和园地，但大部分坡度较高，耕地开垦与生态 环境保护和林地审批的矛盾日益加剧。另一方面，异地调剂补充耕地指标十 分困难，欠发达地区可供调出指标越来越少，价格大幅度攀升。三是缺乏保 护耕地的长效利益补偿机制。由于种植粮食作物效益比较低，农民保护耕地 的积极性不高。加之地方政府财力有限，难以对耕地保护实行利益补偿。因 此，在我国经济发展转型的关键阶段，如何更好地运用土地政策，实现区域 产业结构优化升级，促进土地节约集约利用和城市的精明增长，是一个重大 的理论和现实问题。

表 1-5　　　　　　　　2002~2016 年中国农用地和建设用地变化情况

年份	农用地		建设用地	
	面积（万公顷）	比重（%）	面积（万公顷）	比重（%）
2002	984910.42	69.07	46085.76	3.23
2003	985592.14	69.11	46597.00	3.27
2004	985527.79	69.11	47326.80	3.32
2005	985570.50	69.11	47883.00	3.36
2006	985782.00	69.13	48547.50	3.40
2007	985531.50	69.11	49080.00	3.44
2008	985314.00	69.09	49587.00	3.48

年份	农用地		建设用地	
	面积（万公顷）	比重（%）	面积（万公顷）	比重（%）
2009	971662.90	68.14	51357.20	3.60
2010	970919.60	68.09	52363.50	3.67
2011	970297.90	68.04	53311.80	3.74
2012	969698.50	68.00	54188.20	3.80
2013	969253.20	67.97	55005.10	3.86
2014	968611.80	67.92	55982.00	3.93
2015	968185.00	67.89	56694.40	3.98
2016	967690.00	67.86	57439.60	4.03

资料来源：土地利用变更调查数据。

同时需要注意到的是，当前的土地政策不到位，已不适应产业转型升级的要求。土地集约利用政策与产业政策各自为政，缺乏协调互动。一方面，国土部门制定土地政策缺乏针对性，无法与产业政策形成合力；另一方面，随着科技发展和商业模式转变，传统土地用途分类方式已不能满足产业发展的需要，对于新出现的产业，如2.5产业，土地利用政策滞后。

（3）建设用地供应指标的配置在空间和用途上存在双重失衡。首先是建设用地指标配置的空间错配与失衡。由于中国实行严格的建设用地指标管理。中央负责对全国31个省、自治区和直辖市的新增建设用地指标进行统一分配，再由各个省分配到所管辖的地方政府。而且由于建设用地指标某种程度上来讲无法实现跨市交易（跨省则更难），结果是导致了用地指标紧张地区和用地指标富裕地区并存的现象（韩立彬、陆铭，2018）。改革开放以来，我国逐渐形成了以地区经济为发展模式的经济运行方式。地区资源差异和市场化进程的差距，不仅强化了地区经济作为相对独立的经济系统的封闭性，还进一步拉大了地区间的差距。我国东部沿海地区经济发达，人口密度大、城市化程度较高，建设用地不断占用耕地，耕地后备不足，难以在省域内实现耕地总量动态平衡；而中西部地区人口密度相对较低，耕地后备资源充裕，工业化、城市化速度相对较慢，建设占用耕地的矛盾相对不突出。区域间经济发展水平和资源禀赋的差异造成了区域间土地资源配置极不均衡。

2002 年中共十六大明确提出促进区域协调发展的方针。在该方针指引下，我国实施了西部大开发、振兴东北等老工业基地、促进中部地区崛起、鼓励东部地区率先发展等一系列发展战略。经过十多年的发展，各地区之间经济发展差异势必发生变化。而经济发展是建设用地需求变化的最主要动力。按照国家统计局对我国东、中、西部的划分标准①，我们统计了 1999～2016 年全国 31 个省、自治区和直辖市按照东、中、西部进行归类的建设用地供应面积变化情况如图 1 - 2 所示。从总体来看，2012 年之前，东部地区的建设用地供应面积始终是高于中部和西部地区的。东部地区经济发达，人口集聚能力强，产业集中度高，需要大量的建设用地用于工业项目和房地产开发项目，因此这种土地资源的配置是相对合理的。但是，2012 年之后，西部地区的建设用地供应面积超过了东部地区。这说明中央政府的土地调控政策开始向西部地区倾斜，东部地区的用地指标开始收紧。支持中西部地区发展成为土地指标配置的重要方向。这很显然是一种土地要素的空间错配，即土地要素的配置方向与人口流动的方向之间的错配。其结果是东部地区的用地指标紧张，房价高涨；中西部地区用地指标富裕，地方政府如果对城市未来人口的集聚能力估计不足就会出现大量的新城和新区建设后无人居住的情况，即所谓的鬼城和空城。值得注意的是，2008 年是我国建设用地供应面积大幅提升的一个转折点。2008 年之前，我国东、中、西部地区的建设用地供应面积相对稳定。2008 年开始出现了大幅的攀升，一直到 2013 年才开始有所回落。这种变化趋势在三大区域表现出了较高的一致性。原因在于 2008 年受到国际金融危机的影响，中央政府为了稳定国内的经济增长，制定了四万亿的投资计划，其中大部分资金投入基础设施建设、新城建设和开发区建设等，这催生了大量的建设用地需求，因此，2008 年之后我国的建设用地供应出现了大幅增长也就不难理解了。2013 年之后开始回落是中央意识到这种过度投资导致的产能过剩、新区新城过量建设导致的资源浪费和闲置，因此开始全国范围内控制和收紧建设用地指标的分配。

---

① 东部地区包括北京、天津、河北、辽宁、上海、江苏、浙江、福建、山东、广东、海南 11 个省（市）；中部地区包括山西、吉林、黑龙江、安徽、江西、河南、湖北、湖南 8 个省；西部地区包括内蒙古、广西、重庆、四川、贵州、云南、西藏、陕西、甘肃、青海、宁夏、新疆 12 个省（自治区、直辖市）。

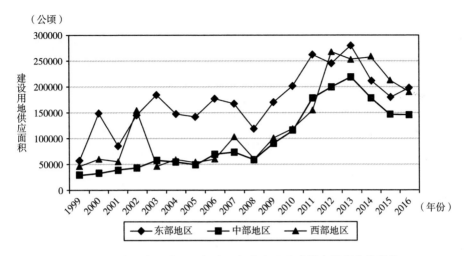

（公顷）

图 1 - 2 中国东、中、西部地区年度建设用地供应面积变化趋势

可喜的是，这种建设用地指标的空间错配正在发生变化。从政府的政策层面，2018 年，国务院办公厅和自然资源部先后出台了《跨省域补充耕地国家统筹管理办法》《城乡建设用地增减挂钩节余指标跨省域调剂管理办法》《城乡建设用地增减挂钩节余指标跨省域调剂实施办法》，目的就是缓解局部地区用地指标过剩而局部地区建设用地指标不足的现状，实现建设用地指标的跨省和跨地区的调剂使用。也就是说，建设用地指标相对紧缺的人口流入省份可以在支付调入价格后，向调出地区"购入"建设用地指标（陆铭，2018）。

其次是建设用地供应中不同类型用地的供应存在供需错配。我们统计了 2003 ~ 2016 年我国不同类型建设用地供应情况，如表 1 - 6 所示。从表 1 - 6 不难看出，商服用地、工矿仓储用地和住宅用地面积占建设用地供应总面积的比重均呈现不断下降的发展趋势。尽管 2008 年国际金融危机使得住宅用地的比重在 2008 年、2009 年和 2010 年表现出了一定的回弹效应，但是总体表现出了下降的趋势。而交通运输用地则在研究期内表现出了持续的上升趋势，尤其是中央政府大力推动高铁和高速公路建设的发展战略进一步强化了这种趋势。住宅用地反映的是居民的居住用地需求，商服用地反映的是服务业等第三产业的用地需求；工矿仓储用地反映的是第二产业的用地需求。随着我国城市化进程的不断推进，我国的人口城市化率已经从 1978 年的 17.92% 增加到 2017 年的 58.52%，增幅达到了 226.56%。人口的大规模和快速的城市化意味着在城市地区产生大量的住房用地需求，并且国外发达国家的城市化率达到了 80%，因此，我国的城市化进程还有很大的上升空间，那就意味着还有大量的住房需求。而实际的住宅用地供应面积虽然也有所增加，但是其所占比重却在逐年减少。尤其我们注意到近年来我国的交通基础设施建设用地的投入量在逐年增加，截至 2016 年底，交通基础设施用地供应占比达到了29.44%并超过了工矿仓储用地的占比，成为建设用地中的主导。尽管工矿仓储用地面积在 2013 年以后也有所下降，但是截至 2016 年底，工矿仓储用地供应所占比重仍然达到 23.17%。在现阶段我国产业结构优化升级和快速城市化的背景下，城市发展中的主导产业已经由第二产业变为第三产业，城市仍然在不断吸纳大量的农村人口向城市集聚。因此，要适应这种产业升级的变化，地方政府应该进一步加大第三产业用地和住宅用地的供应，而适当减少第二产业的用地供应。但是实际的情况却并非如此，这说明现阶段的建设用地供应存在用地类型的供需错配。这与地方政府为了实现 GDP 增长而进行招商引资行为有关。地方官员为了实现政治晋升，有充足的动机低价出让工业用地来招商引资。而用地企业由于低价甚至零地价拿地，低廉的土地获取成本导致企业不重视土地集约利用，粗放低效用地现象严重。并且产业用地的低廉保有成本和再开发的高增值性，致使用地者热衷于囤积土地而不愿意转让。一方面，一批新兴产业用地无法按时供应；另一方面，现有税收制度的低税率和减免政策以及产业用地再开发的高额收益成为企业多占地和占好地的动力，可新增建设用地指标紧缺和存量用地大量闲置的矛盾现象日益凸显。

表 1-6 　　　　中国 2003~2016 年不同用地类型的国有建设用地供应情况

年份	总计	商服用地面积（公顷）	比重（%）	工矿仓储用地面积（公顷）	比重（%）	住宅用地面积（公顷）	比重（%）	交通运输用地面积（公顷）	比重（%）
2003	286436.7	53676.46	18.74	116379.4	40.63	63751.63	22.26	10398.81	3.63
2004	257919.7	43831.10	16.99	106756.7	41.39	59689.78	23.14	13456.98	5.22
2005	244269.5	29591.38	12.11	109813.8	44.96	55144.85	22.58	14779.49	6.05
2006	306805.9	32124.51	10.47	154635.3	50.40	65153.67	21.24	18135.90	5.91
2007	341974.0	57751.08	16.89	141723.4	41.44	80174.84	23.44	20258.83	5.92
2008	234184.7	26532.02	11.33	92918.09	39.68	62030.09	26.49	17004.19	7.26
2009	361648.8	27570.86	7.62	141486.5	39.12	81548.17	22.55	45613.76	12.61
2010	432561.4	38905.15	8.99	153977.6	35.60	115272.50	26.65	48795.49	11.28
2011	593284.6	42629.68	7.19	191314.5	32.25	126452.90	21.31	110887.88	18.69
2012	711281.3	50939.34	7.16	207194.5	29.13	114664.60	16.12	173662.64	24.42
2013	750835.5	67042.26	8.93	213521.0	28.44	141966.60	18.91	187944.28	25.03

续表

年份	总计	商服用地面积（公顷）	比重（%）	工矿仓储用地面积（公顷）	比重（%）	住宅用地面积（公顷）	比重（%）	交通运输用地面积（公顷）	比重（%）
2014	647995.9	50216.74	7.75	149556.1	23.08	104499.40	16.13	178067.63	27.48
2015	540327.3	36949.57	6.84	127270.0	23.55	83782.66	15.51	152710.06	28.26
2016	531180.7	35146.78	6.62	123088.6	23.17	74539.39	14.03	156382.07	29.44

资料来源：根据《中国国土资源年鉴》中数据作者自行整理。

（4）我国城市土地供应的市场化程度仍然较低，土地出让的市场化改革仍有较大的提升空间。中国的《土地管理法》中对土地产权性质做出了明确规定：中国城市的土地归国家所有，农村土地归农村集体所有。正如前面提到的，中央政府统一分配各省份的建设用地指标。各省份再将分到的建设用地指标分配给地方，由地方政府根据需要按照城市发展和建设的需要进行土地的供应和出让。因此，地方政府实际上对土地交易的一级市场具有绝对的控制权。地方政府的土地出让行为某种程度上就决定了土地的市场化水平。我们搜集了 1999～2016 年中国不同出让方式的建设用地供应面积变化，如表 1-7 和图 1-3 所示。从中不难看出，我国的土地供应方式一直是以行政划拨方式和出让方式占主导，租赁方式和其他供地方式占的比例很低，尤其是 2000 年之后，租赁方式的供地面积占比从 43.61% 下降到 5.67%，之后一直在 10% 以下波动，很多年份的比重还不到 1%。从行政划拨方式和出让方式的对比分析来看，两种供地方式出现了此消彼长的发展态势。1999～2000 年行政划拨方式比重高于出让方式，2001～2011 年则变为出让方式比重高于行政划拨方式，2012 年之后又变为行政划拨占据主导。因此，总体来看，中国的土地市场仍然是政府主导的方式，而非市场化供应方式。尽管 2001～2011 年出现了出让方式占主导的情形。但需要指出的是，中国土地出让方式中包括招标、拍卖、挂牌和协议出让四种方式。而学者们普遍认为协议出让方式同样属于非市场化的方式。中央政府在 2006 年出台了《关于落实工业用地招标拍卖挂牌出让制度有关问题的通知》。该文件中明确规定了工业用地供应必须采用招拍挂方式，但是工业用地的出让价格仍然很低并且远低于市场价格。我国的工业用地出让也基本属于非市场化方式。尽管出让方式占主导，也不能说明我国的土地交易市场化程度的提高。因此，未来中国的土地市场化改革还有很大的发展空间。

表 1 – 7　　　　　　　中国 1999 ~ 2016 年不同供地方式的建设用地供应面积

年份	行政划拨面积（公顷）	比重（%）	出让面积（公顷）	比重（%）	租赁面积（公顷）	比重（%）	其他供地方式（公顷）	比重（%）
1999	54163.44	40.63	45390.68	34.05	28842.90	21.63	4920.98	3.69
2000	80568.59	33.33	48633.22	20.12	105438.00	43.61	7118.82	2.94
2001	73979.54	41.40	90394.12	50.59	10128.30	5.67	4176.35	2.34
2002	88052.10	37.40	124229.84	52.77	17555.80	7.46	5599.14	2.38
2003	65258.16	22.78	193603.96	67.59	10551.60	3.68	17022.93	5.94
2004	62053.99	24.06	181510.36	70.37	8772.53	3.40	5582.83	2.16
2005	64623.39	26.46	165586.08	67.79	8044.13	3.29	6015.87	2.46
2006	63790.63	20.79	233017.88	75.95	7587.83	2.47	2409.55	0.79
2007	76087.97	22.25	234960.59	68.71	29397.20	8.60	1528.23	0.45
2008	62380.55	26.64	165859.67	70.82	3615.97	1.54	2328.49	0.99
2009	122287.53	33.81	220813.90	61.06	9030.02	2.50	9517.30	2.63
2010	138267.34	31.96	293717.81	67.90	552.57	0.13	23.69	0.01
2011	257208.58	43.35	335085.17	56.48	842.49	0.14	148.33	0.03
2012	377133.53	53.02	332432.34	46.74	1700.12	0.24	15.31	0.00
2013	373275.34	49.71	374804.03	49.92	2728.75	0.36	27.36	0.00
2014	369833.12	57.07	277346.32	42.80	814.18	0.13	2.30	0.00
2015	314535.83	58.21	224885.95	41.62	838.80	0.16	66.71	0.01
2016	313212.79	58.97	211850.82	39.88	6091.38	1.15	2.30	0.00

资料来源：根据《中国国土资源年鉴》中数据作者自行整理。

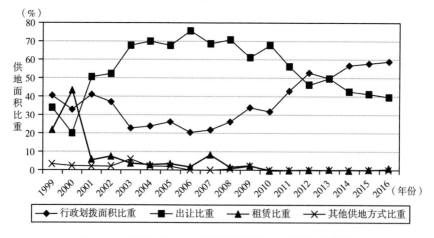

图 1 – 3　1999 ~ 2016 年中国不同供地方式的变化趋势

　　综上所述，近年来中国在建设用地的集约利用、产业结构优化升级、建设用地供应指标的配置和土地供应的市场化方面均呈现出了不断的变化趋势和特征，现阶段的土地集约利用、产业结构优化升级和土地供应市场化都处于亟须转折调整的关键时期。根据中国现阶段土地资源利用的阶段性特征，本书论题的展开逻辑就显得十分清晰：随着城镇化进程的不断深入和产业结构的优化升级，中国正在经历传统以第二产业为主导的工业时代向以第三产业和高端制造业为主导的服务业时代和后工业时代转变，这是我国在当前和未来很长一段时间内产业发展领域需要直面的基本命题。如何应对这一命题需要政府和市场共同努力，并将土地要素与产业要素紧密结合起来，通过对现有的土地制度和土地政策进行优化调整和再配置，在为产业结构优化升级提供发展空间的同时，更要努力提高土地集约利用水平和利用效率，充分发挥两者之间的耦合协同效应。基于上述逻辑，面向产业结构优化升级的土地集约利用问题是伴随着产业结构的演进和土地市场化改革的不断深化而提出的。提出面向产业结构升级的土地集约利用这一命题是我国促进产业结构优化升级和经济可持续发展的逻辑必然，而促进产业结构升级过程中的土地集约利用对我国制定有效的产业政策和土地政策具有双重价值。

1.2　本书的理论价值与实践意义

　　当前我国正处于产业转型发展的机遇期，在经济发展方式转变和产业优化升级的时代背景下，研究城市化地区的土地集约利用问题，对于我国这样一个土地供给日益紧缺而存量土地低效利用的发展中国家来说，在实践层面具有多方面的重要价值。

　　（1）从系统的角度分析土地集约利用问题，分析土地集约利用及其子系统之间的关系，对于因地制宜地提出有效的土地集约利用模式和土地政策都具有重要的实践价值。不同于西方发达国家的土地产权属性，中国的土地按照城市和农村将其划分为两类属性，城市土地为国家所有，而农村土地为农村集体所有。这种土地产权属性就决定了中国的土地要素的配置和利用受到了政府与市场的双重约束。因此，某种程度上地方政府的土地出让行为就决定了土地利用的程度和水平。由于地方政府对土地一级市场具有绝对的控制权，因此，如何规范和监督地方政府的土地出让行为是亟须解决的现实问题。

或者说脱离了地方政府的土地出让行为背后的动机去讨论土地集约利用问题是没有意义的。因此，以土地供应的市场化改革为突破口，深入分析土地集约利用的内涵，系统梳理影响土地集约利用的各类因素，基于土地要素的紧缺性特点，从系统的角度建立土地集约利用的评价模型，分析土地集约利用系统及其子系统之间的关系，进而识别影响土地集约利用的关键因素，对于优化配置土地资源和提高土地利用效率都具有重要的实践价值。

（2）探索土地集约利用与产业结构之间内在作用机理，剖析两者之间的耦合关系，为创新土地集约利用模式和产业结构转型升级战略提供现实路径。土地是产业发展的空间载体，土地集约利用水平的高低直接影响产业发展的空间形态和布局。中国现实的国情是人多地少，大城市建设用地紧张而中小城镇土地利用效率不高，土地集约利用与产业结构相互作用关系存在很多问题，两者关系的协调与否直接影响经济的可持续发展。因此，协调好土地集约利用与产业结构的关系显得十分重要。然而，现实的情况是我国的产业结构已经发生了和正在发生着深刻的变化，现有的土地政策和土地制度并不能很好地适应这种变化，自然也就无法很好地为产业转型升级提供空间载体，导致产业用地需求与用地供给之间的错配，势必造成土地资源的浪费和低效利用。反过来，现阶段我国只有不断完善现有的产业政策和土地政策，并建立两者的耦合协同关系，才能够实现产业结构优化升级与土地集约利用之间的协同联动发展。因此，分析两者耦合关系对提出有效的土地集约利用模式和产业转型发展战略提供最佳路径，具有重要现实意义与应用价值。

（3）提出推进产业结构优化升级的土地集约利用模式和发展对策对完善官员晋升机制和规范地方政府的土地出让行为都具有重要指导意义。改革开放以来，中国的中央政府与地方政府之间的关系发生了几次重要的调整和变化。其中比较重要的是1994年的分税制改革。分税制改革的核心是中央要求地方政府将税收分层按照一定的比例上交中央。在将地方政府的财权向中央集中的同时，中央政府并没有相应减少地方政府的事权。改善居民的社会保障、建设基础设施和公共服务都是地方政府的职责所在。除此之外，地方政府在晋升考核机制下还面临招商引资的压力。因此，地方政府的土地供应行为与其背后的晋升激励和财政压力关系密切。而地方政府的土地出让行为会对土地资源的配置结构和效率产生影响，进而影响土地的集约利用水平。因此，如何改变现有的晋升机制和地方政府的土地财政依赖是需要着力解决的关键问题。在这个意义上，只有从根本上改变地方政府的晋升考核机制，从而纠正地方政府的土地供应动机，中国城市的土地供应市场才能够实现供需匹配和优化配置，中国的土地集约利用水平才能真正有所提高。

　　除了实践价值以外，在理论贡献维度，中国的土地集约利用水平的提高同样具有重要的理论意义，其为土地经济学、产业经济学、政治经济学和制度经济学的本土化融合提供了手段和契机。首先，根据耦合协同理论，分析产业结构与土地集约利用之间的耦合互动机制，创新了两者互动关系的理论分析视角。按照这种理论体系，产业结构的演进过程会通过产业转移、产业集聚改变产业的城乡空间布局的变化，从而对土地集约水平和利用结构产生影响。同时，土地利用结构和利用水平的变化同样通过地方政府土地供应行为而影响产业的空间布局和结构，进而影响产业结构的演进过程。其次，根据公共经济理论，鉴于目前中国城镇土地市场同时存在的"市场失灵"和"政府失灵"，如何处理好政府与市场的关系是当前和未来很长一段时间内需要着力解决的关键问题。鉴于现阶段中国土地市场普遍存在的土地市场化程度不高，地方政府在一定程度上主导了土地的一级市场，这不利于促进土地资源的高效和优化配置，导致供需错配。因此，需要从土地市场化改革的视角研究产业结构对土地集约利用的影响机制，创新现有的理论研究视角。同时，地方政府对土地一级市场的主导容易产生暗箱操作和政企合谋，从而滋生腐败和土地违法行为，即"政府失灵"。因此，从土地违法的视角研究产业结构对土地集约利用的影响机制同样对现有理论提供了新的视角和新的发现。

1.3　本书研究内容与研究方法

1.3.1　研究内容

　　（1）文献综述。任何一项政策措施的实施都有其制度背景，因此，本书首先对土地用途管制制度的相关研究进行了文献综述，提炼了土地用途管制的内涵和理论基础，总结了国外发达国家土地用管制度取得的成绩和面临的主要问题，进而对我国土地用途管制制度的现状和存在的问题的相关文献进行了归纳，对完善我国土地用途管制体系与机制的相关对策研究进行了总结。其次对土地用途管制与产业结构之间互动关系的相关研究进行了回顾，从土地用途管制是参与宏观调控的重要手段和土地用途管制与产业结构之间存在相关影响两个层面进行了归纳和提炼。最后，对土地要素与经济可持续发展关系的相关研究进行了分类整理，包括土地要素对经济增长的积极作用和负面效应两个层面；对土地利用效率的测度和收敛性检验的相关模型和方法进行了综述；对土地集约利用的相关研究进行了综述，包括土地集约利用的内涵、路径研究的总结，土地集约利用实证评价相关研究，土地集约利用驱动因素的相关研究。

（2）相关概念和理论机制。界定了土地集约利用的内涵，并将其与城市规划理念和土地集约利用理念进行了融合，进而提出了其理论基础，包括土地产权理论、地租地价理论、土地区位理论等理论；探讨了产业结构演进、城镇化质量对土地集约利用的影响机制，着重揭示了产业结构演进与土地集约利用之间的互动影响机制；揭示了土地市场化改革对土地集约利用的影响机制，并分析了土地市场化改革对土地违法的影响机制；剖析了违法用地对土地集约利用的影响机制，定义了违法用地的概念。

（3）土地要素对经济增长的影响效应评价。基于土地资源有限和土地资源可以增加的两种不同的假设条件下，运用"增长阻尼"模型实证测度了土地资源对经济发展的"增长阻尼"效应；采用 DEA 方法和基于 Färe-Primont 指数的全要素生产率模型对我国的民营、国有和外资工业企业在土地资源约束下的全要素生产率增长进行测度和因素分解，并对三类工业企业的全要素生产率增长差异进行了比较分析，并基于综合效率和全要素生产率两个维度剖析了我国工业企业的发展模式并进行类别划分。

（4）土地利用综合效率评价研究。从区域差异和产业差异的双重视角来分析我国的土地利用效率，并进一步检验了各产业和区域内部土地利用效率差异是否存在 σ 收敛和 β 收敛，同时运用 Färe-Primont 指数和 DEA 方法对我国土地利用综合效率进行测度和因素分解，进一步对土地利用综合效率的区域收敛性进行实证检验。

（5）土地集约利用评价及其影响因素研究。以浙江县域为研究对象，建立系统的评价指标体系，运用网络层次分析方法对土地集约利用水平进行评价，并从时间和空间两个维度分析了浙江县域土地集约利用水平的时间趋势特征和空间演变特征。以杭州市为例，运用耦合协调度模型对土地集约利用与产业结构之间的互动关系进行实证检验，并进一步运用灰色关联分析来识别出影响两者互动关系的关键因素。构建违法用地、土地市场化改革和土地集约利用之间的空间计量模型，运用全国 31 个省份的面板数据，从直接影响和空间溢出效应的双重视角实证检验两者对土地集约利用的影响大小和方向，以及是否存在潜在的空间溢出效应。分析产业结构演进、城镇化质量和土地集约三类要素的时空演变特征，进一步建立三者之间的空间计量模型，运用全国 31 个省份的面板数据，实证检验了产业结构演进和城镇化质量对土地集约利用的影响效应。

（6）促进产业升级的土地集约利用思路与政策选择。根据实证评价结果，适时调整有关指标体系，优化设计新的土地集约利用政策，实现土地政策与城镇化政策的良性互动。一是政策优化设计原则和思路。借鉴包容性增长理论和发展权转移理论，提出土地集约利用政策优化设计的市场导向原则、政策互补原则、因城施策和合作共赢原则、规划调控原则。从产业结构演进对土地集约利用影响的内在规律出发，提出有利于促进产业结构优化升级的土地集约利用政策的思路。二是政策优化的支撑体系。从市场化机制、政策互补机制、因城施策机制和调控机制四个方面提出政策优化的支撑体系。三是政策优化的重点政策创新。鉴于土地集约利用在产业用地中表现较为突出，笔者认为产业用地管理是当前城市土地集约利用优化制度创新的重点，因而从产业用地出让制度、产业用地统计制度、产业用地动态监测制度、产业用地市场化出让和管理制度、土地集约利用评价制度等方面提出政策创新。

1.3.2　研究方法

本书将综合运用多种研究方法，包括文献研究、案例研究、规范研究与实证研究相结合、比较与系统研究方法。在具体研究中同时用到其中的一种或者几种方法，几种方法在本书研究中的具体应用情况如下。

（1）文献研究方法。一是系统搜集和整理国内外有关土地集约利用和产业结构升级方面的研究文献，主要从土地集约利用政策的实施效果，土地集约利用水平的测度及其影响因素等多方面进行梳理。二是系统综述土地集约利用和产业结构优化升级的国际经验。通过梳理理论脉络，整合各方观点和经验，把握学术研究的演进轨迹和理论动态，清晰界定研究主体的概念内涵，提出相应的测度指标体系，建立概念间的逻辑关系，分析其内在关联机理和相互影响机制，为后续的实证研究和案例研究提供理论指导和逻辑线索。

（2）案例研究方法。本书对国外的土地政策和土地市场进行分析，包括美国、英国、德国等的土地政策和用地管理实践进行梳理。同时选取了国内典型城市如杭州、南京、深圳等进行深入的实地调研，访谈各级行政主管部门的官员和相关产业界人士，深入分析这些城市在土地集约利用和产业结构优化升级方面的政策制度内容（尤其是城市规划、土地规划等）、实施手段等，并进行深入的案例研究。

（3）规范研究与实证研究相结合的方法。根据资料搜集和已有研究文献，在深入分析产业结构演进、城镇化质量、土地市场化改革、违法用地和房地产开发投资对土地集约利用的影响机制进行规范分析的基础上，采用理论模型与实证分析进行应然分析，主要包括：在测度土地集约利用水平时采用网络层次分析法（ANP）并借助 Super Decisions 软件来实现；在对土地综合效率的测度过程中采用 DEA 模型和 Färe-Primont 生产率指数并借助 DEA-SOLVER 软件和 MaxDEA 软件进行计算；对产业结构演进、城镇化质量和土地集约利用关系的实证检验采用了空间面板数据模型，并借助 STATA 软件来实现；对产业结构演进与土地集约利用之间互动关系研究采用耦合协调度模型并借助 Excel 软件来实现；采用空间面板数据模型来检验空间溢出效应的存在性，并借助 Matlab 软件的空间经济学工具箱来实现。考虑到关于土地集约利用和产业结构演进的相关数据多为基于区域层面的空间数据，本书还运用 ARCGIS 等进行空间自相关分析、收敛性分析等计量方法分析产业结构演进和土地集约利用的时空差异与收敛性。

（4）比较与系统研究方法。在分析产业结构演进、城镇化质量等对土地集约利用影响的实证研究过程中，对不同区域影响机制的差异进行比较分析，找出存在差异的原因。在测算中国工业企业的全要素生产率的过程中，为了比较国有、民营和外资工业企业之间的效率差异，本书还对三类工业企业的全要素生产率和综合效率差异进行比较分析。在理论分析、实地调查、统计建模和比较研究的基础上，结合其他国家和地区的经验，系统提出促进产业结构升级的土地集约利用的政策建议等。

1.4　本书的展开逻辑

本书针对面向产业结构升级的土地集约利用问题的研究遵循了理论与实践相结合的思路，即：首先提炼土地集约利用的相关概念，构建产业结构与土地集约利用互动机制的理论分析框架；其次在理论框架下实证检验产业结构、城镇化质量、土地市场化、土地违法等核心要素对土地集约利用影响的演变特征和内在逻辑；最后提出现阶段完善我国城镇土地可持续集约水平的思路和对策。不难看出，本书是按照核心概念—理论框架构建—实证测度—政策建议的逻辑线索展开研究。本书针对面向产业结构升级的土地集约利用问题，研究思路可以概括为图1-4。

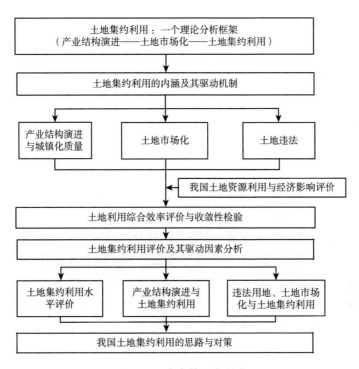

图1-4　本书的研究思路

第2章 文献综述

2.1 土地用途管制制度的相关研究

土地资源作为人类生存和发展的基本条件之一，其稀缺性恰恰是空间管制的起点。土地用途管制制度始于19世纪末，目前世界上许多国家和地区对土地利用采用管制措施，只是由于国情特别是人地关系的差异，由此对土地用途管制的强度不同，采取的做法也有一定差异。这些国家和地区的土地用途管制经验将对完善中国大陆土地用途管制制度具有一定的借鉴意义。我国自1998年新《中华人民共和国土地管理法》确立了以土地用途管制为中心的新型土地管理制度，改变了以往的分级限额审批制度，从而实现了我国土地管理方式的根本转变。自此，中国国内诸多学者分别从不同的角度，对土地用途管制的理论和现实问题做了大量的研究和探讨。笔者通过对这些文献的梳理和分析发现，国内对土地用途管制的研究主要集中在其内涵、理论基础、国外经验借鉴、存在的问题和解决对策等方面。

2.1.1 土地用途管制制度的概念和内涵

（1）土地用途管制制度的相关概念。所谓土地用途管制，就是通过行政手段对土地的开发利用进行统一的分区规划和管理，在国外也将其称为"土地用途分区管制""土地规划许可制""建设开发许可制"（程久苗，2000）。其实质是国家作为土地所有权的最高和最终权力者，对土地占用、使用权及使用行为实施的强制性计划管理（刘书楷，1998）。从法律学的角度，土地用途管制是国家为了农地对土地利用实行严格控制的一项具有财产所有权性质的法律制度；从管理学角度，土地在公有制国家属于公共物品。土地用途管制的实质就是政府为促进社会整体协调发展，采取各种方式对土地利用活动进行调节控制的过程，是国家管理土地的重要措施。从经济学角度，土地用途管制是由于市场条件下出现了"市场失灵"，使得社会资源配置失去了效益，社会消费的公正原则遭到破坏，而采取的法制、行政、规章等各种手段，对公共性活动实行的"规制"，即由行政机关进行的对土地利用主体行为的限制（程久苗，2000；王万茂，1999）。

（2）土地用途管制的内容。土地用途管制的基本内容应该包括管制的主体、客体、目标和手段等方面。土地用途管制的主体是政府。土地用途管制的客体是已确定用途、数量、质量和位置的土地。土地用途管制的目标包括保护耕地，控制建设用地总量；限制不合理利用土地的行为，克服土地利用的负外部效应，提高土地利用率；保护和改善生态环境，实现土地资源的合理与可持续利用和经济的持续发展（陆红生、韩桐魁，1999；王万茂，1999；王静，2001a；王静，2001c）。土地用途管制的重点是保护耕地和生态用地，这与土地登记制度存在交集（陈利根等，2015）。土地用途管制的难点是用地观的转变问题、政策措施的协调问题、技术保障问题和法律责任问题（陆红生、韩桐魁，1999）。土地用途管制的手段包括法律手段、经济手段、规划手段、分区手段、农用地转用审批制度、规划公示制度和信息监督制度（王万茂，1999；王静，2001c）。宗仁（1998）、王静（2001a）认为，土地用途管制的主要内容包括分区类型划分和分区管制规则制定两方面。分区类型可以按土地的主导用途差异性将用地主要分为农用地、建设用地和未利用地三类。规则包括制定每个用途区内土地的限制条件和非限制条件，并对每个用途区内土地的主导用途和允许用途进行规定。程久苗（2000）提出土地用途管制的直接内容包括对土地利用方向、土地用途转换、土地利用程度和土地利用效益四个方面的管制，并指出土地用途管制具有强制性、系统性、层次性和优化性的特点。

（3）土地用途管制的实施保障和管制方式。宗仁（1998）提出，为了保障土地用途管制制度的顺利实施，应该建立健全规划公示和动态管理制度、项目立项预审制、建设用地规划审核制和土地用途转用许可制。黄贤金等（2003）指出，土地用途管制的主要方式包括直接管制、税费制度和产权安排（许可证制度），认为将不同的管制方式结合起来实施将起到更有效的土地用途管制效果。王静等（2003）也提出，应该从单一或过多地依赖直接管制方式，转向更多地依赖法律手段、许可证制度和税费制度等方式。宇向东等（2008）提出，土地用途管制的技术支撑体系是土地利用总体规划、总量控制方法和信息反馈机制。

从土地节约集约利用、土地资源可持续利用和产业结构优化升级的要求出发，我国的土地用途管制制度应该以保护耕地为核心，实现土地由粗放型利用向集约型转变的同时，也对产业规模、结构和布局产生影响，最终实现经济宏观调控目标的过程。对土地用途管制的内容体系并没有明确的定义。笔者理解土地用途管制的内容体系集中反映了一个国家土地用途管制的理念和做法，主要是围绕着"社会、经济、生态"综合效益最优化而建立起来的用地指标管制、现状管制、规划管制、审批管制、税费管制、产权管制和开发管制体系等。

2.1.2 土地用途管制制度的理论基础

（1）地租理论。所谓地租，是指土地使用者由于使用土地而向土地所有者所支付的报酬（童列春，2013）。地租是解释土地价值和人类利用土地资源主要动因的理论基础，它影响着土地资源在不同人和不同用途间的分配，它对土地开发、利用、保护及土地租赁协定、税收政策等方面都有重大影响，它反映着土地用途的社会效益（程烨，2001）。土地的价值与土地用途之间是一种相互影响、互为决定的关系。不同的用途决定了土地价值的高低，而土地价值又最终决定了土地的利用方式。在我国的现行土地管理制度下，并不存在完全自由的土地市场，土地的利用受到区划和规划的管制，即土地用途管制。土地用途管制涉及功能区的划分、保护耕地、建设用地总量控制和分期开发等。一旦实行用途管制后，处于不同规划分区的土地就具有不同的价值。如建设用地相对于农地产生规划管制性增值。规划区域内的农地未来可作建设用地使用，划定为基本农田和农地的只能用于农业用途。规划区域内的农地相对于区域外的农地也会产生规划管制性增值（周立群、张红星，2010）。土地用途管制在带来效率、促进土地有效和可持续利用的同时，也由于土地价值的重新分配而造成了不同地区土地所有者之间的不平等（王万茂，1999；周立群、张红星，2010）。有些土地所有者因为处于规划区域内而获得超额收益，而处于限制开发区域的所有者则无法获得超额收益。分区管制造成了分配不公，促使政府进一步采取措施对管制缺陷进行改进。

（2）土地利用的外在性理论。外在性理论认为，资源与环境之所以遭到破坏，主要因为资源与环境是一种社会物品，大家都可以使用。但是，对资源与环境的破坏所造成的不良后果却是由使用者和非使用者共同分担，使用者所得收益大大高于其付出成本，结果造成对资源与环境的滥用（王静等，2003）。在市场经济条件下，土地资源的配置主要是通过价格机制进行的，由于土地资源利用决策的分散性和逐利性，使得在无用途限制以及其他要素投入水平条件相当的条件下，经济主体总会选择投资收益率较高的土地用途（王文刚等，2012）。但是，在土地利用分散决策的情况下会出现很多无法克服的弊端：首先，会导致具有公共效益的农用地和生态用地供给不足（程烨，2001；王文刚等，2012）；其次，会产生土地利用的"外部不经济"问题。当某一土地的权利人所采取的土地利用决策对其相邻用地造成利益损害而不予赔偿时，此损害被称为"外部不经济"（程烨，2001；王静等，2003）；最后，难以实现国家整体目标和社会公共利益目标，个人利益与社会利益之间的矛盾无法调和（程烨，2001）。这就需要政府对土地利用进行必要的干预。土地用途分区管制制度是国家针对土地利用的社会性采取的宏观控制手段，是防止土地利用"外部不经济"问题的发生所采取的干预性措施，可用于解决"市场失灵"的问题以及保障国家目标和社会目标的实现。

（3）现代产权理论。土地产权制度是土地制度的核心和基础。按照现代产权理论，完整、有效的产权制度必须包括以下要素：一是产权主体明确；二是产权的排他性；三是产权可以自由转让；四是交易成本低；五是产权的交易规范能否法制化（方和荣，2003）。土地产权的主体状况在一定程度上决定了经济形式的选择，进而决定了土地资源配置的方式。土地产权的变化必然引起土地资源配置格局的变化（叶艳妹、吴次芳，1997）。土地用途管制下的土地资源配置虽然不涉及产权的转移，但是，由于其用途被限定在某一特定用途，因而包含了外部性问题和价值转移问题。为了避免转移成本带来的经济无效率，则可以通过管制来代替协商，通过补偿来替代损失，这也就是土地用途管制在进行土地资源配置时存在的主要依据。

（4）土地资源配置理论。土地资源配置是指在一定的自然、经济和社会条件下，对人类所需要并构成生产要素的、稀缺的、具有开发利用选择性的土地资源在时间、空间、用途间以及利益主体间的分配和布置（张全景，2007；邵绘春等，2009）。其中，时间维度主要体现为同一利益主体不同时期内和代际之间的土地分配问题；空间维度主要体现为土地资源开发和利用的区域间分配问题；用途维度主要体现为土地资源的产业间分配问题；利益主体维度既体现在代表不同利益集团的产业部门间的分配，又体现在国家、团体（集体）和个人之间的分配（张全景，2007）。土地用途管制的调整影响财产权结构的变化，因此，政府和相关土地权益主体可通过协商互动达成权益平衡（罗罡辉等，2013）。

土地资源配置必须解决三个基本问题：一是合理地在各竞争性用途之间分配土地资源；二是提高土地资源的利用效益，努力实现经济、生态和社会效益的统一；三是强调代际间利益的统一和资源配置的代内公平。对于政府来说，必须从全社会的整体利益和长远利益来考虑土地利用，取得土地利用整体效用最大化，其本质就是要达到全社会土地利用结构的最优化，即土地在不同用途之间的有效而合理的分配（张全景，2007）。

根据经济学原理，在土地资源配置与市场需求完全吻合时，经济效益达到最优状态（臧俊梅、王万茂，2005）。在完全市场条件下，由于无法对破坏环境功能的利用行为进行调节，无法自主地使使用者造成的外部成本内部化，即市场失灵（石晓平、曲福田，2003）。这种情况下的土地资源配置不可能达到最优状态。因而我国的土地利用总体规划作为一种公共干预正是着眼于消除由于社会成本存在而导致的资源配置扭曲。土地利用规划干预土地资源配置的方式主要是通过土地用途管制来进行的，直接干预对象是具体土地使用者的利用行为。

（5）可持续发展理论。根据可持续发展理论的要求，土地资源必须实行可持续利用，使有限的土地持续地满足人们日益增长的需求，即达到土地供求的持续平衡（张全景，2007）。土地资源的可持续利用就是在维持和保护生态环境的前提下，在满足社会经济发展需要的同时，保护和合理利用土地资源，降低土地利用可能带来的风险，实现人地关系协调发展（王静，2001c）。我国土地用途管制的目标之一就是保护土地资源，进行生态保护，妥善处理耕地保护、经济建设与环境保护之间的关系，实现资源、环境与社会经济的协调发展（王静等，2003）。通过实施土地用途分区管制，严格规定和限制各用途土地的利用方式，能够优化土地利用结构和布局，使得耕地和环境敏感区得到有效保护，非农建设用地得到控制，土地质量、土地利用效率逐步提高，从而实现生态环境有效保护和区域可持续发展的社会目标（王静，2001a；王静，2001c）。

上述文献为完善我国土地用途管制制度提供了重要的理论指导。尽管不同国家和地区的土地用途管制模式各具特色，但是均有其共同的基础和价值趋向：效用最大化原则、可持续发展原则、公平与效率原则等。笔者认为，土地用途管制的实施是需要付出一定的成本的，如行政成本、管理成本等，应将其与管制效益进行比较。只要当管制效益高于管制成本时，才能说明管制是有效的。因此，在设计土地用途管制制度的过程中也应该重视成本问题。

2.1.3　主要国家（地区）土地用途管制制度与面临的主要问题

（1）主要国家（地区）土地用途管制制度。土地用途分区管制制度起源于德国，最初用于对工厂工人的公寓进行分区，便于工人接近工厂（王万茂，1999；汪秀莲、张建平，2001）。德国的土地用途管制权力在地方政府，具体实施在市镇村进行，主要依据市镇村一级建设管理计划（汪秀莲、张建平，2001）。美国也是较早实施土地用途分区管制的国家。美国土地用途管制主要源于民法的地权限制，主要以限制土地开发密度和容积、控制城市规模不断扩大和保护农地为核心（魏莉华，1998；程烨，2001；汪秀莲、张建平，2001；陆冠尧等，2005）。除了授予私人基于保护个人财产权利的诉权外，联邦和州宪法、州和城市法规以及各级政府的土地利用规划和发展政策共同推进了对私人不动产的使用权和所有权的保护（马丁·贾菲、于洋，2017）；英国的土地用途管制比较成功，集中体现在其不断完善的土地利用规划体系。同时根据形势的发展变化进行不断的调整和修订（高建华，1999）；加拿大主要通过制定计划来对土地用途进行管制，其土地利用规划主要分为国家级（土地利用指南）、省级（政策宣言）、地区级（土地利用大纲）和市级（土地分区管理法）（陆冠尧等，2005）；法国与德国的土地用途管制体系类似，也是由市镇村来单独制定各自的土地使用规划，该规划是落实土地用途管制的最主要依据（汪秀莲、张建平，2001）；日本的土地用途分区管制建立在科学的土地用途区域规划基础上。与欧美国家不同，日本是先有分区，后有土地利用基本规划。日本的《国土利用计划法》将全国土地划分为城市地区、农业地区、森林地区、自然公园地区和自然保护区五种土地利用类型区进行管理，并先后制度了《城市规划法》《农用土地法》和《农地调整法》等相应法律来规范土地的使用和管理（刘书楷，1998；汪秀莲、张建平，2001；陆冠尧等，2005；李宁宁，2006）；韩国的土地管理政策与日本有诸多相似之处。韩国颁布的《国土利用管理法》和《城市规划法》

对相应地域内的土地有非常严格的管理和限制（汪秀莲、张建平，2001）；中国台湾土地用途管制方式主要包括土地使用分区管制、土地使用变更管制以及禁建与分期分区发展三种（谢静琪，1996）。中国台湾主要分为四个层次：全岛综合开发计划；区域计划；县、市综合发展计划；县、市辖区内都市土地使用计划和非都市土地使用计划（陆冠尧等，2005）。各国（地区）对土地用途管制制度的实质并无根本分异，但侧重点和政策措施有所不同。具体如表2-1所示。

表2-1　　　　　　　　　各国（地区）土地用途管制制度

国家（地区）	主要做法	国家（地区）	主要做法
美国	州土地利用规划、地方土地利用规划（包括总体规划、官方地图和分区规划）	加拿大	《土地利用指南》作为国家级纲领、《政策宣言》作为省级政策性文件、《土地利用大纲》作为地区级政策性文件、《土地分区管理法》作为市级法律条文
英国	原有规划体系：《村镇规划法案》；新规划体系：结构规划—地方规划—主题规划	德国	建设管理规划：土地利用规划（用于修建建筑物的土地利用、用于不修建建筑物的土地利用、其他土地利用）；地区详细规划（土地利用方式、公共设施位置、有关建筑密度和容积率等的限制）
法国	土地利用分区：城市区域、自然区域、特定林地（指应保持或创建的特定林地）、特殊活动区域（指工业活动区域或商业活动区域）和禁止土地利用区域。土地利用的限制：建筑密度、高度、建筑外观、建筑物位置等	日本	土地用途管制相关法律完善（《城市规划法》《农业振兴地域法》《农地法》《自然公园法》《自然环境保护法》）；土地利用规划层次详细（全国规划、都道府县规划、市町村规划）
韩国	国土地域划分：城市地域、准城市地域、农林地域、准农林地域和自然环境保全地域。国土开发现状划分：已开发的地域、有必要开发的地域、为开发需保留的地域、应保全的地域	中国台湾	实施"耕者有其田"的农地政策，通过"立法"对区域用地、都市用地和非都市用地进行管制，将全岛土地划分为"限制发展地区"和"可发展地区"（汪秀莲、张建平，2001；金俭、吕翾，2013）

资料来源：笔者整理。

通过对美国、英国、日本、德国等国家（地区）城市土地用途管制制度进行梳理，将其发展演变过程分为零星管制、严格管制和局部弹性管制三个阶段。其中，零星管制阶段（20 世纪初期之前）只针对某些妨碍公共或他人利益的特殊问题，或是简单地指定部分地区的道路线和建筑线，只能短暂地满足当时城市部分地区发展的需要；严格管制阶段（20 世纪初到 20 世纪中期）包括简单实行土地使用分区管制、在规划基础上的分区管制和在规划基础上的开发许可制三类；局部弹性管制阶段（20 世纪中后期）比较典型的有英国的规划协议及精简规划分区、美国的弹性分区管制、日本的分区管制与开发许可制并重、新加坡和中国台湾地区的在特定区域内实行土地用途弹性变更制度等（卢为民，2015）。

（2）主要国家（地区）土地用途管制制度存在的问题。土地用途管制制度是一把双刃剑，在提高土地利用效率的同时，也产生了一些负面影响。尽管发达国家和地区已经实施了多年的土地用途管制制度，积累了丰富的经验，但是在管制实施过程中仍然存在一定的问题：首先，利益分配问题。土地用途分区管制中，由于不同使用分区的划定及其使用性质等方面的管制，往往造成利益相关者权益受损或获利不公（汪秀莲、张建平，2001）。中国台湾在实施土地用途管制制度以后，使得土地资源被重新分配的同时，土地价值也被重新分配，造成了某些土地获利（如划定为商业用地）而某些土地损失（如划定为保护区）的不公平结果（谢静琪，1996）。其次，规划方面的问题。一是土地利用规划与其他规划的衔接问题。如日本土地利用基本规划对各种地域的土地利用起着综合调控和间接管理作用。但是日本的其他规划如城市规划、森林规划等要先于土地利用基本规划，这些规划所划定的地域在空间上存在交叉重叠，增加了规划协调的困难。日本土地利用基本规划其中一项主要内容就是制定重复地域土地利用调整规划（王静，2001b）。二是规划制定和实施的有效性问题。如中国台湾的分区规划的制订及实施透明度不够，分区规划无法得到民众的认同与支持，从而使实施效力大打折扣；而且有许多分区界线的划定未完全以街道或建筑物为原则，造成一宗土地或一栋建筑物可能跨越不同的使用分区，产生土地使用及管理上的问题（汪秀莲、张建平，2001）。最后，管制方面的问题。一是土地管制政策与其他宏观政策缺乏互动。以中国台湾为例，由于土地用途管制与经济发展及产业结构调整相脱节，导致诸多行业由于多种经营需跨区域使用受到限制，妨碍了经济的进一步发展。二是土地监督检查制度难以落实。按中国台湾现行相关规定，乡镇市区公所对违反规定用途及编定使用土地者只有查报权，而没有处置权，由此使得用途管制制度难以发挥其应有的管制功效（汪秀莲、张建平，2001）。

从各国家（地区）的土地用途管制制度来看，都是建立在强有力的法律支撑体系的基础上的，并积极采用金融、税收等各种诱导性政策来辅助土地用途管制政策的实施。尽管如此，还是在利益分配、规划和管制方面存在一定的问题。我国的土地用途管制制度尚不成熟，还有很多问题亟待解决，这直接影响了土地用途管制的效果。因此，当务之急是要赋予土地用途管制制度以法律效力，同时避免国外土地用途管制中类似问题的出现。

2.1.4 我国土地用途管制制度存在的问题

（1）规划问题。首先，土地用途分区规划的交易成本过高，实际操作难度大。由于合理的分区划定必须以完备的土地信息为前提，而获取完备信息的成本是非常昂贵的（施建刚、黄晓峰，2007）。合理的规划也需要强有力的技术和人才支撑，而实际中的技术水平和人员素质难以适应规划的高要求。同时，现行的"分区＋使用规则"模式难以达到土地用途管制的预期目的（程久苗，2000）。其次，现行的土地用途分区规划缺乏弹性，编制依据不充分。现行的规划方法是一种静态规划，很难与动态变化的区域社会经济发展相适应（施建刚、黄晓峰，2007）。僵硬化的土地使用分区及严格的管制与经济发展及产业结构的变化相脱节，以致许多行业由于多种经营需跨区使用受到限制。现阶段土地利用规划编制所采用的自上而下、上下结合的方法没有考虑当地的实际，分区类型基本相似，使得规划缺乏应变能力（程久苗，2000；王静，2001a）。同时，县乡规划编制人员的素质不高，导致分区普遍过于零碎，规划的灵活性较差（王静，2001a）。规划改动随意性大，编制程序不完善，导致规划的严肃性和科学性不够（郝敬良等，2003；操小娟，2004）。最后，规划体系不完善，规划的高度和权威性不足。土地利用总体规划与其他相关规划在层次、职能上不协调，缺乏权威性（高建华，1998）。缺乏对土地利用规划具有宏观指导作用的国土资源综合开发整治规划（王静，2001b）。规划的内容不够具体，如对于一些具体的案例规划中的规定有些无法适用（操小娟，2004）。

（2）经济问题。我国的土地用途管制制度是典型的行政计划型配置制度，存在诸多缺陷，这种严格的政府管制导致市场机制无法在土地市场上发挥作用（许迎春等，2015）。首先，忽视了利益相关者的权利和经济补偿诉求。征地问题较突出，实施过程难度大，主要涉及安置补偿费用偏低、计算不合理和征地资金筹集难度大等问题（郝敬良等，2003）。张鹏（2011）提出在实施土地用途管制的过程中要重视对权利主体的利益保护和补偿问题，并认为土地用途管制政策是土地发展权的直接来源。其次，对微观执行主体的公平性缺乏考虑。由于不同用途分区的划定及其使用强度等方面的管制，往往造成权益受损或获利不公，引起不同种类土地的增值速率与额度差别极大（施建刚、黄晓峰，2007）。最后，政府垄断了建设用地供给，然后按指令性的规划、计划指标配置土地资源，这种配置方式降低了土地配置的效率（许迎春等，2015）。

（3）体制问题。首先，建设用地的审批机制不健全。一是建设用地审批程序复杂，效率低，管理难度大，效果也不好（郝敬良等，2003）。二是导致寻租行为的发生。土地用途管制作为政府界定土地财产权的政策工具，限制了土地财产权人或者投资开发者以自身利益最大化的方式使用土地资源的自由度。土地财产权人若想获取更大的开发利用权限，则须与政府协商以改变土地用途管制模式，扩大自身的权利范围，寻租行为的产生便不可避免（谭术魁、张孜仪，2012）。其次，城乡二元土地管理体制使得土地用途管制实施受到限制。郝敬良等（2003）通过对徐州市的调查分析发现，新《中华人民共和国土地管理法》实施以来，由于农村集体土地产权不明晰，使得农民集体利益难以得到保障。韦亚平、王纪武（2008）研究发现，现有的土地用途管制制度未能清晰界定谁绝对拥有集体土地的城市转化权利，交错的土地利用管制尽管有利于城市的快速增长，但在很大程度上回避了空间的规划整合问题。这是导致中国大城市空间增长、中城市外拓和地方城镇蔓延同时并存的制度因素，进而提出通过制度建设对土地使用权利形成一致的管制体系。文贯中（2014）认为，现行规划和管制禁止非国有土地入市，垄断所有土地的转用和交易，随意决定土地分类比例和使用方式的行政配置，使土地的稀缺性和需求的无限性之间的矛盾日趋尖锐。最后，中央和地方土地管理权限不明确。中央和地方权利不清，造成地方实际上几乎拥有全部土地的处置权利，地方政府在利益诱导下，常常对土地进行破坏性开发（陆冠尧等，2005）。

（4）法律问题。新《中华人民共和国土地管理法》明确提出中国实施土地用途管制制度。但从土地用途管制分区的划分和管制规则的制定、修订、审批、实施等环节未从法律上做出具体规定（王静等，2003）。现实中由于我国在行政诉讼上存在受案范围小和诉讼条件的限制，致使许多污染和破坏土地资源的案件难以进入到司法程序，使违法使用土地的行为逃脱了法律的制裁，弱化了法律的效力（操小娟，2004）。同时，现实中土地违法行为的主体又大多是地方政府，具有查处权的地方土地管理部门对此无能为力，而国家土地管理部门又没有确定土地执法的地位（高建华，1998）。另外，高度集权繁复的行政审批制度增大管理成本，导致违法事件层出不穷。

自 1998 年新《中华人民共和国土地管理法》实施以来，我国的土地用途管制取得了重大进展，但是也存在较多的问题，通过对问题进行概括总结，集中反映在四个方面：规划体系不完善、经济补偿和利益分配机制不健全、土地用途管制制度有缺陷和管制法律效力的缺失。这些问题如果不能得到很好的解决，必将影响土地用途管制的效果，甚至影响到区域经济的健康和可持续发展。

2.1.5　完善我国土地用途管制体系与机制的建议

由于政府对土地管制效果双重性的存在，因此，面对市场失灵，现实的选择并不是非此即彼，而应该是实现政府管制与市场的权衡（孟星，2006）。王文刚等（2012）就提出建立市场增进型土地用途管制制度，即区域间土地利用功能置换。同时，应该将土地用途管制与其他方式结合起来，实现优势互补（彭荣胜，2001）。对于现有土地用途管制制度主要从以下四个方面进行改进。

（1）规划手段。第一，科学编制规划。在正确分析土地用途的供给量与科学预测各产业用地需求量的基础上，通过综合协调来对土地用途进行定量定位，并详细制定不同用途土地的使用和管制规则（徐日辉，1998；黄贤金等，2003），进而制定内容详细、可操作性强的土地利用分区规划（汪秀莲、张建平，2001）。规划编制上要更加注重弹性和增加混合用地的供给，以及管理上要建立快速的规划变更机制（卢为民，2015）。第二，建立与新形势相适应的土地规划体系。我国的土地规划体系应由国土资源综合开发整治规划、土地利用总体规划、各类专项规划构成，不同规划类型根据其目的，再按行政区域分为全国规划和区域规划。进而明确各级各类土地利用规划和专项规划的目标和功能，并正确处理国家规划与地方规划、土地利用规划与其他相关规划的关系（汪秀莲、张建平，2001；王静，2001b；陆冠尧等，2005）。第三，土地利用规划制定的过程应突出科学性和公开性。加强土地利用规划的理论体系和方法体系研究，同时加强土地利用规划标准体系的研究，提高土地利用规划的规范性、科学性和实用性（王静，2001b）。同时，在我国土地利用规划的编制、实施过程中应增加土地利用规划的参与、公示、听证程序，使该过程具有交互式的特点，既能吸收来自公众实践中的意见，又让公众在参与中受到教育，从而提高规划的透明度和社会可接受性（宗仁，1998；汪秀莲、张建平，2001；王静，2001b；黄贤金等，2003；陆冠尧等，2005；李宁宁，2006）。第四，土地规划的制定要面向可持续发展。应高度重视国土资源和生态环境的保护，从可持续发展的高度，将当前利益与长远利益相结合，经济效益与社会效益、生态效益相结合，科学合理地制定土地利用分区规划（汪秀莲、张建平，2001；李宁宁，2006）。未来应进一步创新具有中国特色的土地利用规划理论和方法、推动由"土地用途管制"向"国土空间用途管制"发展（林坚等，2017），并进一步将用途管制向自然生态空间扩展（沈悦等，2017）。

（2）技术和经济手段。第一，构筑土地用途管制的经济约束机制。重视土地用途管制的成本效益分析，将土地占用的外部性成本纳入地价体系，从而提高土地占用成本，抑制土地占用行为。科学实施土地税收制度，促进土地利用。建立健全区域农业用地市场流转机制和土地交易监视区制度。税制结构应简化，完善和严格土地增值税条例，合理分配土地收益，确保公平与效益。（黄贤金等，2003；王静等，2003；李宁宁，2006）。第二，充分考虑利益相关者的利益保护和经济补偿，加强公众参与。土地使用管制本身是有成本的。由于管制而给有关主体造成的影响可通过税、费或者补偿的方式予以再调整，以维护社会公平，并达到特定的社会目标（张鹏，2011）。同时，土地利用总体规划的决策和实施需要政府部门综合考虑多种因素，协调相关者的利益，进一步强化开放式规划的理念（许迎春等，2015）。第三，充分调动地方政府的积极性。正确处理中央政府与地方政府、国家与农民集体之间的利益分配关系是顺利实施土地用途管制的关键。因此，应建立合理的租税费体系（陆红生、韩桐魁，1999），并建立保护耕地的激励机制，将用于土地保护的经费与土地出让、土地征用等脱钩，改为与耕地保护、土地整理、复垦开发等挂钩，并强化激励机制。除了将经济发展作为地方政府政绩考核指标外，还应增加保护耕地和环境改良等指标（陆红生、韩桐魁，1999）。第四，加强土地用途分区管制的技术投入。如尽快研究并建立科学合理的用于土地用途分区管制的土地质量评价标准和土地利用分类指标体系，建立服务于土地用途分区管制的土地用途变更动态监测系统及网络体系，建立土地用途变更监测预警系统，建立全国航、卫片监测网络，建立耕地保护预警系统（陆红生、韩桐魁，1999；汪秀莲、张建平，2001）。第五，加大土地管理相关专业教育经费投入。提高现有土地管理人员的法学、经济学、规划学水平，以及遥感、计算机技能，是顺利实施土地用途管制的重要保证（陆红生、韩桐魁，1999）。

（3）管理手段。第一，加强产权管理。根据区域土地用途分区管制的目的和规则，分别确定不同区域土地用途类型区土地的权能结构，明确界定农村土地承包权、土地经营权，实现农地产权的物权化。实施土地产权的实效条款，并强化制度的执行力。设立可转移的发展权和许可证制度，并建立制度创新平台（黄贤金等，2003；谭术魁、张孜仪，2012）。第二，制定区域土地用途管制的等级差异。根据土地用途分区类型实施具有一定等级差异的管制。如在土地适宜性评价或农地分等定级的基础上根据土地资源利用比较优势的原则，对于粮食生产具有很强适宜性的土地实施严格管制，将其严格限制于粮食生产用途；而对于比较优势不显著并存在多种适宜性的土地资源则实行限制性管制（黄贤金等，2003；罗静、曾菊新，2004）。第三，要有与土地用途管制制度相适应的土地管理体制。应实施城乡统一的土地管理体制，如瞿志印、陈江强（2008）提出，应该取消集体土地所有制，确立全部土地国家所有。严金明、王晨（2011）提出了基于统筹城乡发展的土地管理体制改革创新的七种模式，即城乡用地"一张图"模式、集体建设用地使用权流转模式、城乡建设用地增减挂钩模式、土地综合整理模式、宅基地承包地双放弃—退出模式、生态搬迁模式和耕地保护基金创设模式。第四，明确中央政府和地方政府的土地管理权限。要限制地方政府对土地管理的权利，明确只有中央具有调控新增建设用地的权力，地方负责保护和合理利用土地以及盘活存量建设用地，而不能"变通执行"规划和任意新增建设用地；全国土地管理机构设置必须统一，实现国家和省（市）两级管理、省级以下垂直领导的管理体制（陆冠尧等，2005）。第五，加强规划实施监测和评估调整，变静态规划为动态规划。必须废除指令性控制指标，代之以预测性和指导性规划指标（许迎春等，2015）。

（4）法制手段。建立和完善我国的土地用途管制制度，加强土地用途管制制度的法制建设，为分区管制提供法律保障（王静，2001b；汪秀莲、张建平，2001）。制定和完善规划实施管理的配套法规和规章。有必要对土地利用规划的编制、修订、审批、实施等环节从法律上做出具体规定，充分吸收我国现有资源法、环境法、经济法和物权法的成果，保障法律部门间的协调发展（王静等，2003）。第一，完善土地利用规划制度，使土地利用规划具有法律效力。各地土地利用规划应该由人大常委会通过，经上一级政府批准，赋予法律效力，明确各部门专业规划必须在土地利用总体规划所确定的行业用地规模的布局内进行（汪秀莲、张建平，2001；陆冠尧等，2005）。在规划未批准之前，进行现状用途管制。对批准的土地利用总体规划，应以法律条款形式向全社会公布，对土地用途的许可、限制和限制性许可的各种规则也应公示，明确对违反规划和用途管制应承担的法律责任，接受全社会监督和自觉执行（徐日辉，1998）。第二，建立土地用途转变许可与建设项目用地审批相结合的审批制。在法律上明确规定耕地转用的严密程度和审批权限，依据规划转变土地用途，必须经过预审、审核、批准，发给许可证才能进行转变（宗仁，1998；王静等，2003）。第三，建立土地用途的执法监督制度。建立严密的土地监察网络，定期或不定期检查土地利用总体规划实施情况，将总体规划和用途管制实施的监督检查纳入有关法规的监督检查内容，监督的对象包括个人、单位和政府（徐日辉，1998；陆红生、韩桐魁，1999）。第四，健全诉求机制和违法行为惩戒机制。要建立健全诉求机制，为修复受损社会秩序提供保障，对不按规定用途的使用者所应负的法律责任应有明确的规定，并加大违法惩处力度。既要使违法者受到惩处而吸取教训，又要全力挽回造成的损失（汪秀莲、张建平，2001；李宁宁，2006；谭术魁、张孜仪，2012）。第五，建立区域土地用途转换的预评价制度。建立一套规范的区域土地用途转换预评价制度体系，从而为土地用途转换提供决策依据。体系中的主要指标包括经济、社会、生态、环境等板块内容。同时，这一评价也要反映不同区域层次上的差异性，可以实行类似于美国的"土壤银行"政策，有步骤、有计划、有补偿地实施区域农业用地休耕制度（黄贤金等，2003）。

综上所述，国内学者针对我国土地用途管制的内涵、制度实施过程中存在的问题、对策建议做了大量研究工作，这些研究对推进我国土地用途管制制度建设、完善土地管理制度起到了积极的推动作用。但是，相比正在进行的土地管制实践，理论研究有所欠缺：第一，土地用途管制制度的内容体系缺乏系统的研究。现有研究对土地用途管制内容的研究很多，关系制度层面的也不少，对我国土地用途管制中存在的问题进行了较为全面的剖析，也提出了相应的有针对性的解决对策。但是对土地用途管制制度进行深入研究的不多，在已有的研究中主要从土地利用分区、土地用途转换、土地利用程度和土地利用效益等微观角度进行分析，各个问题相对独立，缺乏对土地用途管制制度从土地来源到使用者获得土地全过程的制度安排的全面和系统探讨。而土地用途管制制度是区域经济发展、产业结构转型升级的历史选择，是解决"市场失灵"的土地制度，目前缺乏与宏观经济发展相衔接的整体性研究。第二，当前的研究缺乏基于战略性思维的长远规划和设计。学术界关于我国土地用途管制制度的建设与完善已做了大量的政策研究，提出了不少建议。但已有的研究多数集中于基于现实问题的改进建议研究，还缺乏对土地用途管制体系的战略定位研究和基于战略性、前瞻性视角的长远规划和政策设计研究，并且还缺乏基于中国国情的土地用途管制制度与机制的创新，而这些研究必须经过充分的事前调研（包括对利益相关者意愿的调查研究）、科学的预测、政策模拟试验与政策设计、政策试点选择与实施效果评价、跟踪调查与反馈、政策校正等多个环节。

2.2　土地用途管制与产业结构互动关系的相关研究

在我国经济发展转型的关键阶段，如何更好地运用土地用途管制政策，实现区域产业结构优化升级，促进土地节约集约利用和城市的精明增长，是一个重大的理论和现实问题。现有研究主要集中在以下两个方面。

2.2.1　土地用途管制政策是参与宏观调控的重要手段

土地用途管制政策的核心特征是通过土地利用总体规划和土地用途分区等手段对土地利用进行优化的同时，也对产业规模、结构和布局产生影响，最终实现经济宏观调控目标的过程（范恒山，2010）。美国、日本、中国台湾地区等的土地用途管制政策值得借鉴（魏莉华，1998；汪秀莲、张建平，

2001）。首先，土地用途管制的目标。包括耕地保护、土地集约节约利用、土地资源可持续利用、控制建设用地总量和土地承载力等（陆红生、韩桐魁，1999；王万茂，1999；王静，2001）。其次，土地用途管制政策的手段。土地利用总体规划、土地分区管制、总量控制方法、信息反馈机制和土地税收是土地用途分区管制的重要手段（王万茂，1999；王静等，2003；宇向东等，2008）。再其次，土地用途管制的内容和方式。内容包括土地总量、土地利用结构、土地利用方向、土地利用程度和土地利用效益管制等多个方面（王万茂，1999；程久苗，2000）。土地用途管制的主要方式包括直接管制、税费制度和产权安排（黄贤金等，2003）。最后，实施土地用途管制政策实施中存在的问题。一是规划的弹性、规划用地分类与用途分区问题（程久苗，2000；王静，2001）。二是利益补偿问题，这与土地发展权密切相关（张鹏，2011），土地用途管制政策是土地发展权的直接来源（张鹏，2010）。三是柴郡和斯蒂芬·谢泼德（Cheshire and Stephen Sheppard，2004）提出与其他政策相比，土地用途管制政策容易被忽视。四是杰弗里·特恩布尔（Geoffrey Turnbull，2005）和拉尔夫·麦克劳克林（Ralph McLaughlin，2012）提出的导致城市住房成本和土地投资竞争的增加。

2.2.2　土地用途管制政策与产业结构调整之间存在相互影响

土地用途管制政策可以通过土地总量控制、土地利用总体规划、土地利用分区管制等手段优化土地利用结构，促进资源高效利用和产业结构调整（张素兰、严金明，2009）。作为土地用途管制政策的直接效果之一，土地利用结构的变化与产业结构变迁之间存在关联（黄贤金等，2002；张颖等，2007），对两者互动机理的研究有助于促进城市用地结构与产业结构的协调和均衡发展（鲁春阳，2011；傅晓珊，2011）。例如可以按照土地利用所服务的产业部门，利用产业结构分类来制定土地利用分类体系（刘平辉、郝晋珉，2003），而利用产业用地结构的比较优势也可以为产业结构调整提供用地依据（顾湘等，2009a）。同时，由于土地用途管制政策的存在，使得不同产业之间的土地集约节约利用程度存在差异（顾湘等，2009b），而产业规划则是实现土地集约节约利用的途径之一（马涛，2008），两者之间存在耦合关系（项锦雯、陈利根，2012）。

综上可知，土地利用结构是产业结构调整的影响因素之一，虽有不少文献进行了两者的相互关系的定性和定量研究，但是很少有文献以土地用途管制政策为研究对象。国内学者更多关注土地用途管制的目标、手段、内容和政策实践以及国外的借鉴等理论研究，实证方面则仅从土地利用结构的角度分析其与产业结构的关系，但是缺乏对土地用途管制政策与产业结构调整之间关系的系统的理论与实证研究。因此，本书将在现有研究的基础上，围绕土地用途管制与产业结构调整这两个核心问题展开两者关系的理论与实证研究，并提出有利于产业结构升级的产业用地政策，具有理论价值和应用前景。

2.3　土地要素与经济可持续发展关系的相关研究

2.3.1　土地要素对经济增长的积极作用

（1）土地要素是经济增长的源泉之一。土地要素作为经济增长重要的生产要素之一，它是经济发展和城市扩张的重要支撑和依托（李效顺等，2009）。土地要素对经济增长的贡献主要表现在以下五个方面：第一，土地要素数量的扩张与经济增长。土地要素数量的扩张在一定程度上会促进经济的增长，但是其贡献率会随着经济发展阶段的演进而呈现逐渐减弱趋势（姜海、曲福田，2009）。同时，经济增长受到诸多因素的影响，不同地区经济增长的源泉不同，对土地要素的依赖程度也不同（丰雷等，2008）。第二，土地利用效率与经济增长，即通过优化土地资源配置、提高土地要素集约利用程度来推动经济增长，强调技术进步和制度因素在经济增长中的作用（张占录、李永梁，2007）。土地资本化是实现土地集约利用的有效方式。通过土地资本化，实现土地资源的规模化、集约化，进而通过技术进步、土地制度改革等方式提高土地作为资源的边际生产力，从而促进经济增长（龚晓红、庞新军，2011）。史提芬·加布里埃尔等（Steven Gabriel et al.，2006）提出可以通过提高土地使用效率实现城市精明增长。而合理的土地利用程度能够确保持续地提供各类生态产品和服务，进而促进区域生态效率的提高（刘勇，2009）。第三，土地价格与经济增长。土地价格波动对经济增长的影响具有滞后性（李磊等，2008a）。由于土地要素数量需求的不断增加势必推动土地价格的上涨，因此，要严格监管、稳定土地价格，政府应该高度重视土地价格在宏观经济调控中的基础性作用（柴志春等，2009）。第四，土地政策与经济增长。土地"闸门"是土地供给政策的综合概括，包括土地供给总量政策、土地税收政策、土地流向政策、土地收益政策等（王元京，2008）。通过一系列的土地闸门政策来合理配置土地资源，推进经济可持续增长，如土地资本化政策（龚晓红、庞新军，2011）和土地出让金政策（张昕，2009）等。土地出让金政策已经成为推动城市经济增长的重要资金来源（杜雪君等，2009）。第五，土地利用结构与经济增长。不同利用类型的土地产出效率之间存在一定差异（龙开胜等，2008），而这种差异也存在明显的空间差异（张兴榆等，2008）。产生类型差异的主要因素有技术和资本投入，产生空间差异的因素有经济发展水平、自然条件、区位差异和政策作用等（刘传明等，2010）。

（2）土地要素与产业结构调整之间存在关联性。土地资源消耗和产业结构之间是相互影响、相互作用的关系（李冠等，2010）。土地的集约利用政策可以作为产业结构调整的重要手段，能够实现产业的优化调整和布局，有利于发挥产业比较优势（顾湘等，2006、2009b）。而产业结构调整是提升土地集约利用水平的主要途径（孟媛等，2011）。两者之间的关联性主要表现在以下三个方面：第一，产业结构与用地结构之间存在关联。可以利用现有产业结构分类来对土地利用结构类型进行重新划分，能够有效地衡量土地利用的经济效益，便于记忆和理解（刘平辉、郝晋珉，2003）。第二，产业结构变迁与土地价格之间存在关联。由于产业聚集效应的存在，会使企业在不同区位的土地获得不同的收益，从而引起土地价格区位分布的变化，同时也引起了城市地域的分化和组合（傅晓珊，2011）。第三，产业结构变迁与土地政策之间存在关联。通过产业土地使用政策，能够使人口和其他生产要素向经济发达地区集聚，引起产业资产价格变动，进而带动产业结构变动（朱杰明，2000；袁志刚、绍挺，2010）。

总体而言，土地要素对经济增长有重要影响。但是大多数学者在该领域的研究较为单一，没有将产业结构变迁与土地资源消耗有机结合起来，也没有在产业结构优化升级的大背景下分析如何利用土地要素实现经济的可持续增长。而经济体对土地要素的依赖程度对经济可持续增长有重要影响。经济体对土地要素的依赖程度越高，说明产业结构越不合理，经济增长的可持续性越差，经济的长期增长率越低（武康平、杨万利，2009）。因此，要实现经济可持续增长，必须厘清产业结构与土地资源消耗之间的相互作用关系。

通过调整产业结构来降低经济体对土地的依赖程度，通过土地资源消耗和土地政策的调整来实现产业结构的优化升级，进而实现经济的可持续增长。本书围绕这两个核心问题，同时结合国际前沿成果和发展实践，展开产业结构变迁、土地资源消耗与经济可持续增长的理论分析以及跨区域、多部门面板数据的实证研究，具有理论价值与实际应用前景。

2.3.2 土地要素对经济增长的负面效应

土地要素作为经济增长重要的生产要素之一，它是经济发展和城市扩张的重要支撑与依托。土地要素作为促进经济增长的重要源泉之一，同时由于土地资源的稀缺性特征又决定了它会对经济增长产生一定的约束作用。要明确这个问题，这里先引入"增长阻尼"（drowth drag）的概念。"增长阻尼"最早由罗默（Romer，2001）提出，是指由于资源有限性的约束，经济增长的速度同不存在资源约束情况下的经济增长速度相比所降低的程度，国内学者也将其译为"增长阻力"或"增长尾效"。自"增长阻尼"假说提出以来，国内外诸多学者在"增长阻尼"假说的理论框架下进行了大量的理论与实证研究。从现有研究来看，主要包括以下三个方面：一是研究水土等资源对经济的增长阻尼效应。如谢书玲等（2005）、杨杨等（2007）实证检验了水土资源对中国经济的"增长阻尼"作用。崔云（2007）对中国经济增长中土地资源的"尾效"进行了实证分析，发现中国的经济增长速度由于土地资源的消耗而不断下降。由于土地对经济增长约束作用的存在，因此，要提高土地的集约利用率、稳定土地价格和完善土地制度（李磊等，2008b）。杨杨等（2010）构建了改进的二级 CES 生产函数作为基础模型对中国土地资源的增长阻尼效应进行了测度。提出中国经济欲保持稳定增长态势，必须有效贯彻和执行土地资源保护政策，同时注重技术进步。王家庭（2010）运用面板数据分析方法，从区域维度和时间维度对我国 31 个省份经济增长中的土地资源尾效进行了实证研究，并分析了土地资源尾效存在区域差异的原因。研究发现，导致区域差异的主要原因是人口增长率的提升、土地资源的弹性系数和资本弹性系数。刘耀彬等（2011）运用面板数据对中部六省份水土资源"尾效"进行测度。万永坤等（2012）对北京市水土资源阻尼系数进行了计算和分析，结果表明，水土资源阻尼系数都围绕着经济增长上下波动。当然，也有学者将人口红利视作一种有限的不可再生资源，研究得出人口红利衰减对中国经济增长的"尾效"（王伟同，2012）。二是研究能源对经济增长的阻尼效应，如沈坤荣、李影（2010）以及李影、沈坤荣（2010）在借鉴经济增长"尾效"假说的基础上，放宽了其关于经济规模不变的假定，对我国经济增长的能源结构性约束进行了量化。谭鑫等（2011）估算了能源对中国经济及三次产业的增长阻力。三是将资源和环境纳入同一个框架下进行分析。刘耀彬、杨新梅（2011）构建了资源环境对经济增长的"尾效"模型，再利用经济增长与城市化水平之间的半对数关系推导出城市化的资源环境"尾效"模型，并对江西省进行实证研究。孙才志、李欣（2013）实证测度了环渤海地区资源和环境承载力对海洋经济发展的阻尼作用，并进行了空间差异分析。

2.4 土地利用效率评价及其收敛性检验的相关研究

2.4.1 土地利用效率测度的相关研究

土地利用效率问题一直是经济学家研究的热点之一，而研究的一个难点主要集中在利用效率的测度方面。已有文献主要采用参数方法（如随机边界分析方法，简称 SFA 方法）和非参数方法（如数据包络分析，简称 DEA 方法）对土地利用效率进行测算。其中，参数方法主要以柯布道格拉斯生产函数模型为基础，包括 SFA 方法等。如特鲁埃尔和黑田东彦（Teruel R. G. and Y. Kuroda，2005）采用基于 translog 成本函数的 SFA 方法分析了公共基础设施对菲律宾农业全要素生产率增长的影响。龙开胜等（2008）运用 C－D 生产函数和概率优势模型，对比分析不同利用类型土地的投入产出效率关系。黄大全等（2009）采用全要素生产率方法测算了福建省工业用地的土地集约度和利用效率。谢芒芒、赵敏娟（2011）采用 SFA 方法建立全要素生产率函数模型对陕西城镇土地效率进行了实证测算。李鑫、欧名豪（2012）采用 SFA 方法测度不同省份建设用地单要素效率，且对单要素效率的空间变化进行分析。邵挺等（2011）采用基于 C－D 生产函数的全要素生产率模型对全国 211 个地级市建设用地的边际生产率进行实证测算和比较。

参数方法在应用时存在一定的缺陷，需要设定具体的生产函数，而且需要规模效益不变、技术有效等假设，而且参数方法很难处理多个解释变量的情形（曾先峰、李国平，2008）。与参数方法相比，非参数方法中的 DEA 方法作为一种面向数据的效率评价方法，其优点在于，无须估计企业的生产函数或者成本函数，从而避免了因错误的函数形式而得出错误的结论。近年来不断有学者采用 DEA 方法对我国土地利用效率进行实证研究。如张兵、金凤君（2007）采用 DEA 方法对长江三角洲城市土地利用效率进行了实证研究。投入要素采用物质资本、人力资本、土地、人口、技术因子，产出要素采用了城市 GDP 和地方财政一般预算内收入。土地指标采用建成区面积进行度量；物质资本采用固定资本存量、全年供水总量、全年用电量；技术因子采用从业人口中 15 岁以上大学教育人口所占的比例。张良悦等（2009）利用 DEA 和超效率 DEA 方法对中国地级以上 247 个城市土地利用效率进行了测度。吴得文等（2011）采用 DEA 方法对全国 655 个城市土地投入产出效率和规模效率进行了分析。这些研究在投入和产出指标选取上逐渐由反映城市土地利用经济效益的单指标向经济、社会和环境的多指标方向发展。同样使用 DEA 方法的还有游和远等（2011）和游和远、吴次芳（2010），他们的研究更多关注土地利用的碳排放效率和生态效率。

也有学者采用基于 Malmquist 全要素生产率（TFP）指数的 DEA 方法对土地利用效率进行实证分析，因为该方法能够有效处理面板数据，并能够将 TFP 变化进一步分解为技术进步和技术效率变化，使人们能够更好地理解生产率增长的内在动力（杜官印等，2010；许建伟等，2013；熊强、郭贯成，2013）。玛雅康德（Maya Kant Awasthi，2009）采用基于 Tornqvist-Theil 指数的全要素生产率方法对印度不同租赁安排方式下的土地利用效率进行了比较。黄（Hoang V. N.，2011）采用基于 Moorsteen-Bjurek（MB）TFP 指数的 DEA 方法对经济合作与发展组织成员的农业生产率、氮利用效率和累积热效率进行了测算和分解。黄和克里（Hoang，V. N. and T. Coelli，2011）进一步将环境因素纳入农业 TFP 增长模型中，并采用基于营养均衡 TFP 指数的 DEA 方法进程了实证检验。欧唐内（O'Donnell C. J.，2011a）提出，虽然 Malmquist 指数方法应用广泛，但是该指数和 Moorsteen-Bjurek（MB）TFP 指数方法以及 Tornqvist-Theil 指数方法均不满足传递性检验而无法进行多期的纵向比较或多边的横向比较，只能比较两组研究对象。而且 Malmquist 指数不具有乘积完备性，无法对 TFP 进行彻底分解（郭萍等，2013）。范建双等（2015）采用基于 Färe-Primont 指数进行实证检验。

现有文献中，对各地区土地利用效率收敛性分析的不多。仅有慕克吉和黑田东彦（Mukherjee A. N. and Y. Kuroda，2003）以及张琳等（2013）分别对印度的农业生产率增长和中国不同区域间土地资源消耗强度差异的收敛性进行了实证检验。范建双等（2015）则对比分析了不同区域土地利用效率的区域差异和产业差异。

2.4.2　土地利用效率收敛性检验方法的相关研究

（1）文献回顾。近年来，诸多学者对中国的土地利用效率问题进行研究。陈江龙等（2004）对农地和建设用地的实证研究表明，我国土地利用效率存在区域梯度差距。邵挺等（2011）和李鑫、欧名豪（2012）对省际建设用地效率的测算结果表明，东部地区的效率要优于中西部地区，进一步发现效率差异主要来自省际间差距而不是省内差距。吴得文等（2011）以城市为研究单元对中国城市间土地利用效率差异进行评价，得出了类似的结论，同时发现土地利用效率存在规模等级递增效应。杜官印等（2010）将建设用地纳入经济增长全要素生产率分析中，得出建设用地等生产要素投入在中国经济增长中没有发挥最大效益的结论。陈竹、张安录（2010）指出，按照区域土地利用效率来分配建设用地指标的理论存在一定问题，建设用地指标的分配不仅要考虑效率差异因素，还应该考虑各生产要素之间的关系尤其是供求关系。已有研究提供了很好的思路和借鉴。但是现有研究主要集中在土地利用效率的测度方面，或者从区域角度分析土地利用效率的总体差异。到目前为止，关于某一个产业土地利用效率的地区间收敛问题的研究还很有限。

（2）收敛性检验方法介绍。收敛性理论的一般机理主要是基于新古典增长理论的"条件收敛"假说、基于技术扩散理论的"技术赶超"假说和基于非线性增长理论的"俱乐部收敛"假说。基于不同的理论假说，在实证分析中则表现为不同的研究模型。而根据分析收敛性角度的不同，可以将其分为 σ 收敛、β 收敛、"俱乐部收敛"和 γ 收敛四类。对于不同类型的收敛，有些可以采用不同类型的检验方法，有些收敛可以采用多种检验方法。目前较常用的方法有截面回归方法、面板数据方法、时间序列协整方法、聚类方法、动态收入分布方法和空间计量经济学方法，这里主要介绍几类常用的收敛性检验。

首先，σ 收敛。σ 收敛可以比较直观地测度不同经济单元的发展差距。如果 $\sigma_{t+1} < \sigma_t$，则经济单元之间存在 σ 收敛。这里用变异系数来测度 σ 收敛水平。用 X_i 代表 i 地区的经济发展指标（如 GDP、人均 GDP、人均可支配收入等），$\overline{X}$ 代表各地区经济发展指标的均值，N 代表地区的数量，S 代表标准差，则变异系数（用 V 表示）的计算公式可以表达为：

$$V = \frac{S}{X}, S = \sqrt{\left[\sum_i (X_i - \overline{X})^2 \right] / N} \qquad (2-1)$$

如果式（2-1）中求得的变异系数随时间逐渐变小，则存在 σ 收敛，反之则不存在。

其次，绝对 β 收敛。根据巴罗和艾—塞拉—马丁（Barro and X-Sala-Martin，1992）的分析，检验绝对 β 收敛一般可以采用下式：

$$\frac{1}{T-t} \cdot \log\left(\frac{y_{iT}}{y_{it}}\right) = B - \frac{1 - e^{-\beta(T-t)}}{T-t} \cdot \log y_{it} + u_{it} \qquad (2-2)$$

其中，i 表示研究地区，t 和 T 分别表示期初和期末时间，$T-t$ 表示观察时间长度，y_{it} 和 y_{iT} 分别表示期初和期末的经济指标（如 GDP），B 为常数项，u_{it} 表示误差项。β 为收敛速率，表示 y_{it} 向稳态收敛的速度。β 值越大，则向稳态收敛的速度越快。如果回归后 β 值大于零，表示地区经济增长趋于收敛；如果 β 值小于零，则表示地区经济增长趋于发散。

最后，条件 β 收敛。条件 β 收敛反映的是各地区是否能够达到自身的稳定发展状态（刘忠生、李东，2009）。而各经济单元的稳定发展状态是不一样的，因而不平等的现象会依然存在，即使长期来看也不会消失，并且各个经济单元会依然保持着自己的相对地位，即富裕的地区依然富裕，贫困的地区依然贫困。目前比较通用的检验方法包括两种：一种是采用固定效应模型；另一种是在模型中加入一些控制变量来控制住不同地区特征差异。一般认为后一种模型更适合条件 β 收敛检验，其基本表达式为：

$$\frac{1}{T-t} \cdot \log\left(\frac{y_{iT}}{y_{it}}\right) = B - \frac{1 - e^{-\beta(T-t)}}{T-t} \cdot \log y_{it} + \sum_j K_j X_{i(T-t)}^j + u_{it} \qquad (2-3)$$

其中，$X_{i(T-t)}^j$ 表示影响收敛的其他变量，K_j 为其相应系数。其他变量的含义同式（2-2）。条件 β 收敛所考察的是，如果外生变量保持不变，初始收入水平与增长率是否呈负相关关系。条件 β 收敛考虑了各地区的不同发展条件和特征后，对 β 系数进行检验，检验原理与绝对 β 收敛相同，即求得的 β 值显著为负，则存在条件 β 收敛。但是彭国华（2005）认为控制变量的加入会影响条件 β 收敛的检验效果①。

2.5　土地集约利用相关研究

2.5.1　土地集约利用的内涵、模式与路径研究

（1）土地集约利用的内涵。关于土地集约利用的概念，最早来自对农地的研究。18 ~ 19 世纪，大卫·李嘉图（David Ricardo，2009）等古典政治经济学家首先在地租理论中提及了土地集约利用这一概念。他们将土地单位面积上投入大量劳动力、先进的生产工具及管理方法，使得土地产出最大化的过程称为土地集约利用。经济学派侧重于研究土地成本与土地产出的关系，伊利和莫尔豪斯（Richard T. Ely and Morehouse E. W.，1982）指出昂贵的地价使人们不得不集约利用土地。巴泽尔（Barzel Y.，1997）和罗纳德·哈里·斯科（Coase R. H.，2009）从市场经济土地产权角度对资源配置问题进行研究。地理科学、城市规划方面都较早地涉及了它的内涵，19 世纪德国学者杜能（Thnon J. H. V.，1986）创建的农地区位论、19 世纪末 20 世纪初韦伯（Alfred Weber，2010）的工业区位理论、克里斯泰勒（Walter Christaller，2010）的中心地理论、廖什（August Losch，2010）的市场区位论从地理科学的角度研究了单个企业成本最小化的最优区位决策，为土地集约利用指明了方向。霍华德（Ebenezer Howard，2002）提出了"以人为本"的田园城市理论，建立了若干个田园城市围绕中心城市的城市群，表现了土地集约利用的内涵。

国内学者对土地集约利用的研究起步较晚，甄江红等（2004）认为，土地集约利用是通过增加对存量土地的投入，建立可持续的经营管理制度，不断提高土地集约利用的综合效益，保证城市用地合理布局以及土地结构优化，是一个动态发展的过程。李闽、姜海（2008）认为，土地集约利用是私人自

---

①　影响原因的解释这里不展开，具体可参见彭国华（2005）。

利行为的结果，面临着经济与制度双重约束。杨遴杰、陈祁晖（2009）从经济学的角度阐述了土地集约利用的内涵，认为土地集约利用主要受土地投入产出的影响，增加土地的投入、提高土地利用效率、挖掘土地使用潜力就是土地集约利用的内涵，并指出，现行评价方法很大程度上扭曲了现实中的土地集约利用水平。郑斌、黄丽娜（2010）指出，由于动因不同（国内刚性匮乏，国外弹性匮乏），国内外土地集约利用的思路也大相径庭。国内强调刚性指标，如土地利用强度、土地投入产出的评价；国外则强调社会、环境、经济指标在可持续发展中的评价。马贤磊等（2014）提出了城市土地集约利用的概念，借助帕累托效率理论，在考虑土地利用经济效益的同时强调环境保护的重要性，即通过产业结构升级、土地利用结构调整、增加环境保护性投入、提高企业的环境准入门槛等措施，实现包括社会效益、经济效益、生态环境效益在内的综合效益最大化的目标。

土地可持续利用是土地集约利用追求的目标之一，20世纪90年代，国外学者先提出了土地可持续利用的理念。美国学者扬（Young T. A.，1990）认为，土地可持续利用是指保护土地可利用的资源，维持土地一定的生产能力，并且能够得到高的收获产量。国内学者李志强、吴诗嫚（2010）从生态学的角度，定性定量分析了区域土地可持续利用的状况。刘庆、陈利根（2013）从土地利用的社会和谐化、经济效益化、集约化、生态环境化等角度，综合研究分析了土地可持续利用的空间格局的合理性。

（2）土地集约利用的模式和路径。模式方面，刘少瑜等（Lau S. S. Y. et al.，2003、2005）介绍了中国香港土地集约利用的主要成功做法是混合居住模式。方创琳、马海涛（2013）分析了中国新区建设与土地集约利用的矛盾关系。乌拉尔·沙尔赛开等（2014）从脆弱性视角提出适中规模和密度的组团式布局模式是大城市土地集约利用的最佳选择。彭冲等（2014）提出以"城市群"带动中小城市的模式实现土地集约利用。王芳芳等（2015）从土地利用的空间、时间和功能三个维度展开对集约用地模式的重构与设计。路径方面，马涛（2008）提出产业规划是实现城市土地集约利用的途径之一。李刚等（2009）提出采用集中分散理论来实现小城镇土地集约优化利用。杨俊宴等（Yang J. et al.，2012）从空间角度认为城市中心土地集约利用的关键在于建筑规模、土地利用结构和交通网络三方面。加内特等（Garnett T. et al.，2013）提出土地利用集约化必须走一条可持续的路径。格劳等（Grau R. et al.，2013）、希顿等（Heaton E. A. et al.，2013）认为可持续发展路径包括两种：一种是土地共享方式，即通过部分时段的土地利用集约化，释放更多的时间用于生态恢复；另一种是土地分享方式，即通过部分土地的集约化，释放更多的土地用于生态保护。

2.5.2　土地集约利用实证评价研究

（1）土地集约利用的评价指标体系构建。土地集约利用评价技术体系包括区域土地集约利用评价、城市土地集约利用评价和潜力测算三部分（林坚等，2009），指标体系主要涵盖土地使用强度、土地投入程度和土地使用效率、用地弹性、增长耗地、土地利用结构等方面（甄江红等，2004；刘晋等，2009；曹银贵等，2010；虎陈霞等，2011；彭冲等，2014）。如孔伟等（2014）主要以地均固定资产投资、地均 GDP 为指标研究在不同经济发展水平下土地集约利用程度变化的规律，提出土地集约利用区域差别化的管控思路。史密斯等（Smith P. et al.，2010）、迪特里克等（Dietrich J. P. et al.，2012）认为，单位土地面积的产量是土地利用集约化的一个重要测度指标。现有的研究中，指标的选取缺乏理论依据，仅有范辉等（2013）、范辉等（2014）基于结构—功能关系理论提出了评价指标的选取依据。荀文会等（2014）认为，城乡接合部土地利用问题活跃而复杂，其土地集约利用问题更值得关注。

（2）实证评价方法。评价涉及定性分析和定量评价两方面，定量评价主要采用 DEA、主成分分析、模糊综合评价、成本效益分析、地理信息系统技术、网络层次分析法（ANP）、神经网络等评价方法（郭贯成等，2009；黎孔清等，2013；于尚云、郭建科，2014）。如赵敏宁（2014）、张贵军等（2017）采用层次分析法计算土地集约利用的评价指标权重，进而对土地集约利用水平进行评价研究。周扬等（2014）、郭欢欢等（2016）等基于指标标准化处理，利用多因素综合评价法对土地集约利用评价展开了实证研究。肖曙露等（2015）等运用主成分分析法得出土地集约利用各因子的权重，再进行综合加权计算土地集约利用的综合评价值。费尔堡等（Verburg P. H. et al.，2013）、柯莫尔等（Kuemmerle T et al.，2013）认为，土地利用集约化过程是一个多尺度现象，要全面刻画这一现象的变化过程及空间差异，需要详尽的监测数据和空间表达，这方面工作仍需要克服一系列困难。

从现有研究来看，国内研究强调刚性，评价指标选择侧重土地利用强度和土地投入产出效率；而国外则强度弹性，评价指标则侧重反映可持续利用的社会、资源、环境等。为了综合反映土地"集约"利用的刚性和弹性，本书在评价指标选取中将刚性指标和弹性指标综合起来，从而真实反映区域土地的"集约"利用水平。

2.5.3　土地集约利用的驱动因素相关研究

土地集约利用受到诸多因素影响。关于土地集约利用的驱动机制，目前学者主要在城镇化、产业结构、经济增长、土地市场化和土地违法等方面展开研究。

（1）城镇化与土地集约利用之间存在关联性。王筱明、吴泉源（2001）以及王家庭、张换兆（2008）提出城市化建设与土地集约利用关系密切，既相辅相成、相互促进又相互制约。进一步通过理论模型推导得出城市化通过对不同行为主体选择影响能够提高现有城市空间的土地集约利用程度。孙宇杰、陈志刚（2012）从系统的角度认为，两者在相互作用过程中具有内在的协调需求。赵丹丹、胡业翠（2016）利用脉冲响应、方差分解等方法实证研究了两者之间的动态联系和相互影响，发现两者之间具有长期的正向促进作用。也有学者提出两者的耦合协调可有效推动城市可持续发展，并采用耦合协调度模型进行了实证检验（刘浩等，2011；郭施宏、王富喜，2012；王佳等，2013；张乐勤等，2014b；李晓庆等，2017；王秀等，2017；张红凤、曲衍波，2018）。彭冲等（2014）在建立空间计量模型的基础上，实证研究发现新型城镇化与土地集约利用之间存在显著的正向关系。吴宇哲等（Wu Yuzhe et al.，2011）、邓劲松等（Deng J. S. et al.，2011）、潘迪和塞托（Pandey B. and K. C. Seto，2014）提出快速的城镇化进程伴随着城市蔓延容易造成建设用地会不断增加而农用地减少、区域土地利用的碎片化，不利于土地集约利用。西西利亚诺（Siciliano G.，2012）分析了城镇化和土地利用变化之间的关系及两者对农村生态系统的影响，得出两者的共同作用所产生的经济增长效率的提升是以能源低效利用和环境污染为代价的。

（2）土地集约利用受到产业发展影响。权彬等（Quan B. et al.，2006）研究发现，产业结构优化升级能够在产业结构中提高技术创新能力高的企业和行业的份额，促进优化土地利用结构，进而提升土地集约利用水平。顾湘等（2009b）、王中亚等（2012）研究发现，产业结构变化对城镇土地集约利用具有着显著正向影响。周游、谭光荣（2016）研究发现，生产性服务业通过专业化集聚、多样化集聚产生的技术外溢效应和集聚规模产生的规模经济效应显著提高了城市土地集约利用水平。范胜龙等（2017）发现，经济发达地区影响开发区土地集约利用水平的主要社会经济因素是第三产业比重，影响欠发达地区开发区土地集约利用水平的主要因素是第二产业比重。韩峰等（2013）、张乐勤等（2014a）、范建双等（2018）实证考察了产业结构的结构效应、竞争效应对城镇土地集约利用影响，提出实现土地集约利用必须以转变经济发展方式为根本出发点，其中产业结构调整是关键，并认为两者之间是相互影响、互为依存的关系。项锦雯、陈利根（2012），范建双、虞晓芬（2016），徐磊等（2017）采用耦合协调度模型进行实证检验。何好俊、彭冲（2017）对中国地级市的研究发现，产业结构合理化与土地利用效率表现为互惠互利的双赢效应，土地利用效率提升对产业结构实现合理化和高级化均存在倒逼效应。

（3）土地集约利用与城市经济增长关系密切。张红星（2013）指出两者之间存在相互作用关系，实证发现可以通过土地集约利用促进城市经济增长，而不必过度依赖土地要素的投入。也有学者对两者之间的关系进行了实证检验（郭婧锐、周伟，2014；孔伟等，2014）。曹彦鹏、冯忠江（2015）以及张志等（2017）采用耦合协调度模型对低碳经济增长与土地集约利用之间的关系进行了检验。姚成胜等（2016）则采用了隶属函数协调度模型对两者的静态和动态协调关系进行了检验。孙雯雯等（2015）采用 Tapio 弹性分析法来分析两者的脱钩状态。陈田田、张红（2017）通过对京津冀地区的实证研究发现，土地利用结构、利用程度和土地利用经济效益的提升对于城市经济发展有显著正向影响，土地利用的可持续性对经济发展的影响不显著，并且这种影响在经济欠发达地区更明显。

（4）土地集约利用受到土地市场化改革和土地违法的影响。学者们普遍的观点认为，土地的市场化改革能够提高土地的利用效率，优化土地利用结构，进而促进土地的集约节约利用。诸多学者对土地市场化与土地集约利用的关系进行了理论机制探讨和实证检验。机制方面，不同的学者持有不同的观点。有学者认为土地市场通过发挥市场机制的作用，改变土地利用方式、利用强度等，从而可改变土地集约利用的水平（杨红梅等，2011；李建强、曲福田，2012）。曲福田、吴郁玲（2007）除了考虑市场机制外，还加入了政府干预机制，提出土地市场通过发挥市场机制和政府干预机制两个途径改变土地开发进度、土地利用结构和强度等，从而改变土地集约利用的水平。吴郁玲等（2009）认为土地市场通过影响人口、经济发展、技术进步和市场制度环境等因素改变土地集约利用水平。

实证检验方面，大部分学者认为土地市场化改革对土地集约利用的影响存在着一定的差异性。如杨红梅等（2011）发现虽然全国土地市场在不同的工业时期对土地集约利用的程度有一定的差异，但在总体上还是有着显著的正向促进作用。吴郁玲等（2013）认为，中国城市土地的市场化程度与土地利用的集约度存在较稳定的长期均衡关系，而在短期内却是失衡的，且在东、中、西部地区表现各异。赵爱栋等（2016）从工业用地的角度出发，发现工业用地市场化改革显著提高了我国工业用地利用效率，然而地方政府的干预大大降低了市场化改革的影响力。也有学者认为土地市场化改革对土地集约利用有着稳健的正相关关系。李建强、曲福田（2012）研究发现，土地市场化改革提高了土地市场化的整体水平，同时也提高了土地集约利用的水平。

土地违法与土地市场化改革之间存在关联性。土地市场化的改革通过土地出让方式的不同影响土地违法现象，市场化程度较低的协议出让和挂牌出让方式会对违法案件的数量和涉案面积构成正面的影响；而市场化程度较高的招标和拍卖方式则有助于遏制土地违法案件的发生（陶坤玉等，2010）。土地市场的发展完善，其对政府和企业的土地违法行为可能存在正反两方面影响，一方面，土地市场的公开透明使得土地违法行为减少；另一方面，由于土地获取成本提高使得土地违法行为增加（陈志刚、王青，2013）。陈志刚等（Chen Z. et al.，2015）利用1999~2008年中国（不含港澳台地区）省级面板数据建立计量经济模型，探讨土地市场发展对非法土地利用的影响。范建双、任逸蓉（2018）运用空间计量模型实证检验了违法用地对土地集约利用的影响效应，发现违法用地对土地集约利用具有显著的负向直接影响，同时发现土地集约利用本身存在空间溢出效应。

（5）影响因素综合分析。姜海、曲福田（2008），王家庭、季凯文（2009），渠丽萍等（2010）对影响土地集约利用的城市区位条件、经济发展水平、人口密度等诸多因素进行了多元回归分析。赵丽等（2008）通过相关性分析对土地集约利用驱动因素进行识别。赵小风等（2012）、叶青青等（2014）采用分层线性模型从多尺度揭示土地集约利用的影响因素。朱会义、孙明慧（2014）通过文献综述发现土地集约利用的驱动因素主要包括人口压力、市场刺激和政策驱动三个方面，而限制因素主要涵盖自然因素、市场因素和体制因素。张琳等（2016）研究发现，企业规模和企业距港口距离与工业集约用地水平呈倒 U 形关系，良好的地理区位、盈利水平及经济环境等均能在一定程度上促进企业集约用地。

综上可知，目前学术界对土地集约利用及其影响因素的研究取得了丰硕的成果，对我国土地集约利用和新型城镇化政策的制定发挥了重要的指导作用，并为后续的相关研究奠定了坚实的理论基础。从现有研究来看，还有以下两个方面有待进一步探讨和研究：一是土地集约利用的内涵和外延界定尚不统一，评价指标的选取缺乏依据；二是尽管学者们试图研究土地集约利用的驱动因素，但是，到目前为止未有文献从空间效应的视角来探讨土地集约利用的驱动机制。

第3章 相关概念与理论机制

3.1 土地集约利用的概念与理论基础

3.1.1 土地集约利用的内涵

传统的土地集约利用是指增加对土地要素的投入，追求土地产出效益最大化，获得尽可能多的土地报酬。随着城市化的热潮以及越来越多学者进入此领域的研究，土地集约利用已不仅满足于追求社会、经济效益的最大化，而更多的是要考虑可持续的社会、经济、环境的协调发展，追求综合效益最大化。土地集约利用，一是集约；二是可持续，是指以可持续发展的思想为指导，通过增加对土地的投入，加强对存量土地的再开发，挖掘用地潜力，对土地进行合理布局，优化土地空间结构，实现可持续的社会、经济、环境综合效益最大化。土地集约利用的科学内涵是寻求最佳可持续集约利用度，土地利用不是越集约越好，过度集约可能会导致土地资源利用的不可持续，反而进一步恶化了土地空间结构，所以土地集约利用要考虑社会效益、经济效益、环境效益的统一。

3.1.2 城市规划理念

城市规划理念是土地集约利用的源头，是城市有限的土地空间与人们对土地空间日益增长的需求之间的协调，促进土地集约利用。城市规划的任务是根据各区域文化、经济发展、地理条件、宏观政策等特征，因地制宜地对不同区域制定合理可行的发展战略，安排各项城市建设，采取相应的行政措施。城市规划是一个解决矛盾对立的过程，一方面要追求经济的增长，另一方面又要注重生态环境的保护；一方面要加快城市建设，另一方面又要对耕地进行保护；一方面要鼓励农民工市民化，另一方面城市基础设施落后。这些矛盾都需要放在空间上去考虑，如何去平衡矛盾的两极也是土地集约利用所需解决的冲突。

3.1.3　土地可持续利用理念

土地可持续利用理念很重要的一点就是维持土地的可持续稳定的生产力，中国是个地少人多的国家，保护耕地、保障国家粮食安全也是土地集约利用的目的之一。此外，土地可持续利用理念还包括生态可持续、经济可持续、社会效益可持续，强调土地利用不仅要满足当代发展的需求，还要满足后代人对土地的需求。研究基于土地可持续利用下的集约模式正是土地集约利用所要追求的目标。

3.1.4　理论基础

（1）土地产权理论。明晰土地产权是解决土地集约利用的前提，土地集约利用水平与土地产权明晰程度呈正相关关系。科斯指出，在交易成本很小的前提下，只要产权是明确的，那么，无论产权如何配置，都可以实现资源利用的帕累托最优。土地产权界限一旦明确，各经济主体之间就会产生利益、法律等各种约束机制，土地集约利用才会变成可能。城市土地产权不明确容易造成多头用地以及违法用地的行为；农村土地产权不明确，往往导致农户缺乏集体经营的激励，对此，巴泽尔（Barzel Y.，1997）在科斯理论基础研究上指出土地资源的私人拥有比政府拥有更能保证效率。

（2）地租地价理论。地租地价理论是土地集约利用的内因，地租理论对极差地租的研究表明土地超额利润来源于土地肥力和土地位置的不同，土地使用者尽可能少地租用土地并在已租用的土地中增加投资，以提高土地产出效率。极差地租的存在使得不同区位、不同生产率投入的土地存在价格差异；价格差异的存在，会使那些昂贵的地价产生约束力，可以有效地限制高投入低产出、土地利用粗放的企业进一步发展，遏制城市的无序扩张。

（3）区位理论。区位理论在一定程度上为土地集约利用提供了指导，很大程度上揭示了土地空间分布的规律，影响城市用地的安排。杜能（Thnon J. H. V.，1986）指出，区位是土地用途和利用方式最为重要的决定性因素；韦伯（Alfred Weber，2010）提出的工业区位论认为，分散因素和集聚因素影响着区位条件；廖什（August Losch，2010）的市场区位论指出，区位理论的最终目的就是寻找能够实现利润最大化的地点。从区位理论的角度分析，土地存在明显的区位差异，不同区位土地的经济效益、生产率等都会有明显的差异。区域第二、第三产业的分布也和区位理论有着明显的关系，影响了区域土地集约利用水平，另外，区域产业的集聚会吸引更多的人口、产业进入该区域，可改变土地利用的空间格局。

（4）土地市场理论。土地的可持续集约利用离不开市场这个载体，市场是土地配置的一种基本手段，土地市场通过自动调整土地供求、竞争和价格的关系来实现市场的均衡，从而达到城市土地充分合理利用，实现土地集约利用的目标。目前，我国土地市场依然存在供求不平衡的现象，对此，习近平总书记提出了"供给侧改革"，积极推进存量土地的开发，减少新增建设用地，建立土地指标市场，探索集体经营模式，提升土地利用效率，有利于推进土地集约利用。

（5）土地报酬递减理论。土地集约利用的度量可以用土地报酬递减理论来解释，土地集约利用水平并不是指投入越多生产要素就越好。土地报酬递减理论指出，在生产技术和其他社会政治等外界因素都不变的前提下，对相同面积土地增加生产要素的投入，所获得的土地报酬却不断减少。利用土地报酬递减理论可以寻求土地利用最佳投入产出效益，挖掘土地潜力，控制土地利用规模，从而实现最佳土地集约利用水平。

3.2 产业结构演进、城镇化质量对土地集约利用的影响机制

3.2.1 产业结构演进与土地集约利用的互动影响机制

产业结构演进使得生产要素在部门和区域间流动，主要表现为资源在部

门和区域间的优化配置，其结果是土地利用变化。产业结构演进后的区域在既定土地空间上发展产值和效益更高的产业，或者通过资源整合实现产业合作分工，产生集聚效应和范围经济，从而提高土地利用效率。同时，土地是产业发展的载体，土地集约利用与产业结构演进之间是一个互动的过程。因此，可以将两个系统通过各自的耦合子系统相互影响的关系定义为耦合关系。其中，土地集约利用主要取决于四个关键子系统，即土地投入强度、土地利用结构、土地利用效率和土地利用强度；产业结构演进可以分解为产业结构比重、产业结构升级、产业技术创新和产业空间布局四个关键子系统。土地集约利用与产业结构演进的耦合关系就是两者的子系统之间相互影响、相互作用的结果。土地集约利用系统的变化和发展依赖于其自身子系统和产业结构演进系统之间的相对运动，即在耦合过程中两个系统不断协调实现可持续发展，如图 3－1 所示。

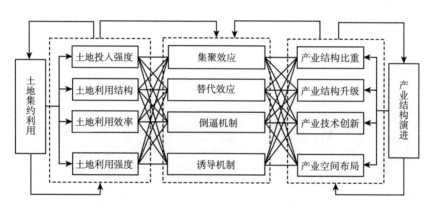

图 3－1　土地集约利用与产业结构演进的耦合关系

土地集约利用对产业结构演进的影响主要表现为：土地利用的特征影响了区域产业的经济功能和产出效率，土地的利用结构很大程度上决定了产业的结构和布局，土地资源的利用程度决定了产业结构演进的方向。土地集约利用能够通过规划、管理和总量控制等方式统筹安排各类产业用地，有效增加土地供应总量，优化土地利用结构，促进资源高效利用，提高产业的空间集聚，从而对产业结构演进和升级产生集聚效应。通过土地集约利用可以在产业结构演进过程中更有效地发挥资本、劳动力等其他生产要素对土地的替代作用，增加单位土地的资本和劳动力等要素的投入，提高单位土地资源的产出，从而对产业结构优化和布局调整产生替代效应。

产业结构演进对土地集约利用的影响主要表现为：通过产业结构升级以及技术进步水平的提高，使得高知识、高技术化和高服务化的产业在经济结构中的比例不断提高，内在的价格机制促使企业重视土地资源的高效利用和土地利用结构的优化布局（如城市产业结构演进过程中的"退二进三"），从而形成土地利用方式由粗放式向集约式转变的倒逼机制。同时，各地区根据自身比较优势进行专业化生产深化了产业内和产业间的分工与合作，充分发挥资本、劳动力等要素对土地资源的替代作用，降低产业发展对土地的依赖性，提高单位土地的产出效益，促进了土地资源配置效率和产出效率的不断提高，从而对土地集约利用政策产生了诱导机制。

3.2.2 产业结构演进、城镇化质量对土地集约利用的影响机理

产业结构在很大程度上决定了稀缺资源的配置效果，产业结构演进和调整的过程就是对资源在部门和区域间进行优化配置的过程。因此，产业结构变化会对土地利用方式、强度、效率和空间结构产生影响。图3-2具体描述了三者之间的影响关系及其作用机理。

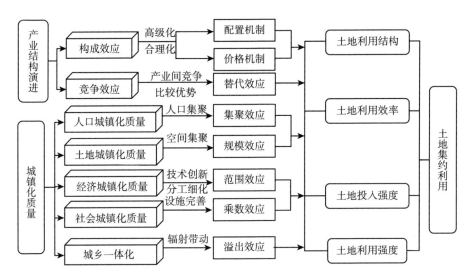

图3-2 产业结构演进、城镇化质量对土地集约利用的影响及作用机理

（1）构成效应。构成效应用来衡量一个地区各类产业的比例关系变化。产业结构的构成比例变化是通过生产要素的优化配置来实现的。生产要素在

部门和区域间的优化配置实现了产业结构由低级向高级演进的过程。产业结构中，高端制造业、知识和技术密集型产业比例的增加，有助于提高单位土地利用效率、优化土地利用结构（如城市发展过程中的"退二进三"），而高精尖产业尤其是高端服务业用地的价格通常较高，这种内在的价格机制自发地引导企业重视土地利用效率、促进土地集约化利用。

（2）竞争效应。竞争效应用来衡量产业的竞争优势。具有竞争优势的产业单位产出较高或者单位投入较低，即通过发挥资本、劳动力等要素对土地要素的替代作用，降低对土地资源的过度依赖。产业结构演进过程中带来的竞争效应使得各地区的要素禀赋和比较优势得到充分的发挥，积极促进了地区专业化生产和产业间的分工细化，大规模的产业化生产能够产生规模经济，而产业间的分工细化则能够在区域内形成范围经济，这势必大大降低单位土地要素资本和人力资本的投入，有利于提高单位土地产出效率，实现土地的集约利用。

城镇化质量的提高离不开城镇功能的更新和完善、资源的集约利用和城乡一体化协调发展。此过程有助于实现城镇基础设施和公共服务完善、居民生活质量提高和就业改善以及投资结构、居住环境和城乡统筹发展等方面的改善。

（3）人口城镇化质量。农村人口转变为城镇人口是人口城镇化的最直接表现。而人口城镇化质量的高低则需要通过非农人口就业情况和城镇居民居住条件的改善情况来衡量。一方面，城镇人口的增长和积聚对城镇的发展空间提出了更高的要求，能够对城镇土地的集约利用产生倒逼机制。另一方面，非农就业岗位的增加和城镇居住条件的改善则会进一步促进和吸引农村剩余劳动力向城镇的集聚。这些有赖于城市经济的快速发展特别是第三产业的快速发展。第三产业的用地成本较高，用地者势必重视土地的集约利用。城镇居住条件的改善，一方面通过新增住宅建设用地指标来实现，另一方面则要通过提高建筑容积率和建筑密度来实现，这有利于住宅建设用地的集约利用。

（4）土地城镇化质量。土地是城镇化发展的空间载体。土地城镇化的核心就是推动城镇空间积聚与分散。城镇化水平的提高通常是以资金的大量投入、土地的大量占用和能源的大量消耗为代价的，但是，这种粗放的城镇化模式不可持续。城镇化的推进不能片面追求城镇规模和城镇化率，而是要注重城镇的适度发展，由于城镇空间的适度积聚会产生规模效应和效益增长，城镇空间的过度积聚则会造成拥挤效应和效益损失。因此，土地城镇化质量可以用城镇化过程中城镇空间的适度积聚程度来衡量。而城镇空间的适度集聚是在要求提高城镇化率的同时重视资源的利用效率，需要走一条资源集约型的发展道路，这其中就涵盖了土地资源的集约利用。

（5）经济城镇化质量。只有经济发展，城镇化才有持续发展的动力，居民生活条件才会得到改善。经济城镇化质量是城镇化质量的基础，包括经济效率、经济结构、经济增长动力。经济城镇化质量的提高表现为经济增长效率由低到高和经济结构的不断优化，实现经济的可持续发展，这一过程要以技术创新为动力。因此，重视教育和科技投入，重视人才培养，提高劳动者素质，是经济城镇化质量的核心。城镇容易产生技术创新活动的集聚，能有力地提高土地资源的利用效率，促进土地利用结构的优化。同时，经济城镇化质量的提高也带动了经济增长转变和改善的动力，深化了产业的分工，在强化规模经济效益的同时，更是促进了范围经济的形成，从而提高了土地集约利用水平。

（6）社会城镇化质量。社会城镇化质量强调城镇化过程中人口素质、生活条件、生活习惯等方面的转变。包括受教育程度、基础设施及社会服务设施情况、社会保障程度、市场化程度、对外开放程度。社会城镇化质量对城镇化的影响更为深刻。生活条件和生活方式的转变是以城镇各类主体功能区和配套生活设施的不断完善为基础的。而城镇主体功能区的建设将带来对城市基础设施、公共服务设施和住宅等的大规模投资，单位土地产出通过投资的乘数效应必然会成倍地增加，加之城镇空间的土地资源的稀缺性和高附加值特点决定了城镇化建设过程中的土地开发必然重视立体和垂直开发，有利于提高土地集约利用水平。另外，随着受教育程度的提高，城镇人口素质也在日益增强，人们对土地的集约利用意识不断增强，进一步强化了土地集约利用水平。

（7）城乡一体化。城乡一体化程度是衡量城镇化质量的重要指标。高质量的城镇化过程不仅追求城镇自身的发展质量，还注重城镇对周边区域尤其是农村地区的辐射和带动作用，不断缩小城乡差距，实现城乡一体化发展。城乡一体化程度越高，城镇对周边农村地区的带动作用越强，城乡之间生产要素的自由流动能够极大地提高城镇和乡村的资源利用效率，实现资源在城镇和乡村之间的优化配置。在城乡一体化过程中，作为生产要素之一的土地资源，通过溢出效应实现土地资源利用效率和配置效率的提高，进而促进土地集约利用。例如，城乡一体化的过程使得农村人口自由流动进入城镇，实现城镇人口增加和农村人口减少，这能够实现农村土地的规模化经营和农村生产率的提高，进而促进农村土地集约利用水平的提高。

3.3 土地违法、土地市场化改革对土地集约利用的影响机制

3.3.1 土地市场化改革和土地违法的概念

关于土地市场化，学者们大多都采用土地市场交易量与全部土地出让量（包括划拨和有偿出让）之比来反映土地的市场化。也有部分学者选取了其他指标来体现土地的市场化程度。曹振良等（1998）以"累积出让土地的面积/应有偿使用土地的面积"所得数值作为指标值。赵珂等（2008）把出让的三种主要形式的采用程度作为土地市场化发展的趋势，以此来衡量土地市场发育的程度。钱忠好、牟燕（2013）认为，市场化改革是在一定的制度环境约束下围绕外部利润相互博弈的结果。李建强等（2012）认为，土地市场改革是通过完善市场结构、完善市场机制和培育市场主体来发挥市场配置土地资源的基础作用。赵爱栋等（2016）从土地在部门间要素再配置效应和企业内部要素替代效应两个方面解释了土地市场化改革。

关于土地违法，张绍阳等（2017）将地方政府的土地违法行为定义为违反规划批地、占地，违规或低价供地，以及故意放松企业用地行为监管等，这些行为使地方政府能够获得制度外的用地空间。有学者将土地违法理解为土地使用者或土地占有人未按照或者有意曲解、规避《土地管理法》《城市规划法》及其他相关法律法规的规定，擅自处置土地的行为（李曦等，2008；胡炜等，2014）。陶坤玉等（2010）认为，土地违法案件包括买卖和非法转让、破坏耕地、未经批准占地、非法批地等。李隆伟等（2015）将土地违法定义为单位和个人违反土地管理相关法律、法规的行为总称，主要表现为破坏耕地、非法占用土地、拒不履行土地复垦义务、非法批准用地、非法侵占挪用征地补偿费、拒不交还土地等违法行为。

3.3.2　土地违法对土地集约利用的影响机制

违法用地作为一种土地要素投入，同合法用地一样能够带动地区经济和地方财政的增长，同时也会带动地方投资与就业，进而提高土地投入产出水平，促进土地集约利用。违法用地对土地集约利用也存在负面的影响：一是违法用地存在环境污染、噪声污染、地块分割等的负外部性，进一步影响了耕地产量，同时破坏生态环境，不利于土地可持续利用。二是地方政府非法转让土地与非法批地不仅会引发非理性的投资行为，一定程度上降低了企业的准入门槛，诱使企业进入低门槛高污染产业，还会扰乱政府对土地资源的宏观调控，降低土地的利用率。高消耗、低产出的粗放型企业退出困难，极大地影响了土地投入产出效益，进而影响土地集约利用。三是违法用地加剧了城镇化进程的负担，耗费地方财政。由于土地资源有限，违法用地的增加意味着基础设施建设用地的减少，城镇化进程中道路、学校、医院等基础设施配套建设的落后不利于人口和高新技术技术产业的集聚，影响了土地利用强度及投入产出效益。此外，"以租代征"的违法用地在城镇化进程中较为明显，地方政府在征用过程中需要投入大量资金，降低了土地投入产出效益，不利于土地的可持续集约利用。

3.3.3　土地市场化改革对土地集约利用的影响机制

土地集约利用强调通过控制土地利用强度和优化用地空间等措施来实现单位土地的经济、社会和环境等综合效益的最大化，有学者认为，土地市场通过发挥市场机制的作用，改变土地利用方式和强度等，从而改变土地集约利用水平（杨红梅等，2011；李建强、曲福田，2012）。曲福田、吴郁玲（2007）认为，土地市场通过发挥市场机制和政府干预机制两个途径改变土地开发进度、利用结构和强度等，从而改变土地集约利用水平。也有学者认为，土地市场通过影响土地集约利用的影响因素（如人口、经济和技术进步等）改变了土地集约利用水平（吴郁玲等，2009）。

在市场机制和政府干预机制的共同作用下，土地市场化改革对土地使用者的行为产生影响，并通过竞租效应、替代效应和流转效应，影响土地开发进度、利用强度和利用结构等，进而导致不同的土地利用方式和可持续集约利用水平（李建强、曲福田，2012）。此外，考虑到土地市场化改革对土地违法的正负效应也会对土地集约利用产生间接影响。因此，笔者提出土地市场化改革对土地集约利用的影响存在直接影响和间接影响的双重作用机制（见图 3 - 3）。

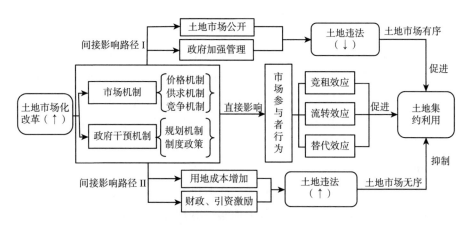

图 3 - 3　土地市场化改革对土地集约利用的影响机制

　　首先，直接影响。土地市场化改革通过对土地资源市场配置机制的选择，直接影响土地市场参与者的土地使用行为，通过竞租效应、流转效应和替代效应对土地集约利用水平产生影响。土地市场化程度越高，则在竞争机制和价格机制的共同作用下，用地企业会积极主动提高土地利用强度和产出效益，从而提高土地集约利用水平（彭冲等，2014）。同时，地方政府的土地出让行为会更加公开透明，政府部门与用地企业的暗箱操作会较少，低价供地现象会一定程度得到遏制，在地价不断攀升的背景下，政府部门有足够的动机出让更多土地获取土地财政收入，因此，会积极运用规划和政策等手段提高供地效率和优化出让土地的配置效率，从而提高土地集约利用水平。

　　其次，间接影响。土地市场化改革进程也通过加剧或者抑制土地违法而对土地集约利用产生间接影响。理论上来讲，土地违法行为越多，则土地市场秩序越混乱，对土地集约利用的负面影响越大（彭冲等，2014）。鉴于土地市场化改革对土地违法的影响可能同时存在正反两方面的影响效应，因此，土地市场化改革通过影响土地违法对土地集约利用的间接影响也就存在两种不同的影响路径。

　　间接影响路径 I：土地市场化改革在市场机制和政府干预机制的作用下，公开透明的竞争和价格机制能够有效抑制土地违法案件的发生。从用地企业需求变化的角度看，随着土地市场化程度的提高，土地资源的配置更加公开透明，其不合理的用地需求将会受到抑制，从而减少土地违法。从地方政府供给变化的角度来看，伴随着市场化进程的推进，公开透明的市场化机制极大地抑制了政府低价出让土地的行为，从而一定程度上抑制了土地违法。而土地违法的减少就意味着土地市场秩序的完善，这有利于土地的可持续集约利用。

间接影响路径 II：土地市场化改革使得土地资源的真实价值被发掘，但同时也使得市场参与者在经济利益驱动下进行寻租，从而导致土地违法增加。从用地企业的角度，土地价值被发掘就意味着其土地使用成本的增加，为了降低使用成本，用地企业有足够的动机突破规划限制从事违法用地。从地方政府的角度，土地价值的攀升意味着土地出让金收入的增加，在晋升激励和引资激励的驱使下，地方政府有足够的动机进行违规供地。而土地违法行为的增多就意味着土地市场秩序的混乱，这不利于土地的可持续集约利用。

综上可知，土地市场化改革对土地集约利用的影响存在直接和间接的双重影响机制，同时其间接机制又存在两种不同的路径。而且受到土地违法因素的影响，土地市场化改革对土地集约利用的直接影响效应可能被弱化，而土地违法在多大程度上降低了土地市场化改革对土地集约利用的直接影响效应需要进一步检验。

3.3.4 土地违法与土地市场化改革对土地集约利用的交互影响

陶坤玉等（2010）认为，土地市场化改革通过土地出让方式的不同影响土地违法。土地市场的发育和完善，对违法用地行为可能存在正反两方面影响。首先，土地市场化通过对土地资源配置的市场选择来实现。在市场机制中，土地市场形成的价格和供求机制使得土地资源配置更加公平、公开和透明，有利于发掘土地的真实价值，同时也能在一定程度上遏制违法用地。随着土地的市场价值被不断挖掘，在价格和竞争机制的作用下进一步推高了企业的用地成本，这会促使一些企业特别是中小企业通过违法占地来节约投资成本，从而加剧违法用地。其次，政府干预机制通过制定相关制度、规划和有效管理，能够有效抑制政府部门的寻租和腐败行为，从而减少违法用地。同时，土地市场化在显著提高土地出让价格的同时，也意味着政府土地出让金收入的增加。在现阶段法律制度不完善的情况下，为了实现 GDP 考核目标而获得晋升机会，地方政府热衷于通过招商引资提高 GDP，其有足够的动机与用地企业串谋违法用地，加剧违法案件的发生，即财政激励和引资激励是造成地方政府违法用地的重要驱动因素。同时，违法用地的出现也影响了土地市场化秩序，土地供给均衡是以市场为机制进行调控的，土地非法转让与审批打破了市场的供需平衡，降低了土地的交易价格，影响市场的运行，从而降低了土地市场化水平。

综上可知，违法用地与土地市场化之间存在紧密的互动关系，两者的交互作用进一步影响了土地集约利用。因此，笔者提出土地违法对土地集约利用的影响机制，如图 3 - 4 所示，即包括直接影响和间接影响两条路径。

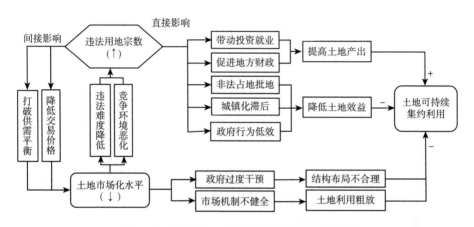

图 3 - 4　违法用地对土地集约利用的影响机制

首先是直接影响路径。一方面，违法用地通过土地要素的投入来增加投资和就业岗位，提高土地投入产出水平和地方财政收入，从而对土地集约利用有一定促进作用。另一方面，违法用地现象的增加也意味着非法占地和耕地破坏会增加，农地过度非农化会导致环境破坏，不利于土地的可持续利用。违法用地增加，同时意味着政府出让土地行为的非理性和低效，政府为了 GDP 指标有冲动低价供地，使得规划和政策等手段无法有效实施，从而降低了供地效率和土地的配置效率，同时也降低了用地企业的进入门槛，一些高能耗和高污染企业进入的可能性增加，不利于产业转型升级和土地集约利用。违法用地的增加意味着城镇化进程中基础设施建设用地指标的减少，城镇化进程的滞后不利于人口和高新技术产业的集聚，从而抑制了土地产出效益和可持续集约利用水平。

其次是间接影响路径。违法用地的增多意味着土地市场的供需平衡被打破，土地的交易价格被扭曲，从而降低了土地市场化水平。土地市场化水平的降低，一方面，意味着市场机制的不健全和政府的过度干预，抑制了土地开发的强度，使得土地的竞租效应、流转效应和替代效应无法体现，从而降低土地的可持续利用水平；另一方面，土地市场化水平的降低也在一定程度上降低了政府和企业的违法成本与难度，政府的行为得不到有效监管，土地流转过程中人为的干预增加，政府会在晋升激励和引资激励的驱使下违法供地，滋生寻租和腐败行为。而用地企业则会在利益驱使下突破规划限制违法用地，从而导致违法用地数量增多。而违法用地数量的增加会通过直接影响路径进一步强化其对土地集约利用的影响。

第4章　土地要素对经济增长的
影响效应评价

4.1　土地资源对经济发展的"增长阻尼"效应

改革开放以来，浙江经济保持了长期的高速增长，各地区城市化水平取得了大幅度的提升。1979～2012年，浙江省的GDP的年平均增长率高达12.7%[①]。浙江省的经济取得了空前的飞速发展。然而，随着经济的快速发展，浙江省经济发展的后劲不足，土地资源紧缺问题日益凸显，浙江经济的可持续发展面临严峻考验。目前浙江的经济增长仍然是投资驱动的粗放型增长方式为主。随着浙江人口的持续增加和城镇化、工业化的快速发展，必然引起对土地资源空间和土地产品需求的不断增加，土地供给的紧缺性与经济增长需求的增长性之间失衡发展的态势已经凸显（刘彦随、陈百明，2002）。根据新一轮土地利用总体规划测算，2006～2020年浙江全省各行业建设用地需求量与可供量之间缺口为217万亩，满足率仅为64%。随着经济发展水平的不断提高，社会对于资源和环境的可持续利用越来越关注，过去以大量土地资源和环境的高投入、高消耗、高污染和低效率的粗放利用方式已经难以为继，浙江未来的经济发展必将受到资源和环境的双重约束，浙江的经济发展将面临如何在巨大的土地资源需求压力下实现健康与可持续发展的严峻挑战。

因此，在经济发展与土地资源约束的冲突日益严峻的情况下研究土地资源约束下的经济增长问题，寻求经济发展与将土地资源消耗所付出代价降至

[①]　资料来源：《浙江省统计年鉴（2013）》。

最低之间的平衡是一个值得研究的重要理论与现实问题。所以科学度量土地资源对经济增长的约束力就显得非常重要。鉴于此，本书试图将土地资源纳入经济增长模型中，构建经济发展的土地资源"增长阻尼"模型，对浙江省11个地级市经济发展的土地资源约束进行度量，找出区域间存在的差异及原因。

4.1.1 理论假设与模型构建

（1）增长阻尼的相关概念。一般而言，增长阻尼可以界定为有资源约束条件下的经济增长速度与没有资源约束条件下的增长速度相比降低的程度大小。对于土地资源而言，其值可以表达为没有土地资源约束条件下的经济增长速度与有土地资源约束条件下的经济增长速度之间的差额。从内在机理的角度，土地资源对经济增长的阻尼作用是由于土地资源的有限性，土地资源数量与劳动力数量不能保持同步增长，导致了劳动力平均资源利用数量的降低，从而引起了经济增长速度的放缓，经济增长速度相比没有土地资源约束条件下的经济增长速度所降低的程度就是土地资源的经济增长阻尼。

（2）研究假设。这里假设土地资源总量存在两种发展情景。情景1：假设可利用土地资源数量恒定不变。基于土地资源的有限性，认为从长期利用趋势来看土地供给总量是固定的，即本书考虑到国家对土地资源的保护和18亿亩耕地红线，假设目前已有的可利用土地资源数量保持不变，不考虑后备土地资源的补充 $[\dot{T}(t)=0]$。情景2：假设土地资源数量可以有一定的增长。鉴于目前浙江省还有部分的土地资源储备，从短期来看，认为可以将储备土地资源用于土地资源的供应，从而增加可利用土地资源数量 $[\dot{T}(t)=g_t T(t)$，$g_t>0$ 表示土地资源的增长率]。

（3）改进的二级 CES 生产函数模型。本书借鉴杨杨等（2010）和张琳等（2014）的做法，采用改进的二级 CES 生产函数作为研究增长阻尼效应的基础模型，其模型形式为：

$$Y = A_0 e^{\lambda t} \{\beta [\alpha K^{-\rho_1} + (1-\alpha)T^{-\rho_1}]^{\rho/\rho_1} + (1-\beta)L^{-\rho}\}^{-m/\rho} \qquad (4-1)$$

为了书写简便，式（4-1）中只给出了数理形态，没有给出随机误差项。式（4-1）中，Y 表示产出；K 表示资本存量；T 表示土地资源数量；L 表示劳动力；λ 表示广义技术进步率；$A_0 e^{\lambda t}$ 表示由于技术进步，产值随时间 t

的变化而增加的倍数。α 和 β 为分配系数；ρ 和 ρ_1 为替代弹性系数，并且满足 $\infty > \rho > -1$，$\infty > \rho_1 > -1$；m 表示规模报酬系数，并假设规模报酬是可变的，即规模报酬系数 $m=1$、$m<1$、$m>1$ 分别表示规模报酬不变、递减和递增。同时假设资本（K）、土地资源（T）和劳动力（L）之间的替代弹性互不相同。

采用直接估计法对二级 CES 生产函数进行线性化处理，得到如下的 CES 近似简化模型[①]：

$$\ln Y = \ln A_0 + \lambda t + \alpha \beta m \ln K + (1-\alpha)\beta m \ln T + (1-\beta) m \ln L$$
$$- 1/2\alpha(1-\alpha)\beta m \rho_1 \ln V - 1/2\beta(1-\beta) m \rho \ln W + \varepsilon \qquad (4-2)$$

其中，$\alpha\beta m$、$(1-\alpha)\beta m$ 和 $(1-\beta)m$ 分别表示资本、土地和劳动力要素的弹性系数。为了简化公式，分别用 $\ln V$ 和 $\ln W$ 置换了 $[\ln(K/T)]^2$ 和 $[\ln(K/L)]^2$。对式（4-2）左右两端分别对时间 t 求导数，则有等式（4-3）。

$$g_Y(t) = \lambda + \alpha\beta m g_K(t) + (1-\alpha)\beta m g_T(t) + (1-\beta) m g_L(t)$$
$$- 1/2\alpha(1-\alpha)\beta m \rho_1 v - 1/2\beta(1-\beta) m \rho w \qquad (4-3)$$

（4）土地资源要素对经济增长的阻尼模型。根据上述模型可以推导出两种不同假设情境下的浙江省土地资源对经济增长的阻尼模型，用以衡量土地资源对经济增长的阻尼作用的大小。

情境 1：（可利用土地资源数量保持不变下）土地资源对经济增长阻尼模型为：

$$Drag^Y = \frac{(1-\alpha)n\beta m}{1 - \alpha\beta m} \qquad (4-4)$$

情境 2：（可利用土地资源数量有一定的增长下）土地资源对经济增长阻尼模型为：

$$Drag^Y = \frac{(1-\alpha)(n-d)\beta m}{1 - \alpha\beta m} \qquad (4-5)$$

式（4-4）和式（4-5）中 n 和 d 分别表示劳动力和土地资源数量的增长率。

---

① 具体的线性化处理过程参见杨杨等（2010）文章中的公式推导。

4.1.2　研究区域与基础数据处理

本书基于浙江省 11 个地级市范围进行研究，实证测度土地资源对区域经济增长和城市化的影响，并计算出各城市的土地资源增长阻尼。时间序列为 1997～2013 年。本书中所涉及的变量包括各市（地级市和县级市）的产出、资本存量、劳动力、城市化水平和土地资源数量。产出水平指标选取各城市国内生产总值（GDP），并用各年浙江省的 GDP 平减指数以 1997 年为基期进行平减处理。人均产出则指人均国内生产总值，数据摘自《浙江统计年鉴》。劳动力指标选择各地区年末单位从业人员数量，数据来源于各年《浙江统计年鉴》。由于统计年鉴中没有固定资本存量的统计数据，所以需要对资本存量进行估算。限于估算所需数据无法获取，因此，这里近似采用全社会固定资产投资来衡量资本存量，并采用浙江省各年的固定资产投资价格指数以 1997 年为基期进行价格调整，数据摘自各年《浙江统计年鉴》。考虑到城市化进程是农用地转化为建设用地的过程，农村土地资源主要用于农作物的播种，城市土地主要体现为城市建设用地，因此这里用农作物播种面积与城市建成区面积之和来衡量土地资源数量指标，其中农作物播种面积数据摘自各年《浙江省统计年鉴》，城市建成区面积数据摘自各年《中国城市统计年鉴》。

4.1.3　实证结果分析

在以上理论模型构建的基础上，选取浙江省 11 个地级市 1997～2012 年的面板数据进行实证研究。本书基于 Eviews 8.0 软件对上述面板数据进行回归分析，从横向的区域层面和纵向的时间维度分析土地资源对浙江省区域经济的增长阻尼效应。

（1）单位根检验。在进行回归分析之前，为了不造成"伪回归"的结果，需要检验数据的平稳性。为了消除数据中存在的异方差，对数据分别取对数后再进行 ADF 单位根检验，检验结果如表 4－1 所示。从检验结果可知，除了 $\ln Y$ 以外所有变量在 10% 的显著性水平上均不能拒绝有单位根的原假设，因此，可以认为这些变量（除了 $\ln Y$）均为非平稳序列，具有时间趋势；而所有变量的一阶差分在 1%、5% 的显著性水平上都拒绝了有单位根的原假设。因此，可以认为所有变量序列均为一阶单整的，即 I(1) 类型，符合协整检验的前提。

表 4 – 1　　　　　　　　　　　**各变量的单位根检验**

变量序列	ADF 检验			
	水平检验		一阶差分检验	
	Levin. Lin & Chu T 统计量	Fisher-ADF 检验 Chi-square	Levin. Lin & Chu T 统计量	Fisher-ADF 检验 Chi-square
ln$Y$	– 5. 8722 ***	46. 0972 **	– 8. 3202 ***	74. 1874 ***
ln$T$	– 2. 4972 *	12. 1998	– 6. 7814 ***	61. 8346 ***
ln$K$	– 0. 3307	12. 1517	– 6. 4045 ***	38. 9129 **
ln$L$	– 3. 0502 ***	14. 9529	– 4. 1267 ***	33. 9907 **
ln$V$	– 0. 2944	5. 0216	– 13. 6732 ***	72. 8845 ***
ln$W$	– 0. 1315	10. 0631	– 6. 0330 ***	35. 3985 **

注：***、**和*分别表示在1%，5%和10%的显著性水平上拒绝零假设。

（2）面板数据协整检验。由于变量序列之间均服从一阶差分平稳过程，因此，需要对变量之间的协调关系进行检验后再进行回归分析。这里采用的是 Kao（Engle-Granger-based）方法。结果表明，ADF 统计量检验显著（在1%置信水平下），即 Kao 检验认为变量序列之间存在协整关系。

（3）浙江总体的土地资源增长阻尼的静态分析。由于面板静态回归模型存在固定效应与随机效应两种，为了合理选择模型，这里采用面板似然比（*LR*）检验加以判别。模型基准回归结果如表 4 – 2 所示。首先，*LR* 检验显著拒绝模型为随机效应的原假设，故本书实证模型采用面板固定效应模型估计。从回归结果可以看出，调整后的 R^2 值为 0.9948，说明模型拟合优度很高。F 检验的相伴概率为 0.0000，说明模型的显著性通过检验。从表 4 – 2 可知，浙江地区的产出对资本和土地资源的弹性都为正值且均通过5%显著性水平下的 T 检验。而产出对劳动力资源的弹性为负但不显著，说明劳动力资源对浙江经济的贡献为负且不显著。同时，采用相同的回归方法求得城市化对经济增长的回归分析结果①。最终得到 ln$Y$ 的回归系数为 0.0269。

———————————

①　具体回归结果限于篇幅未列出，有兴趣的读者可以向作者索要。

表 4-2 经济增长面板数据回归分析结果

变量	回归系数	标准差	T统计量	显著性概率
$\ln A_0$	2.4795	0.5273	4.7020	0.0000
$\ln T$	0.2776	0.0637	4.3575	0.0000
$\ln K$	0.1746	0.0772	2.2632	0.0250
$\ln L$	-0.0449	0.0730	-0.6148	0.5396
$\ln V$	0.0331	0.0044	7.4900	0.0000
$\ln W$	0.0171	0.0158	1.0791	0.2822
t	0.0229	0.0046	5.0105	0.0000
Cross-section F	112.2764			
Prob $> \chi^2$	0.0000			
R-squared	0.9948			
F-statistic	1907.8450			
Prob $> \chi^2$	0.0000			

资料来源：采用 Eviews 8.0 软件运算得到。

根据表 4-2 中相关变量数据的回归结果和式（4-2）的待估参数可以构造参数估算方程组，对方程组进行求解，可以得到改进的二级 CES 生产函数中各参数的估计值如表 4-3 所示。从表 4-3 中可知，浙江省区域经济增长的规模报酬系数 m 值为 0.4073，明显小于 1，说明浙江经济增长中存在着一定的规模报酬递减。

表 4-3 改进二级 CES 生产函数参数估计结果

系数	α	β	m	ρ_1	ρ	λ
取值	0.3861	1.1102	0.4073	-0.6176	0.6861	0.0229

计算增长阻尼所需的参数中的 α，β 和 m 三个参数已经求出，目前需要计算劳动力增长率和土地资源增长率，这里采用综合法进行计算[①]。通过计算，可以得到浙江省 1997~2012 年土地资源平均增长率（d）和劳动力资源平均增长率（n）分别为 -2.9390% 和 2.6447%。最后，将各参数估计值代入式（4-4）和式（4-5），就可以得到浙江省土地资源在两种不同情境下

---

① 增长率 $= \sqrt[1+2+\cdots+i+\cdots+n]{p_1 \cdot p_2 \cdot \cdots \cdot p_i \cdot \cdots \cdot p_n / p_0^n} - 1$，其中，$p_0$ 为基期，p_n 为报告期，$i = 0, 1, 2, \cdots, n$。

的经济增长阻尼值。其中情境 1 下的 $Drag^Y = 0.8895\%$；情境 2 下的 $Drag^Y = 1.8779\%$。可以看出，无论是土地资源总量保持不变还是土地资源总量可以适当增加的情境下，浙江省土地资源对经济增长和城市化进程都存在着一定的阻尼作用。而且情境 2 的假定不但没有缓解情境 1 假设下的浙江省部分城市土地资源稀缺对经济增长和城市化的阻尼作用，反而加剧了土地资源的阻尼作用。当然出现这种情况的原因在于土地资源的负增长。这说明浙江由于经济快速发展，土地资源的束缚已经在一定程度上制约了浙江的经济增长。未来浙江经济发展必须高度重视土地资源的集约节约利用问题。

（4）浙江省 11 个地级市的土地资源增长阻尼的静态分析。浙江省各地区的资源分布存在较大的差异，经济发展水平也存在同样的问题，因此，土地资源对经济增长的阻尼作用在不同地区也应该表现出一定的差异性。为了较为全面地分析浙江省区域经济增长和城市化进程中的土地资源阻尼情况，我们进一步采用变系数面板模型，对浙江省 11 个地级市在两种不同情境下的土地资源增长阻尼值进行了测算，具体结果如表 4 - 4 所示。

表 4 - 4　　　　　　　　浙江省 11 个地级市经济发展增长阻尼值

地级市	K	T	L	情境 1 $Drag^Y$（%）	情境 2 $Drag^Y$（%）
杭州	- 0.3113	0.1820	0.3563	0.3621	0.5994
宁波	- 0.2067	0.1511	0.3534	0.4429	0.8902
嘉兴	- 2.0218	0.7170	1.5392	1.0917	1.5784
湖州	0.4330	- 0.3595	0.0904	- 1.0738	- 2.8148
绍兴	0.8800	- 0.4041	- 0.2850	- 17.0731	- 28.1691
舟山	0.4149	- 0.5057	0.0455	0.0834	- 3.3228
温州	0.0546	0.0820	0.0234	0.4977	0.7697
金华	- 0.3505	0.0222	0.5989	0.0402	0.1173
衢州	- 0.9592	0.2143	0.8902	- 0.1824	0.0409
台州	- 1.2521	0.5654	1.0204	1.1139	1.9805
丽水	- 0.5203	- 0.2179	1.4865	- 0.1021	- 0.3438

注："K"列表示资本弹性系数，"T"表示土地资源弹性系数，"L"列表示劳动力弹性系数。
资料来源：采用 Eviews 8.0 软件运算，并经作者整理得到。

从表 4 - 4 中可以看出，根据各地区增长阻尼值的正负可以将其分为三种类型。

一种是以杭州、宁波、嘉兴、温州、金华和台州为代表的双向正阻尼类型，即该类型地区土地资源对经济增长在情境 1 和情境 2 下均产生了正向阻尼作用。可以发现，这些城市的劳动力增长率普遍较快。源于这些城市的经济相对其他城市而言比较发达，其经济和产业发展所内生的劳动力需求极大地吸引了省内外的劳动力资源向该地区集聚，进而导致了劳动力资源的不断增长。同时，这些地区（除了温州以外）的劳动力弹性系数最大，其次是土地资源弹性系数，而资本弹性系数则为负值。这些城市山地丘陵居多的地理特征又决定了其土地资源相对匮乏，尤其是适合产业经济发展的平原土地非常有限，而产业发展需要大量的建设用地供应为支撑。这导致了土地资源阻尼作用的增强。各地区出现了土地资源的负增长也就不难理解。对于温州而言，其土地资源的弹性系数最大，其次依次是资本弹性系数和劳动力弹性系数。说明土地和资本对经济增长的贡献很大，经济增长对土地资源投入的依赖性较高，导致土地资源的粗放利用，不利于土地资源的集约节约利用。

另一种是以湖州、绍兴和丽水地区为代表的双向负阻尼类型，即该类型地区土地资源对经济增长在情境 1 和情境 2 下均产生了负向的阻尼作用，负负得正，说明这三个地级市的土地资源对经济增长没有产生阻碍作用，而是产生了积极的推动作用。其中，从回归结果可以看出，湖州和绍兴的资本弹性系数较大，说明这两个城市的经济增长在很大程度上依赖着固定资产的大量投入。丽水地区则表现为劳动力弹性系数较大，资本弹性系数为负，这说明丽水市的经济增长主要依赖于劳动力的大量投入，资本缺乏。而湖州、绍兴和丽水的土地资源弹性系数值均为负，这些地区可利用的土地资源数量仍然较充裕，这在很大程度上消除了经济增长的土地资源压力。

还有一种是以舟山和衢州为代表的弱阻尼类型，即该类型地区土地资源对经济增长和的阻尼作用在不同的情景模式下出现了显著的差异性。其中，舟山市在情景 1 下的阻尼值均为正但影响不显著而在情景 2 下的阻尼值均为负。从回归结果来看，舟山的资本弹性系数较大，而土地资源弹性系数为负，说明舟山的经济增长主要依赖于资本的大量投入，土地资源对其经济增长无贡献，这是导致在情景 2 模式下（即允许土地资源有一定增长）其土地资源增长阻尼作用为负的主要原因。衢州市则恰恰相反，表现出在情景 1 下的阻尼值为负，而在情景 2 下的阻尼值为正但影响不显著。从实证结果来看，衢州的劳动力弹性系数较大，其次是土地资源弹性系数，这说明衢州的经济增长主要依赖于劳动力资源的大量投入，其次是土地资源的大量投入。另外，舟山和衢州两个城市的劳动力的增长率为负。这与这两个地区经济发展水平较低，进而导致城市对劳动力的集聚能力不足有关。而且从回归结果来看，两个地级市的规模系数值（m）均较低（舟山和衢州市的 m 值分别为 -0.0454 和 0.1453），远低于其他地级市，说明当地的经济增长模式仍然比较分散，远没有达到规模经济和集聚经济。

（5）土地资源对经济发展增长阻尼的动态分析。为了考察土地资源对经济增长和城市化影响的动态过程，这里采用面板数据的时间变动模型来分析浙江省区域经济增长和城市化发展中土地资源的增长阻尼变化情况，得到浙江省各年的增长阻尼估计值，如表4-5所示。

表4-5 1997~2012年土地资源对经济增长的阻尼值变化

年份	K	T	L	m	情境1 $Drag^Y$（%）	情境2 $Drag^Y$（%）
1997	-4.0156	7.9359	-2.7790	1.1412	4.1845	8.8347
1998	-1.3966	2.1874	0.2784	1.0692	2.4138	5.0963
1999	0.7194	-4.6687	5.1692	1.2200	-44.0048	-92.9066
2000	3.7759	-7.9174	5.5222	1.3807	7.5431	15.9257
2001	1.8954	-6.3631	5.7087	1.2411	18.7941	39.6797
2002	-5.8850	3.4887	3.3990	1.0026	1.3401	2.8293
2003	-1.9606	-0.0691	3.0665	1.0368	-0.0617	-0.1302
2004	-0.3415	0.3843	1.0569	1.0997	0.7576	1.5995
2005	0.9556	-0.3216	0.3961	1.0301	-19.1631	-40.4587
2006	-0.1964	0.6584	0.4780	0.9401	1.4554	3.0728
2007	-1.5110	2.0124	0.3617	0.8631	2.1195	4.4749
2008	-0.7820	1.3427	0.2999	0.8607	1.9928	4.2073
2009	-0.6388	1.6337	-0.0639	0.9310	2.6364	5.5662
2010	-0.2820	1.3502	-0.1222	0.9460	2.7854	5.8808
2011	3.1242	-2.4132	0.1091	0.8201	3.0044	6.3432
2012	-8.1470	10.2151	-1.0788	0.9894	2.9535	6.2357

注："K"列表示资本弹性系数，"T"表示土地资源弹性系数，"L"列表示劳动力弹性系数。
资料来源：采用 Eviews 8.0 软件运算，并经作者整理得到。

从表4-5中不难看出，浙江省11个地级市的土地资源增长阻尼在研究期内呈现出了一定的波动性，总体表现出了先下降后上升的发展趋势。这种波动与土地资源的弹性系数关系密切，土地资源弹性系数也呈现出先下降后上升的发展趋势。这说明，总体而言，浙江省各城市经济发展进程中对土地资源的依赖性同样呈现出了先下降后上升的变化趋势。经济发展中需要大量土地资源的投入，当土地资源充足时依赖性并不高；而当土地资源不断紧缺时，经济进一步发展对土地资源仍然保持较高的需求，因此，土地资源的稀缺性则会进一步加剧其对经济增长进程的约束和限制。从劳动力弹性系数值的计算结果来看，其取值呈现出了先升后降的发展趋势，即浙江省各地级市的经济增长对劳动力的依赖程度先上升而后降低。这说明浙江省的经济增长已经由传统的劳动密集型产业为主不断向资金密集型和知识密集型产业转型升级，其对劳动力资源的依赖程度不断降低也就不难理解。另外，从规模系数的取值来看，其值呈现出不断降低的发展趋势，由 1997 年的 1.1412 降低到 2012 年的 0.9894，即由规模报酬递增转变为规模报酬递减。这说明经济增长达到一定规模以后，规模效应和集聚效应在不断降低，区域经济的发展则向同时追求规模经济和范围经济转变。

4.1.4 小结

本节在考虑资本、劳动力和土地资源要素投入的二级改进 CES 生产函数的基础上，基于浙江省 11 个地级市的面板数据，构建了土地资源对浙江经济增长的"增长阻尼"模型，考察由于土地资源约束对经济增长的约束程度及其变化趋势。研究结果表明：第一，土地资源对浙江省的经济增长有着较大的影响，在情境 1 下对经济增长的阻尼值为 0.8895%，在情境 2 下对经济增长的阻尼值为 1.8779%。情境 2 下的阻尼值要高于情境 1，原因在于土地资源的负增长。第二，不同城市的土地资源阻尼值表现出了一定的差异性，总体可以划分为三类。一类是以杭州、宁波、嘉兴、温州、金华和台州为代表双向正阻尼类型；另一类是以湖州、绍兴和丽水地区为代表的双向负阻尼类型；还有一类是以舟山和衢州为代表的弱阻尼类型。第三，浙江省各地级市土地资源的增长阻尼随时间变化表现出一定的波动性，总体呈现出先降后升的发展趋势。这种波动与土地资源的弹性系数关系密切，浙江省各城市经济发展过程对土地资源的依赖性同样呈现出了先下降后上升的变化趋势。由于土地对浙江经济增长约束作用的存在，因此，要缓解经济发展过程中土地资源稀缺所带来的阻力，从长期来看，必须重视土地的集约节约利用，努力提高土地的利用效率。

4.2   考虑土地资源约束的中国 工业企业效率比较研究

改革开放以来，国家出台了多项鼓励民营企业发展和吸引外资企业的政策，对国有企业也进行了多次的改革与重组，促进了不同类型的所有制企业在我国的飞速的发展，已经形成了国有企业、民营企业、外资企业和其他多种所有制形式企业相互依存、协调发展的所有制结构，各自在我国经济腾飞、高速发展中发挥了十分重要的作用。进入经济新常态，面对我国要素资源的日益紧张与成本高涨，工业企业的效率状况将直接影响到我国经济增长的质量和速度，也决定了我国能否实现从"世界工厂"向"世界市场"的转变，在经济全球化的浪潮中占有一席之地。因此，对工业企业增长效率的研究就显得非常重要。不同所有制结构工业企业整体效率如何？在不同区域的效率有何差异？尤其是在世界经济格局不断变化的今天，我国的国有企业、民营企业和外资企业①之间的差距是在扩大还是在缩小？这些问题的回答，对客观评价过去的产业政策绩效，对我国制定新的工业发展政策和"十三五"规划都有十分重要的参考价值。

目前对不同所有制类型企业的比较研究主要集中在以下方面：一是国有企业与民营工业企业效率比较，如董梅生（2012）采用 DEA 方法对国有和民营上市公司的效率进行了实证研究。张洽（2013）对国有与民营企业的面板数据进行回归分析，结果表明与民营企业相比，国有企业盈利能力弱、负债水平高、生产效率低。二是对内外资企业效率的比较研究，如严兵（2008）采用 SFA 方法研究了制造业内外资企业分行业 TFP 和技术效率的动态变化特征。成力为、孙玮（2007）以及成力为等（2009）从资本和劳动力配置效率的视角对我国制造业各行业的内外资和总体资本之间的差异进行了实证检验，并进一步从要素市场不完全视角下对高新技术产业的创新效率进行了内外资对比研究（成力为等，2011）。也有学者从 FDI 的视角分析了内外资之间的

---

① 本书中所指国有企业指国有企业加上国有控股企业，包括国有企业、国有独资公司和国有联营企业；民营企业包括民营有限责任公司、民营股份有限公司、民营合伙企业和民营独资企业；外资企业是指港澳台商投资企业和外商投资企业，简称"三资"企业，包括合资经营企业、合作经营企业、独资经营企业和股份有限公司等。

关系，如沈坤荣、孙文杰（2009）实证分析 FDI 的市场竞争效应和技术溢出效应，结果表明，外资与内资企业生产率差距在缩小，激烈的市场竞争又会促进内资企业研发生产率的提升。才国伟等（2012）提出了地方政府为当地经济发展而开展的外资竞争将会促使行政效率提高，进而促进民营经济发展的理论观点。

现有研究还局限于国有和民营企业之间、内外资之间的比较研究，而将国有、民营和外资企业三者纳入同一个框架下进行系统研究的还非常有限，对国有、民营和外资企业的效率状况进行全面比较更是学术研究的空白。这使得我们难以从总体上掌握我国各地区技术效率水平、变化情况及区域差异是否随着时间的推移而缩小，也难以对国有、民营和外资企业之间的生产率差距有一个准确的把握。鉴于此，本书将利用我国工业企业省域面板数据，采用基于 Färe-Primont TFP 指数的 DEA 方法对我国工业国有、民营和外资企业的综合效率和 TFP 状况进行测算和分解，并对三类工业企业的发展模式进行类别划分。同时考察区域层面生产率变动及其构成的变化趋势和特征。

文章的结构安排如下：第一部分是文献综述；第二部分提出 DEA 方法和 Färe-Primont TFP 指数模型；第三部分对三类工业企业的综合效率、TFP 增长及其分解要素进行比较分析；第四部分对中国工业企业发展模式进行类别划分，最后是结论。

4.2.1　方法选择与理论框架

工业企业的经营发展状况主要从静态的经营水平和动态的增长速度两方面来评价，并可以分别用综合效率和 TFP 增长来衡量。前者反映工业企业在同一时期内最大可能技术水平的实现程度，后者反映工业企业在跨期过程中期末与期初相比实际技术水平的提高程度。两者结合起来能够更全面地反映工业企业的经营水平和发展态势。

（1）评价方法选择。技术效率实质是指投入和产出之间的关系。可以分别从投入和产出的角度进行解读，即在给定的要素投入组合生产下的最大量产出，或者给定产出水平下的最小量投入（范建双、虞晓芬，2014）。从各类文献的研究可以发现，在对技术效率进行测算过程中研究者大多采用 DEA 方法，相对而言 SFA 使用较少。DEA 方法作为一种评价具有多个输入和输出决策单元相对有效性的非参数分析方法，不失为测算技术效率的一个优质工具，它的优势在于不需要构造函数，从而避免了因错误的函数形式而得出错误的结论。该方法最初由查恩斯等（Charnes et al.，1978）提出，称为规模报酬不变的 CCR 模型。此后，班克等（Banker et al.，1984）用规模报酬变动假设取代了 CCR 模型的固定规模报酬假设，提出 BCC 模型。传统的 CCR 模型和 BCC 模型实际上反映的是决策单元与本期生产前沿面的距离，而不同时期的生产前沿面是变化的，这样两个时期以不同前沿标准测算的相对生产率理论上就缺乏可比性。为了克服传统 DEA 模型无法对两个不同时期决策单元之间的优劣性进行比较，范尔等（Fare R.，1994）构建了基于 Malmquist 指数 DEA 模型用于测算生产率的增长，源于该方法能够有效处理面板数据，并能够将 TFP 变化进一步分解为技术进步和技术效率变化，使人们能够更好地理解生产率增长的内在动力。尽管 Malmquist 指数方法应用广泛，但是该指数不满足传递性检验而无法进行多期的纵向比较或多边的横向比较，只能比较两组研究对象，而且不具有乘积完备性，无法对 TFP 进行彻底分解。为此，欧唐内（O'Donnell C. J.，2008、2011a）先后提出了 Hicks-Moorsteen 和 Färe-Primont 指数模型来处理面板数据。这两类指数基本能够满足与经济相关的所有指数公理和检验，包括传递性检验，因此，可以利用该指数进行多期或多地区的 TFP 和效率比较，克服了传统 DEA 模型无法进行趋势分析、无法区分决策单元之间优劣性的缺陷。有学者分别采用两类指数模型对中国农业、经济包容性增长和商业银行的效率问题进行了实证研究，取得了很好的效果（郭萍等，2013；陈红蕾、覃伟芳，2014；姜永宏、蒋伟杰，2014）。本书采用基于 Färe-Primont 指数的 DEA 模型对我国各地区工业企业的综合效率和 TFP 进行测算。

（2）工业企业综合效率。这里将多投入和多产出情况下的技术水平定义为总产出和总投入之比。假设 $x_{it} = (x_{1it}, \cdots, x_{Kit})'$ 和 $y_{it} = (y_{1it}, \cdots, y_{Jit})'$ 分别表示决策单元 i 在 t 时期的投入和产出向量。其中投入向量包括土地、劳动力和资本等生产要素，产出向量主要包括经济效益等指标，则工业企业技术水平可以表示为：

$$Tech_{it} = \frac{Y_{it}}{X_{it}} \tag{4-6}$$

其中，$Y_{it} = Y(y_{it})$ 表示总产出函数，$X_{it} = X(x_{it})$ 表示总投入函数。这里 $Y(\cdot)$ 和 $X(\cdot)$ 为非负的、非递减的线性齐次函数。根据技术水平的定义，则某个工业企业的综合效率可以定义为该工业企业的实际技术水平与同一时期最大化技术水平之比，即有：

$$E_{it} = \frac{Tech_{it}}{Tech_t^*} = \frac{Y_{it}/X_{it}}{Y_t^*/X_t^*} \leqslant 1 \tag{4-7}$$

其中，$Tech_t^*$ 表示在 t 时期技术水平约束下可能达到的最大值，有 $Tech_t^* = \max_i Y_{it}/X_{it}$。$X_t^*$ 和 Y_t^* 分别表示使得技术水平取得最大值的投入总量和产出总量。DEA 有面向投入和面向产出两种类型，本书采用的是面向投入的 DEA 模型，即为在产出不变的情况下达到投入最小化的效率评估。在投入导向条件下可以将综合效率进一步分解为技术效率（ITE）、规模效率（ISE）和残余混合效率（RME），具体如下：

$$ITE_{it} = \frac{Y_{it}/X_{it}}{Y_{it}/\overline{X}_{it}} = \frac{\overline{X}_{it}}{X_{it}} = D_I (x_{it}, y_{it}, t)^{-1} \leqslant 1 \tag{4-8}$$

$$ISE_{it} = \frac{Y_{it}/\overline{X}_{it}}{\tilde{Y}_{it}/\tilde{X}_{it}} \leqslant 1 \tag{4-9}$$

$$RME_{it} = \frac{\tilde{Y}_{it}/\tilde{X}_{it}}{Tech_t^*} \leqslant 1 \tag{4-10}$$

其中，$\overline{X}_{it} = X_{it}D_I (x_{it}, y_{it}, t)^{-1}$ 表示采用一定数量和种类的投入向量 x_{it} 生产 y_{it} 时的可能最小总投入；$\tilde{Y}_{it}$ 和 $\tilde{X}_{it}$ 分别表示当技术水平在产出和投入向量分别是 y_{it} 和 x_{it} 时被最大化所获得的总产出和总投入。规模效率（ISE_{it}）用来衡量与规模经济有关的生产绩效。残余混合效率（RME_{it}）是测度具有技术效率的生产单位通过改变产出组合所引起的产出变化，即范围经济绩效。

（3）TFP 增长分解。在前面分析的基础上，对技术水平进行跨期比较，便可以测算 TFP 指数。测度企业 i 在 t 时期的技术水平相对于企业 h 在 s 时期技术水平比值的相对 TFP 指数可以表示为：

$$TFP_{hs,it} = \frac{Tech_{it}}{Tech_{hs}} = \frac{Y_{it}/X_{it}}{Y_{hs}/X_{hs}} = \frac{Y_{hs,it}}{X_{hs,it}} \tag{4-11}$$

其中，$Y_{hs,it} = Y_{it}/Y_{hs}$ 表示产出量指数，$X_{hs,it} = X_{it}/X_{hs}$ 表示投入量指数。因此，TFP 增长可以表示为产出增长除以投入增长。这里设定投入和产出函数表示为：

$$Y(y) = D_O(x_0, y, t_0), X(x) = D_I(x, y_0, t_0) \qquad (4-12)$$

其中，x_0，y_0 表示投入和产出数据的向量；t_0 表示时间；$D_O(\cdot)$ 和 $D_I(\cdot)$ 为产出和投入的距离函数。将式（4-8）代入式（4-6）和式（4-7），我们可以得到基于 Färe-Primont 的 *TFP* 指数如下：

$$TFP_{hs,it} = \frac{D_O(x_0, y_{it}, t_0)}{D_O(x_0, y_{hs}, t_0)} \frac{D_I(x_{hs}, y_0, t_0)}{D_I(x_{it}, y_0, t_0)} \qquad (4-13)$$

将式（4-7）进一步变化为 $Tech_{it} = E_{it} \times Tech_t^*$，类似地，对于 s 时期的工业企业 h 也有：$Tech_{hs} = E_{hs} \times Tech_s^*$。则式（4-13）可以被分解为：

$$TFP_{hs,it} = \frac{Tech_{it}}{Tech_{hs}} = \left(\frac{E_{it}}{E_{hs}}\right)\left(\frac{Tech_t^*}{Tech_s^*}\right) \qquad (4-14)$$

式（4-14）右端第一个大括号内项表示总体效率变化；第二个大括号内项表示所有时期技术水平最大值的变化，用来测算技术进步。可以将 *TFP* 指数进一步分解为：

$$TFP_{hs,it} = \left(\frac{ITE_{it}}{ITE_{hs}}\right)\left(\frac{ISE_{it}}{ISE_{hs}}\right)\left(\frac{RME_{it}}{RME_{hs}}\right)\left(\frac{Tech_t^*}{Tech_s^*}\right)$$

$$= \Delta ITE \times \Delta ISE \times \Delta RME \times \Delta Tech \qquad (4-15)$$

由式（4-15）可知，TFP 指数被分解为技术效率增长率指数（ΔITE）、规模效率增长率指数（ΔISE）、残余混合效率增长率指数（ΔRME）和技术进步指数（$\Delta Tech$）四项。

（4）指标说明和数据选取。样本数据为 2001 ~ 2011 年中国 31 个省份工业企业的面板数据，主要来源于《中国统计年鉴》和《中国工业经济统计年鉴》（2002 ~ 2012）。一方面《中国统计年鉴》从 2001 年开始提供分省的民营企业的各主要经营指标数据；另一方面由于 2012 年的统计数据中没有关于按注册登记类型划分的工业企业从业人员数量统计，该数据缺失，因此，这里就无法将 2012 年的数据纳入研究区间，实证分析的数据截至 2011 年底。同时，西藏的部分年份数据也有缺失，因而予以剔除，实际分析的是 30 个省份的面板数据。具体在数据处理过程中借鉴刘忠生、李东（2009）的做法，即在具体测算过程中，最初的截面数据单元是 90 个，而不是 30 个，即将同一个地区的国有、民营和外资工业企业作为平行的决策单元，指标选取情况如下。

首先，总产出。理论上应该选取国有、民营和外资工业企业的工业增加值作为产出变量。但是 2008 年之后年份年鉴中没有再对该指标进行统计，数据缺失严重，因此采用工业总产值来衡量。其中 2004 年没有国有工业总产值的数据，相关数据摘自《中国经济普查年鉴 2004》（由于有经济普查数据，该年没有编撰《中国工业经济统计年鉴》）；也没有 2004 年度外资工业总产值数据，相关数据在《中国经济普查年鉴 2004》中港澳台企业和外商投资企业数据的基础上汇总得到。工业总产值采用各地区工业品出厂价格指数平减至期初 2001 年值。

其次，资本投入。资本的投入一般采用资本存量来度量，由于我国长期以来的国民经济核算体系中没有该指标的统计，因此采用国有、民营和外资工业企业的总资产作为资本投入，总资产代表企业拥有或控制的能以货币计量的经济资源，包括各种财产、债权和其他权利。总资产数据使用固定资产投资指数平减至期初 2001 年值。

最后，劳动力投入。采用各地区年度工业国有、民营和外资企业平均从业人员数量来衡量。年鉴中仅提供 2003~2011 年年度平均从业人员数量的直接数据，但是年鉴中提供了 2001~2002 年各地区国有、民营和外资工业企业全员劳动生产率的数据。用它们各自的工业增加值除以全员劳动生产率可以得到从业人员数量（数据可靠性已经过验证）。

4.2.2 三类工业企业综合效率差异与 TFP 增长分解

（1）国有、民营和外资工业企业综合效率比较。采用基于 Färe-Primont 指数的 DEA 模型通过 DPIN3.0 软件对我国各省份国有、民营和外资工业企业的综合效率进行测算，得到三类工业企业 2001~2011 年分地区综合效率（E）的计算结果如表 4-6 所示①。分地区来看，根据综合效率的测算结果，全国大部分省份国有、民营和外资工业企业的综合效率在 2001~2011 年处于不断提高的发展趋势。部分省份如内蒙古、辽宁、黑龙江等表现出了一定的波动性，但总体仍处于上升趋势，也有极少部分地区综合效率有一定下降，如北京。

---

① 限于篇幅，这里仅列出了部分年份的测算结果。有兴趣的读者可以向作者索要。

表 4 – 6　　　　2001～2011 年中国各地区国有、民营和外资工业企业综合效率值

年份	2001			2004			2008			2011		
企业类型	国有	民营	外资	国有	民营	外资	国有	民营	外资	国有	民营	外资
北京	0.476	0.548	1.000	0.618	0.412	0.848	0.275	0.392	0.738	0.253	0.417	0.595
天津	0.323	0.634	0.783	0.483	0.669	0.838	0.543	0.732	0.818	0.550	0.763	0.678
河北	0.300	0.534	0.436	0.384	0.664	0.598	0.453	0.872	0.721	0.424	0.896	0.542
山西	0.193	0.326	0.331	0.269	0.447	0.373	0.330	0.501	0.387	0.301	0.553	0.307
内蒙古	0.249	0.415	0.417	0.326	0.428	0.472	0.362	0.759	0.521	0.337	0.820	0.508
辽宁	0.350	0.483	0.632	0.472	0.439	0.590	0.473	0.709	0.603	0.431	0.958	0.602
吉林	0.366	0.372	0.990	0.450	0.410	1.000	0.502	0.652	1.000	0.551	0.916	0.997
黑龙江	0.336	0.379	0.436	0.426	0.403	0.467	0.473	0.438	0.407	0.401	0.754	0.378
上海	0.498	0.638	0.787	0.595	0.497	0.734	0.543	0.485	0.699	0.529	0.489	0.651
江苏	0.466	0.633	0.754	0.471	0.530	0.673	0.555	0.626	0.610	0.503	0.717	0.609
浙江	0.444	0.569	0.626	0.833	0.471	0.522	0.611	0.481	0.498	0.649	0.489	0.487
安徽	0.315	0.369	0.525	0.349	0.399	0.617	0.441	0.560	0.601	0.446	0.818	0.738
福建	0.446	0.457	0.550	0.493	0.432	0.490	0.412	0.504	0.497	0.438	0.654	0.561
江西	0.268	0.378	0.479	0.368	0.379	0.487	0.470	0.601	0.430	0.479	0.952	0.570
山东	0.390	0.573	0.586	0.433	0.643	0.542	0.559	0.863	0.698	0.520	1.000	0.709
河南	0.279	0.504	0.492	0.340	0.526	0.467	0.440	0.894	0.617	0.430	0.899	0.567
湖北	0.342	0.543	0.577	0.286	0.412	0.598	0.376	0.551	0.596	0.435	0.848	0.594
湖南	0.292	0.432	0.558	0.358	0.403	0.499	0.450	0.664	0.444	0.471	0.958	0.636
广东	0.522	0.669	0.661	0.690	0.484	0.552	0.589	0.548	0.534	0.501	0.627	0.539
广西	0.268	0.380	0.443	0.374	0.392	0.508	0.413	0.583	0.588	0.501	0.721	0.534
海南	0.360	0.713	0.503	0.453	0.453	0.290	0.377	0.400	0.728	0.302	0.371	0.659
重庆	0.284	0.492	0.597	0.376	0.438	0.681	0.419	0.492	0.607	0.414	0.702	0.708
四川	0.259	0.398	0.528	0.278	0.399	0.460	0.318	0.604	0.480	0.312	0.778	0.553
贵州	0.241	0.410	0.277	0.312	0.425	0.339	0.302	0.412	0.360	0.293	0.538	0.354
云南	0.336	0.445	0.475	0.392	0.413	0.454	0.386	0.445	0.427	0.337	0.440	0.374
陕西	0.266	0.387	0.631	0.317	0.391	0.544	0.374	0.467	0.547	0.359	0.618	0.627
甘肃	0.298	0.318	0.494	0.345	0.361	0.447	0.454	0.328	0.337	0.424	0.465	0.259
青海	0.224	0.380	0.609	0.255	0.272	0.306	0.290	0.344	0.342	0.269	0.350	0.260
宁夏	0.281	0.452	0.453	0.314	0.409	0.387	0.287	0.514	0.494	0.287	0.399	0.262
新疆	0.396	0.434	0.427	0.466	0.366	0.421	0.444	0.411	0.406	0.415	0.380	0.409
均值	0.335	0.476	0.569	0.417	0.446	0.540	0.431	0.561	0.558	0.419	0.676	0.542

注：不含我国西藏及港澳台地区数据。

从各地区不同类型的企业来看，国有企业方面，综合效率表现较好的地区（2011 年 $E > 0.5$），既包括我国传统的东部经济强省天津、山东、上海、江苏、浙江和广东，又包括吉林和广西的中西部经济相对落后地区，说明这些地区国有经济具有较强的实力。其他 22 个地区国有工业企业 2011 年综合效率的取值均小于 0.5，总体而言仍处于较低的水平，综合效率最高的浙江省也仅为 0.649，说明民营和外资企业的不断增多挤占了国有企业大量的市场份额，可能对国有企业产生了一定的挤出效应。

民营企业方面，辽宁、吉林、江西、山东和湖南 2011 年的 E 值大于 0.9（其中山东 E 值为 1），天津、河北、内蒙古、黑龙江、江苏、安徽、河南、湖北、广西、重庆和四川的 E 值在 0.7 ~ 0.9，其余地区 E 值均较低。这说明各地区出台一系列鼓励中小民营企业的发展政策和措施，民营经济得到了空前发展。但是民营企业多为小微企业，其生产经营方式较分散，多从事进入壁垒较低的行业，其技术和管理水平仍停留在传统手工作坊式的生产方式，缺乏核心技术、管理经验和资金支持，多为国内和国外大型企业的代工，企业的生存往往取决于订单的多少，抗风险能力很弱，民营经济的可持续发展问题值得关注。

外资企业方面，除了吉林、安徽、山东和重庆四个地区 2011 年的 E 值大于 0.7 以外，其他地区的 E 值均较低，尤其是甘肃、青海和宁夏，其 E 值在研究期内表现出了一定的下降趋势。北京、上海和广东等外资集聚度较高的地区的外资工业企业综合效率也不突出，这与我们通常的想法有较大的出入，对其原因的解释有学者认为是外资过度竞争的结果（刘忠生、李东，2009），笔者则认为，深层次的原因是这些地区外资企业的集聚能够产生一定的规模效应，但是外资企业之间的过度集聚则容易加剧同质化竞争，无法实现范围经济。同时，过度竞争也导致了资源的流动性减弱，资源配置效率降低。吉林、安徽、山东和重庆外资工业的 E 值位居前列，原因可能在于进入这些地区的外资企业多为大型跨国企业，且进入领域多为高技术行业，能够产生较高的技术效率和资源配置效率，同时这些企业进入的领域之间有较大的差异性和高进入壁垒，能够实现较高范围经济效益。

我们进一步通过计算所有地区综合效率的均值来简单度量工业总体的综合效率水平，从国有、民营和外资企业的整体对比研究。一是外资企业和民营企业的综合效率均值始终高于国有企业，这与已有文献的研究结论基本吻合（见图 4 - 1）。二是从时间趋势上国有和民营企业的 E 值均值呈现出上升的趋势，外资企业呈轻微的下降趋势。国有企业的 E 值从 2001 年的 0.335 提高到 2011 年的 0.419，民营企业的 E 值从 2001 年的 0.476 提高到 2011 年的 0.676，增长明显。而同期的外资企业则表现出了轻微的下降趋势，E 值则从 0.569 下降到 0.542。三是民营企业在全国和地区范围内的 E 值自 2008 年以后均高于国有和外资企业，源于 2008 年国际金融危机的影响，外资企业的发展速度放缓，而国内的民营企业相对受到的影响有限，从而导致了民营企业的 E 值超过了外资企业。

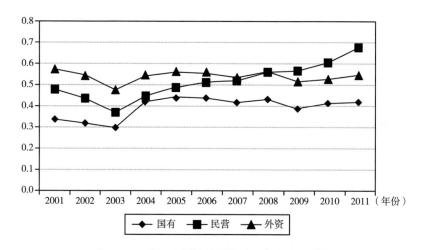

图 4 – 1 中国三类工业企业 E 值均值变化趋势

本书将综合效率最高的工业企业省份定义为"最佳经营"省份。表 4 – 7 列出了 2001～2011 年各个年份中按照国有、民营和外资工业企业分类的综合效率最大的省份和总体综合效率最大的省份。其中，国有最佳经营浙江作为年度"最佳经营"省份出现了 7 次，民营最佳经营山东作为年度"最佳经营"省份出现了 4 次，外资最佳经营吉林省作为年度"最佳经营"省份出现了 10 次之多。

表 4 – 7　　　　　　　　　　　历年最佳经营省份

年份	2001	2002	2003	2004	2005	2006	2007	2008	2009	2010	2011
国有最佳经营	广东	上海	上海	浙江	广东	浙江	浙江	浙江	浙江	浙江	浙江
民营最佳经营	海南	海南	天津	天津	山东	山东	河南	河南	山东	河南	山东
外资最佳经营	北京	吉林	吉林	吉林	吉林	吉林	吉林	吉林	吉林	吉林	吉林
总体最佳经营	北京外资	吉林外资	吉林外资	吉林外资	吉林外资	吉林外资	吉林外资	吉林外资	吉林外资	吉林外资	山东民营

注：表中的结果根据各省份年度综合效率值统计整理得到。

进一步将综合效率（*E*）分解为技术效率（*ITE*）、规模效率（*ISE*）和残余混合效率（*RME*）。表 4 - 8 给出了国有、民营和外资工业企业分年度综合效率及其分解要素。第一部分的技术效率（*ITE*）测算结果表明，国有企业的 *ITE* 均值呈现出稳步增长的发展态势，中间有轻微波动；民营企业的 *ITE* 均值比较稳定，基本保持在 0.7 左右，2011 年相比 2001 年有微幅下降趋势；外资企业的 *ITE* 均值在研究期内也比较稳定，2011 年相比 2001 年有微幅增长。从三类工业企业的对比来看，国有企业的 *ITE* 均值最低，各年度均值明显低于民营和外资企业，历年平均技术效率值仅为 0.522，说明有将近一半的效率损失；民营企业的技术效率均值部分年份高于外资企业，部分年份低于外资企业，历年平均 *ITE* 值达到了 0.711，说明民营企业总体有将近 30% 的效率损失；外资企业的 *ITE* 均值与民营企业较为接近，历年平均 *ITE* 值为 0.708，也有将近 30% 的效率损失。从整体的变化趋势看，研究期内表现出了一定的追赶效应，三类工业企业之间的技术效率差异在研究期内不断缩小，即趋于收敛。造成这种状况的原因可能是市场机制的不断完善，企业之间的竞争不断加剧，倒逼企业加强技术研发和创新能力以保持足够的竞争优势。

表 4 - 8　　　　　**2001 ~ 2011 年三类工业企业综合效率分解的均值**

指标	*ITE*			*ISE*			*RME*		
企业类型	国有	民营	外资	国有	民营	外资	国有	民营	外资
2001 年	0.406	0.747	0.667	0.949	0.937	0.940	0.888	0.683	0.916
2002 年	0.429	0.746	0.690	0.872	0.933	0.903	0.869	0.628	0.880
2003 年	0.426	0.702	0.664	0.853	0.932	0.876	0.854	0.574	0.832
2004 年	0.518	0.735	0.732	0.917	0.912	0.846	0.898	0.674	0.889
2005 年	0.552	0.706	0.741	0.921	0.908	0.840	0.902	0.772	0.910
2006 年	0.549	0.682	0.729	0.923	0.933	0.850	0.902	0.810	0.919
2007 年	0.559	0.649	0.701	0.880	0.927	0.836	0.888	0.865	0.933
2008 年	0.591	0.699	0.753	0.875	0.899	0.815	0.874	0.900	0.941
2009 年	0.561	0.705	0.716	0.827	0.907	0.791	0.877	0.889	0.937
2010 年	0.580	0.711	0.713	0.853	0.933	0.812	0.879	0.918	0.934
2011 年	0.576	0.734	0.682	0.863	0.931	0.836	0.883	0.991	0.972
平均	0.522	0.711	0.708	0.885	0.923	0.850	0.883	0.791	0.915

注：表中数据通过 DPIN3.0 软件计算取得。

　　第二部分规模效率（*ISE*）展示了各类工业企业的规模经济变化趋势。民营企业在大部分年份的 *ISE* 较高，其次依次是国有和外资企业。但是，三类工业企业之间的差距并不大，*ISE* 值基本在 0.8 ~ 1。总体来看，三类工业企业已经具备了一定的规模集聚效应，但是外资企业的规模效应不如国有和民营企业显著。这与实际相吻合。外资企业在中国的数量有限，尽管大多是实力雄厚的跨国企业，但是由于数量偏少，企业集聚规模有限，产生的规模效益自然不如国有和民营企业。民营企业虽然单个企业规模较小，但是企业数量众多，能够在一定的空间范围形成产业集群，较容易产生规模集聚效应。从发展趋势来看，各类企业的 *ISE* 均有轻微的下降趋势，中间有小幅波动，总体比较平稳。随着时间的推移，三类工业企业之间的规模效率差异表现出了一定的扩大趋势，即发散性。不仅如此，三类工业企业的 *ISE* 值变动的平稳性也表明了各类企业的规模已经达到或者接近其最优规模。其进一步的发展不能再单纯依靠规模扩张，而应更重视技术创新和管理水平的提高。

　　第三部分的残余混合效率（*RME*）表明了三类工业企业的范围经济效率的变化情况。不难看出外资企业的范围经济效率表现最好，其历年 *RME* 均值达到了 0.915。国有企业的 *RME* 值比外资企业稍低，历年 *RME* 平均值为 0.883。相对而言民营企业的范围经济效率在研究期内尽管呈现出了快速上升的发展态势，但是由于起点低，所以其历年 *RME* 均值仅为 0.791。在研究期初的 2001 年，三类工业企业的 *RME* 值差距较大，但是到了 2011 年，三类工业企业之间的差距明显缩小，这表明三类工业企业之间的范围经济效率表现出了一定的收敛趋势。而这种收敛趋势的形成基本归功于民营企业，其 *RME* 值由 2001 年的 0.683 增长到 2011 年的 0.991（超过了外资和国有企业）；国有企业 *RME* 值在研究期内表现比较平稳，并有微幅的下降趋势，由 2001 年的 0.888 下降到 2011 年的 0.883；外资企业的 *RME* 值在研究期内也表现出一定上升趋势，中间有小幅波动，由 2001 年的 0.916 增长到 2011 年的 0.972。这种变化趋势表明中国工业企业在扩大自身业务范围的能力上存在一定的差距，其中，民营企业规模小，经营较为灵活，较容易向非主营业务领域拓展，从而获得范围经济；外资企业由于多为跨国大型集团公司，企业可以通过集团控股的方式来涉足非主营业务领域，利用集团的财务和管理优势降低企业的交易成本，获得较好的范围经济。而国有企业由于产权性质的国有属性，导致了企业的涉足多领域的经营行为受到诸多限制和约束而难以开展，因此，范围经济效率不升反降。

（2）三类工业企业 TFP 增长分解。进一步计算出各地区国有、民营和外资工业企业的 TFP 增长（即 TFP 指数）情况及其分解要素，包括技术效率增长率指数（ΔITE）、规模效率增长率指数（ΔISE）、残余混合效率增长率指数（ΔRME）和技术进步指数（$\Delta Tech$）四项。第一部分技术效率增长率指数（ΔITE）的结果表明，总体上各省份民营和外资工业企业的技术效率增速要普遍高于国有企业。国有企业中有 21 个省份的 ΔITE 值小于 1，说明超过半数国有企业的技术水平出现了下降，年均增长率下降了 4.92%（福建）~43.95%（贵州），下降幅度较大，其余 9 个省份的技术效率均有一定程度的增长；民营企业方面，除了北京、山西、云南和新疆以外，其余 26 个省份的 ΔITE 值均大于 1，说明这 26 个省份民营工业企业的技术水平有一定提高，年均技术效率增长率达到了 3.09%（宁夏）~68.35%（河北）；同期的外资企业，除了山西、黑龙江、四川和云南以外，其余 26 个省份的 ΔITE 值均大于 1，说明这 26 个省份外资工业企业的技术水平有一定程度的提高，年均技术效率增长率达到了 0.43%（贵州）~84.84%（吉林），在三类工业企业中增幅最大（见图 4-2）。

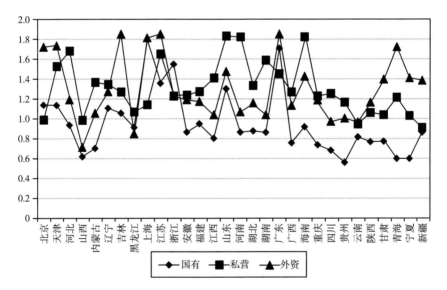

图 4-2 2001~2011 年中国各地区三类工业企业 ΔITE 平均值比较

注：由于指数为乘数型指数，因此各地区工业企业历年平均值为几何平均值。

第二部分规模效率增长率指数（ΔISE）的结果表明，总体上民营企业规模效率的增速要高于国有和外资企业，三者之间增速在大部分省份差距较小。

其中国有企业中有 17 个省份的 Δ*ISE* 值小于 1，说明这 17 个省份国有工业企业的规模效率出现了不同程度的下降，即规模不经济，年均规模效率增长率下降了 0.15%（北京）~19.37%（山东），其余 13 个省份的 Δ*ISE* 值大于 1，说明这 13 个省份取得了一定的规模经济；民营企业方面除了海南、贵州、甘肃、青海、宁夏和新疆的经济欠发达中、西部地区以外，其他 25 个省份的 Δ*ISE* 值均大于 1，说明这些地区的民营企业规模效率有不同程度的提升，获得了一定的规模经济，年均规模效率增长率达到了 1.83%（江苏）~11.89%（河南）；外资企业中 18 个省份的 Δ*ISE* 值大于 1，说明这 18 个省份的规模效率水平均有不同程度提升，年均规模效率增长率达到了 1.01%（江苏）~12.75%（吉林），如图 4 - 3 所示。

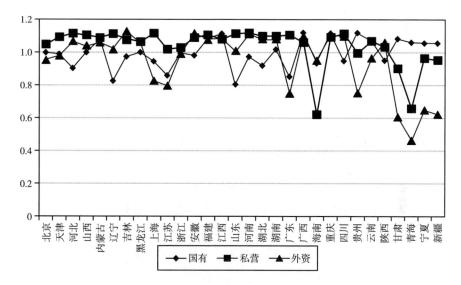

图 4 - 3　2001 ~ 2011 年中国各地区三类工业企业 Δ*ISE* 平均值比较

注：由于指数为乘数型指数，因此各地区工业企业历年平均值为几何平均值。

第三部分残余混合效率增长率指数（Δ*RME*）的测算结果表明，总体上除了吉林的外资企业以外，三类工业企业各地区的 Δ*RME* 值均小于 1，说明中国工业企业的残余混合效率均有一定程度的下降，即出现了全面的范围不经济。其中，国有工业企业 30 个省份的年均残余混合效率下降了 3.07%（辽宁）~39.73%（北京），在三类工业企业中下降幅度最大；民营工业企业 30 个省份的年均残余混合效率下降了 10.23%（新疆）~34.42%（湖南），下降幅度普遍较大；外资工业企业方面，除了吉林省出现了微幅增长趋势以外（0.62%），其余29个省份的年均残余混合效率下降了0.8%（北京）~19.96%（内蒙古），在三类工业企业中下降幅度最小（见图4-4）。

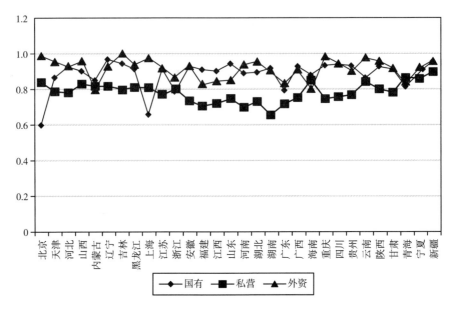

图4-4　2001~2011年中国各地区三类工业企业 Δ*RME* 平均值比较

注：由于指数为乘数型指数，因此各地区工业企业历年平均值为几何平均值。

最后我们得到TFP指数的测算结果①。从图4-5可以看出，民营和外资企业的TFP指数值明显高于国有企业，大部分地区外资企业的TFP指数值要高于民营企业。除了山西、四川、贵州、青海和宁夏的国有工业企业外，其余25个地区国有企业和所有民营、外资企业的TFP指数值都大于1，说明这些地区三类工业企业TFP均表现出了不同程度的增长。其中，25个省份国有企业的年均TFP增长率达到了3.06%（内蒙古）~93.45%（浙江），增幅明显；全部民营企业的年均TFP增长率达到了11.05%（青海）~146.47%（山东），增幅远高于国有企业；全部外资企业的年均TFP增长率达到了8.82%（贵州）~235.74%（吉林），增幅在三类工业企业中最大。研究期内年均TFP增长最快的三个地区分别是吉林、北京和天津的外资工业企业，它们的TFP分别提高了235.74%、160.44%和160.14%。吉林省外资工业企业的表现

---

① 这里没有对第四部分技术进步指数（Δ*Tech*）进行分析，源于 Färe-Primont 指数的 DEA 方法中假设各地区同年度的技术进步水平相同。

最为突出，源于技术效率、规模效率和残余混合效率三者共同推动的结果，分别提高了 84.84%、12.75% 和 0.62%。而北京和天津外资工业企业的 TFP 增长主要源于技术效率的提升，规模效率和残余混合效率则起到了一定的抑制作用。另外，平均 TFP 下降最快的三个地区分别是青海、山西和宁夏的国有工业企业，分别下降了 17.22%、11.7% 和 8.34%。原因在于技术效率的大幅下降，下降幅度分别达到了 39.99%、39.04% 和 40.14%。从三类工业企业的发展趋势来看，外资工业企业凭借其先进的技术、管理经验和资金规模等方面的领先优势，在研究期初表现出了比民营和外资企业更高的生产率水平。2001 年，在除了河北、河南、广东、海南、贵州和新疆（外资企业 TFP 低于民营而高于国有企业）之外的 24 个省份，外资企业的 TFP 均高于国有和民营企业。其中外资与国有、民营企业之间差距最高分别达到 2.72 倍（青海）和 2.66 倍（吉林）。随着民营企业 TFP 的不断提高，两者之间的差距不断缩小，并逐渐被民营企业所超越。2011 年，除了北京、吉林、上海、海南、陕西和新疆以外，其余 24 个省份的民营企业 TFP 均超过了外资企业，最高达到了 1.99 倍（黑龙江）。另外，2001 年民营企业也表现了比国有企业更高的生产率，两类企业之间 TFP 差距最高达到了 1.98 倍（海南）。但是随着民营企业的技术和管理水平的不断提高，两者之间的差距在不断扩大。截至 2011 年底，民营企业的 TFP 与国有企业之间差距进一步拉大，超出国有企业最高达到了 2.49 倍（四川）。

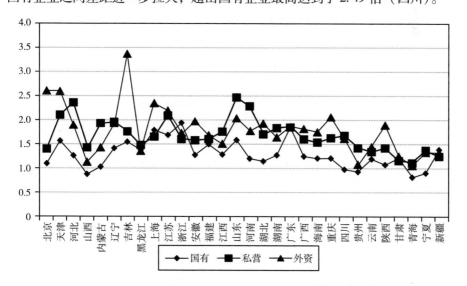

图 4-5　2001~2011 年中国各地区三类工业企业 TFP 指数平均值比较

注：由于指数为乘数型指数，因而各地区工业企业历年平均值为几何平均值。

进一步汇总得到 TFP 指数的时间序列分解结果如表 4 - 9 所示。从整体来看，2001 ~ 2011 年中国三类工业企业 TFP 产生了较大幅度的增长，其中国有企业在 11 年间的平均 TFP 指数值出现了年均 33.2% 的增长，平均 TFP 指数值为 1.332；民营和外资工业企业的平均 TFP 指数值年均增长分别达到了75.5% 和 76.6%，增长幅度远远超过了国有企业。导致 TFP 增长的主要原因在于整体技术进步水平的大幅提高，2011 年与 2001 年相比提高了 2.175 倍，年均增长 64.2%。这说明我国工业产业的技术水平随着时间推移不断进步，原因在于工业结构的不断优化升级和技术创新能力和技术手段的不断提升。相对而言，技术效率、规模效率和残余混合效率对三类工业企业 TFP 增长的影响存在一定差异性。其中技术效率方面，国有企业的技术效率对 TFP 增长起到一定抑制作用，研究期内年均技术效率降低达到了 8.3%，而民营和外资企业的技术效率则起到了积极推动作用，年均技术效率提高分别达到 28% 和 26.2%；从规模效率来看，国有和外资工业企业的规模效率对 TFP 增长起到一定抑制作用，研究期内年均规模效率分别降低了 0.9% 和 6.7%，民营工业企业规模效率则一定程度上促进了 TFP 增长，年均规模效率提高了 3%，说明经过多年的努力，民营企业已经逐渐摆脱了规模不经济的经营模式，逐步获得一定的规模经济；残余混合效率方面，三类工业企业的残余混合效率对 TFP 增长均起到一定抑制作用，研究期内年均残余混合效率分别降低了12%、20.5% 和 8.2%。这些数据也说明，以往依靠规模扩张的粗放式发展模式已经无法适应工业企业的发展要求，而创新技术和管理水平、淘汰落后产能、大力发展高端制造业将成为其发展的主要手段。

表 4 - 9　　　　　2001 ~ 2011 年三类工业企业 Färe-Primont TFP
指数及其分解的平均值

企业类型	国有	民营	外资	国有	民营	外资	国有	民营	外资	国有	民营	外资	
指标	TFP 指数			ΔITE			ΔISE			ΔRME			ΔTech
2001 年	0.683	0.975	1.148	0.717	1.353	1.181	1.067	1.052	1.056	0.893	0.685	0.921	1.000
2002 年	0.756	1.045	1.288	0.753	1.351	1.226	0.977	1.048	1.012	0.874	0.628	0.883	1.176
2003 年	0.906	1.144	1.449	0.736	1.262	1.177	0.950	1.046	0.976	0.857	0.573	0.834	1.513
2004 年	1.187	1.297	1.536	0.905	1.336	1.315	1.030	1.020	0.928	0.903	0.675	0.892	1.410
2005 年	1.324	1.470	1.643	0.972	1.283	1.336	1.036	1.013	0.924	0.900	0.775	0.912	1.460

企业类型	国有	民营	外资	国有	民营	外资	国有	民营	外资	国有	民营	外资	
指标	TFP 指数			ΔITE			ΔISE			ΔRME			$\Delta Tech$
2006 年	1.455	1.701	1.811	0.963	1.232	1.308	1.038	1.045	0.923	0.897	0.814	0.924	1.623
2007 年	1.588	1.959	1.974	0.982	1.166	1.242	0.988	1.038	0.913	0.881	0.870	0.935	1.860
2008 年	1.647	2.120	2.107	1.043	1.260	1.343	0.979	0.998	0.891	0.865	0.905	0.944	1.864
2009 年	1.522	2.190	1.982	0.982	1.263	1.270	0.921	1.001	0.856	0.868	0.894	0.941	1.939
2010 年	1.720	2.471	2.129	1.018	1.262	1.269	0.951	1.038	0.877	0.870	0.924	0.938	2.040
2011 年	1.860	2.938	2.356	1.014	1.307	1.219	0.964	1.035	0.910	0.875	0.998	0.977	2.175
平均	1.332	1.755	1.766	0.917	1.280	1.262	0.991	1.030	0.933	0.880	0.795	0.918	1.642

注：由于指数为乘数型指数，因此，各地区工业企业历年平均值为几何平均值。

4.2.3　中国工业企业发展模式分析：基于综合效率与 TFP 增长的视角

以前书中综合效率和 TFP 增长测度的结果为基础，分别以工业企业综合效率（E）和 TFP 增长（TFP 指数）的均值为界，将其划分为 E（TFP 指数）高于均值的 H 类以及 E（TFP 指数）低于均值的 L 类，进而构建 E-TFP 指数矩阵，将中国工业企业的发展模式划分为如下四类：第一类，高效高速发展模式（用 H/H 表示）。这类工业企业的 E 和 TFP 指数均高于平均水平，即该类企业的效率和增长速度都很高。第二类，高效低速发展模式（用 H/L 表示）。这类企业是 E 高于平均水平而 TFP 指数低于平均水平，将面临被其他企业超越的风险。第三类，低效高速发展模式（用 L/H 表示）。这类工业企业的 E 低于平均水平而 TFP 指数高于平均水平，这类企业尽管目前在工业中的地位较低，但是未来增长潜力很大。第四类，低效低速发展模式（用 L/L 表示）。这类企业是 E 和 TFP 指数均低于平均水平的企业，该类企业的起点较低，并且发展潜力和优势不明显。根据上述定义和分类，表 4 - 10 对各省份三类工业企业的发展模式进行了划分。以北京国有工业企业为例，其劣势在于残余混合效率及其增长率均低于平均水平，这会导致了北京工业企业尽管技术效率及其增长和规模效率及其增长率水平均相对较高，但是综合效率水平和 TFP 增长水平均较低，企业缺乏竞争优势，发展后劲也不足。从总体来看，国有企业方面没有一个省份是"全能省份"，即在各分解要素和要素增长率上均处于 H/H 类的省份，而海南省国有工业企业则表现出了"全低"现象，即在各分解要素和要素增长率上均处 L/L 类的省份；民营企业表现较好，"全能省份"有天津、内蒙古和辽宁三个省份，"全低省份"为甘肃省；外资企业方面，"全能省份"为吉林省，"全低省份"为贵州省。无论是国有、民营还是外资工业企业，大部分省份的技术效率较低而且发展后劲不足，部分省份的规模经济效益不明显但是增长率提升有力，部分省份范围经济明显但是残余混合效率增长率提升乏力。这样就可以针对每个省份的相对优势和不足，并提出相应的改进建议。

表 4-10 三类工业企业发展模式划分结果

省份	国有				民营				外资			
	E/TFP	ITE/ΔITE	ISE/ΔISE	RME/ΔRME	E/TFP	ITE/ΔITE	ISE/ΔISE	RME/ΔRME	E/TFP	ITE/ΔITE	ISE/ΔISE	RME/ΔRME
北京	L/L	H/H	H/H	L/L	H/H	L/L	L/L	H/H	H/H	H/H	H/H	L/L
天津	H/H	H/H	L/L	L/L	H/H	H/H	H/H	H/H	H/H	H/H	L/L	L/H
河北	L/L	L/L	L/L	H/H	L/L	L/L	L/L	L/L	H/H	L/L	L/L	H/H
山西	L/L	L/L	L/L	L/L	L/L	L/L	L/L	L/L	L/L	L/L	L/L	L/L
内蒙古	L/L	L/L	L/L	L/L	H/H	H/H	H/H	H/H	L/L	L/L	L/L	L/L
辽宁	H/H	H/H	L/L	L/L	H/H	H/H	H/H	H/H	H/H	L/L	L/L	L/L
吉林	H/H	H/H	L/L	L/L	H/H	H/H	L/L	L/L	H/H	H/H	H/H	H/H
黑龙江	H/H	L/L	L/L	L/L	H/H	L/L	L/L	L/L	H/H	L/L	L/L	L/L
上海	H/H	L/L	L/L	L/L	H/H	L/L	L/L	L/L	H/H	L/L	L/L	L/L
江苏	H/H	L/L	L/L	L/L	H/H	L/L	L/L	L/L	H/H	L/L	L/L	L/L
浙江	H/H	L/L	L/L	L/L	H/H	L/L	L/L	L/L	H/H	L/L	L/L	L/H
安徽	L/L	L/L	L/L	L/L	L/L	L/L	L/L	L/L	L/L	L/L	L/L	L/L
福建	H/H	L/L	L/L	L/L	H/H	L/L	L/L	L/L	H/H	L/L	L/L	L/L
江西	H/H	L/L	L/L	L/L	L/L	L/L	L/L	L/L	L/L	L/L	L/L	L/L
山东	H/H	L/L	L/L	L/L	H/H	L/L	L/L	L/L	H/H	L/L	L/L	L/L
河南	L/L	L/L	L/L	L/L	L/L	L/L	L/L	L/L	L/L	L/L	L/L	L/L
湖北	L/L	L/L	L/L	L/L	L/L	L/L	L/L	L/L	L/L	L/L	L/L	L/L
湖南	L/L	L/L	L/L	L/L	L/L	L/L	L/L	L/L	L/L	L/L	L/L	L/L
广东	H/H	H/H	L/L	L/L	H/H	L/L	L/L	L/L	H/H	H/H	H/H	L/L

续表

省份	国有				民营				外资			
	$E/$ TFP	$ITE/$ ΔITE	$ISE/$ ΔISE	$RME/$ ΔRME	$E/$ TFP	$ITE/$ ΔITE	$ISE/$ ΔISE	$RME/$ ΔRME	$E/$ TFP	$ITE/$ ΔITE	$ISE/$ ΔISE	$RME/$ ΔRME
广西	L/L	L/L	H/H	H/H	L/L	L/L	L/L	H/H	L/L	H/H	L/L	H/H
海南	L/L	L/L	L/L	L/L	H/H	L/L	H/H	L/L	L/L	L/H	H/H	L/H
重庆	L/L	L/L	L/L	L/L	L/L	L/L	H/H	L/L	H/H	L/L	H/H	H/H
四川	L/L	L/L	L/L	L/L	L/L	H/H	L/L	H/H	H/H	L/L	L/L	H/H
贵州	L/L	L/L	H/H	L/L	L/L	L/L	L/L	H/H	L/L	L/L	L/L	L/L
云南	L/L	L/L	H/H	L/L	H/H	L/L	H/H	L/L	L/L	L/L	L/L	L/H
陕西	L/L	L/L	H/H	H/H	L/L	L/L	L/L	H/H	L/L	L/L	H/H	L/L
甘肃	L/L	L/L	H/H	H/H	L/L	L/L	L/L	L/L	L/L	L/L	H/H	H/H
青海	L/L	L/L	H/H	H/H	L/L	L/L	L/L	H/H	L/L	L/L	H/H	H/H
宁夏	L/L	L/L	H/H	H/H	L/L	L/L	L/L	H/H	L/L	L/L	H/H	H/H
新疆	H/H	L/L	H/H	H/H	L/L	L/L	L/L	H/H	L/L	L/L	H/H	L/L

在表4－10的基础上，我们进一步得到各省份三类工业企业发展模式的分布状况，如表4－11所示。

表4－11　　　　　　　　三类工业企业发展模式分布状况

企业发展模式	高效高速发展模式（H/H）	低效低速发展模式（L/L）
国有企业	天津、辽宁、吉林、黑龙江、上海、江苏、浙江、福建、江西、山东、广东、新疆	北京、河北、山西、内蒙古、安徽、河南、湖北、湖南、广西、海南、重庆、四川、贵州、云南、陕西、甘肃、青海、宁夏
民营企业	北京、天津、山西、内蒙古、辽宁、吉林、黑龙江、上海、浙江、海南、云南、陕西、青海、宁夏、新疆	河北、江苏、安徽、福建、江西、山东、河南、湖北、湖南、广东、广西、重庆、四川、贵州、甘肃
外资企业	北京、天津、河北、山西、辽宁、吉林、黑龙江、上海、江苏、安徽、河南、湖北、重庆、四川、云南、陕西、甘肃、宁夏、新疆	内蒙古、浙江、福建、江西、山东、湖南、广东、广西、海南、贵州、青海

不难看出，三类工业企业中进入高效高速发展模式类别省份最多的是外资企业，其次依次是民营和国有企业。国有企业方面，处于高效高速发展模

式的省份有天津、辽宁等 12 个省份，其余 18 个省份处于低效低速发展模式；民营企业方面，处于高速高效发展模式的省份有北京、天津等 15 个省份，其余 15 个省份处于低效低速发展模式；外资企业方面，处于高速高效发展模式的省份有北京、天津、河北等 19 个省份，其余 11 个省份处于低效低速发展模式。总体来看，三类工业企业全部处于高效高速发展模式的省份有天津、辽宁、吉林、黑龙江、上海和新疆 6 个省份，说明这 6 个省份的国有、民营和外资工业企业在综合效率上位势较高，而且有很大的发展潜力，而全部处于低效低速发展模式的省份有湖南、广西和贵州 3 个省份，说明这 3 个省份的综合效率水平较低，而其缺乏发展后劲，如果不尽快采取措施提高全要素生产率，与其他省份的差距将进一步拉大。中国工业的这种发展态势将使得企业在地区之间出现明显的两极分化趋势。

4.2.4 小结与启示

利用 30 个省份工业企业 2001～2011 年面板数据，采用 Färe-Primont TFP 指数的 DEA 方法对国有、民营和外资的综合效率和 TFP 增长及其分解要素情况进行了对比分析。进一步构建了综合效率－TFP 增长矩阵，对中国工业企业发展模式进行划分，基本结论与政策启示如下。

（1）基本结论。第一，从综合效率的分析来看，外资和民营企业的综合效率均值始终高于国有企业，2001～2011 年国有和民营企业整体综合效率呈现出上升的趋势，中间有表现出一定波动性；外资企业整体综合效率呈现出了轻微的下降趋势。三类工业企业表现出了不同的效率优势，民营企业在技术效率和规模效率方面表现最好，但是范围经济效率表现最差；国有企业的技术效率水平最低，但是增长趋势显著；外资企业的优势体现在较好的范围经济效率。同时，三类工业企业技术效率差异在研究期内趋于收敛，而规模效率差异则表现出了一定的发散性。第二，从 TFP 增长及其分解要素来看，2001～2011 年中国三类工业企业的 TFP 产生了大度增长，其中国有企业在 11 年间的平均 ΔTFP 值出现了年均 33.2% 的增长；民营和外资企业平均 TFP 指数年均增长分别达到了 75.5% 和 76.6%，增长幅度远远超过了国有企业。导致 TFP 增长的主要原因在于整体技术进步水平的大幅提高。技术效率、规模效率和残余混合效率对三类工业企业 TFP 增长的影响存在一定差异性。其中技术效率方面，国有企业的技术效率对 TFP 增长起到一定抑制作用，而民营和外资企业的技术效率则起到了积极推动作用;规模效率方面,国有和外资企业的规模效率对 TFP 增长起到一定抑制作用,民营企业规模效率则一定程度上促进了对 TFP 增长;残余混合效率方面,三类工业企业的残余混合效率对 TFP 增长均起到一定抑制作用。第三,从工业企业的发展模式来看,国有企业没有一个省份是"全能省份",海南省国有工业企业则表现出了"全低"现象;民营企业表现较好,"全能省份"有天津、内蒙古和辽宁三个省份,"全低省份"为甘肃省;外资企业方面,"全能省份"为吉林省,"全低省份"为贵州省。从总体来看,三类工业企业中进入高效高速发展模式类别最多的是外资企业,其次依次是民营和国有企业,中国工业的发展态势使得企业出现了明显的两极分化趋势。

(2)政策启示。第一,鉴于国有企业综合效率较低是由于技术效率偏低引起的,因此建议国有企业积极推进产业转型升级,通过加大技术创新和引进力度来促进技术进步。通过建立合理的产权制度和激励机制来提升企业的竞争优势,充分调动员工的积极性,从而有效提高综合效率。第二,鉴于民营企业在范围经济方面表现较差,建议放宽对其经营范围的监管,鼓励民营企业适度的混业经营,并逐步放开和鼓励民营资本参与传统由国有企业垄断的行业如铁路、基础设施、土地开发等项目的投资和建设,促进民营企业提高范围经济效率。政府部门应该不断放开国有垄断行业的准入门槛,让民营企业有更多的机会参与传统垄断行业的投资和经营,从而改变其在范围经济上的劣势。第三,中国工业企业效率的提升不仅是自身发展问题,还与企业所处环境有关。当前个别行业出现了严重的产能过剩如钢铁、水泥行业等,将引起一系列的负面影响,对相关行业产生严重的多米诺骨牌效应,导致经济环境恶化、进一步加剧产能过剩。深处其中的中小民营工业企业必然遭受较大的效率损失。因此,要积极推进工业行业的政策引导,加强风险防范,进一步完善企业经营的经济环境和法律环境。第四,中国三类工业企业尽管全要素生产率均呈现出了上升的趋势,但是总体来看生产率水平并不高,因此进一步促进技术进步工作尤为重要。为此,一是要鼓励工业企业进行技术创新和设备升级,并向国家鼓励的战略性新兴产业转型升级;二是转变发展方式,注重产品、服务和管理创新,加快以大数据、移动互联网为代表的新技术在工业领域的推广和应用。第五,从地区间效率的差异来看,由于地区间发展模式的明显两极分化,建议国家在政策制定方面应该充分考虑各地区的特点和经济发展基础,因地制宜地制定有利于地区工业企业发展的政策措施，不断缩小区域间的效率差距，实现区域间的均衡协调发展。随着人口老龄化问题的凸显，"人口红利"正在不断消失，劳动力资源丰富的比较优势正在不断消失。很多的国外大型制造企业在不断将其制造基地由中国向东南亚劳动力成本更低的国家转移。传统的通过引进外资在中国建立制造基地以及大进大出的参与国际分工的方式已经不可持续。这就倒逼我国国有和民营工业企业进行转型升级，努力提高竞争优势，培养一大批能够与国际跨国企业相抗衡的大型企业，在知识和技术密集型领域不断缩小与发达国家之间的差距。

第5章　土地利用综合效率评价研究

经济发展离不开资源投入，土地作为重要的生产要素是实现经济发展不可或缺的重要资源，可以认为土地资源是经济增长的主要动力之一。改革开放以来，我国的区域经济取得了飞速发展。随着区域人口的持续增加和城镇化、工业化的快速发展，必然引起对土地资源空间和土地产品需求的不断增加，土地供给的紧缺性与经济增长需求的增长性之间失衡发展的态势已经凸显（刘彦随、陈百明，2002）。土地资源总量多、人均占用量少、耕地和林地少、耕地后备资源少的"一多三少"格局是我国土地资源的基本特点（范恒山，2010）。因此，迫切需要掌握我国目前的土地利用效率状况，为进一步提高土地利用效率和水平提供依据和参考。中国各产业和地区之间的土地利用效率的差距如何？是否随着时间的推移正在缩小？本书将基于土地要素的紧缺性特点，从跨部门和跨区域的角度建立土地使用效率评价模型，并进行 σ 收敛和 β 收敛检验。通过对不同产业和区域内部土地利用效率收敛性问题的研究，能够为解释地区间经济发展不平衡的原因提供有益的借鉴，更重要的是揭示区域间土地利用效率差异的特征及其影响因素，从而找出有利于区域和产业经济协调发展的土地利用对策和配置方案。

5.1　土地利用效率的区域差异和产业差异

5.1.1　数据和方法

收集了全国 31 个省（区、市）1999～2008 年（2009 年以后没有公布全国各省份土地利用变更调查数据，所以之后年份数据无法获取）的土地面积、GDP、从业人员数量等相关变量的面板数据，并对这些变量和数据进行了以下处理。

（1）第一和第二、三产业各地区国内生产总值。各地区当年的 GDP 数据摘自《中国统计年鉴》，由于统计年鉴公布的数据均为当年价格，因此以1998 年为基期，采用各地区各产业的 GDP 平减价格指数进行价格调整。

（2）第一和第二、三产业各地区用地面积总量①。各地区用地面积摘自相应年份的《中国国土资源年鉴》《中国环境投资年鉴》。然后用第一和第二、三产业各地区每年的 GDP 总量除以各地区的土地利用面积，得到各地区年度土地利用强度②，这里即用土地利用强度来表示土地的利用效率。

（3）土地利用结构变量。这里用各地区建设用地面积占行政区总面积的比重来表示，数据主要来自各年的《中国国土资源年鉴》和《全国土地利用变更调查》。

（4）进出口总额和工业产值。各地区进出口总额和工业产值数据均来源于《中国统计年鉴》。其中，进出口总额的数据采用的是各地区按经营单位所在地货物进出口总额，由于该数据的单位为万美元，这里根据各年《中国统计年鉴》中提供的中国历年人民币汇率（年平均价）将进出口总额单位转换为亿元，进而将该值除以各地区 GDP 得到开放化指标取值；工业产值数据收集了工业总产值数据和非国有工业产值数据，用非国有工业产值数据除以工业总产值数据得到市场化指标取值。

（5）将研究样本中的 31 个地区划分为东、中、西三个区域，其中，东部地区包括北京、天津、河北、辽宁、上海、江苏、浙江、福建、山东、广东、海南 11 个省份；中部地区包括山西、吉林、黑龙江、安徽、江西、河南、湖北和河南 8 个省份；西部地区包括内蒙古、广西、重庆、四川、贵州、云南、西藏、陕西、甘肃、青海、宁夏、新疆 12 个省份。

在上述数据处理的基础上，运用 Eviews 5.1 统计软件，采用面板数据估计方法对我国各产业和各地区的土地利用效率是否存在收敛性进行实证检验。

---

① 由于统计资料中关于第二、三产业用地面积的分类统计数据无法获取，因此，这里只能将二、三产业合并处理。

② 土地利用强度指标的选取参考《浙江省"365"节约集约用地目标责任考核实施细则（试用）》。

5.1.2　土地利用效率的区域差异和产业差异分析

（1）相对土地利用效率的对比分析。分别对各地区和各产业之间的相对土地利用效率水平进行了比较。表5-1为我国各时期全国和各地区的产业间相对土地利用效率水平（这里以第一产业的土地利用效率作为比较基准）。为了消除短期干扰，选择了几个时间段而不是年度的土地利用效率水平进行比较。

表5-1　　　　　相对土地利用效率（第一产业土地利用效率=1）

时间		1999~2001年	2002~2004年	2005~2008年	1999~2003年	2004~2008年	1999~2008年
全国	全体经济	8.5327	7.8104	7.7693	8.3445	7.7228	7.9798
	第一产业	1.0000	1.0000	1.0000	1.0000	1.0000	1.0000
	第二、三产业	50.5513	53.4558	49.4378	52.1839	49.5578	50.8546
东部地区	全体经济	11.2274	10.0045	10.1892	10.8580	10.1051	10.4057
	第一产业	1.0000	1.0000	1.0000	1.0000	1.0000	1.0000
	第二、三产业	52.4887	52.9591	49.8273	53.2483	49.8499	51.4166
中部地区	全体经济	3.5713	3.5246	3.2204	3.5929	3.2409	3.3965
	第一产业	1.0000	1.0000	1.0000	1.0000	1.0000	1.0000
	第二、三产业	33.0499	38.4556	33.8244	35.3194	34.2071	34.8922
西部地区	全体经济	3.3182	3.3475	3.1928	3.3603	3.1902	3.2679
	第一产业	1.0000	1.0000	1.0000	1.0000	1.0000	1.0000
	第二、三产业	72.9528	84.6696	76.5135	78.0905	76.7495	77.7850

表5-2为各时期全国和各产业的地区间相对土地利用效率水平（这里以西部地区的土地利用效率作为比较基准）。可以看出，地区间土地利用效率同样存在较大的差距。在所有时段，不论是第一产业还是第二、三产业，东部地区的土地利用效率均是最高的地区，其次是中部地区，最低的是西部地区，这说明我国土地利用并没有达到空间效率的均衡。东部地区土地利用效率高于中、西部地区，源于东部地区工业发展起步早，经济发展迅速，城市化程度较高，建设用地不断扩张，第二、三产业占全体经济比重较高，使得东部地区土地利用效率高于中、西部地区。我们还发现了一个有趣的结果，

即东、中、西部之间的效率差异在第一产业表现更为明显，如 1999～2008 年东部地区的第一产业土地利用效率是西部地区的 5.9950 倍，而东部地区第二、三产业土地利用效率只有西部地区的 3.9628 倍。

表 5-2   相对土地利用效率（西部地区的土地利用效率 =1）

	时间	1999～2001 年	2002～2004 年	2005～2008 年	1999～2003 年	2004～2008 年	1999～2008 年
全体经济	全国	8.2293	7.8201	7.7928	8.1086	7.7817	7.9175
	东部地区	19.8973	18.7601	18.8143	19.5603	18.7617	19.0897
	中部地区	3.0298	3.0079	2.8276	3.0254	2.8567	2.9319
	西部地区	1.0000	1.0000	1.0000	1.0000	1.0000	1.0000
第一产业	全国	3.2002	3.3517	3.2025	3.2653	3.2145	3.2423
	东部地区	5.8805	6.2771	5.8955	6.0535	5.9230	5.9950
	中部地区	2.8150	2.8567	2.8034	2.8296	2.8120	2.8209
	西部地区	1.0000	1.0000	1.0000	1.0000	1.0000	1.0000
第二、三产业	全国	2.2175	2.1161	2.0692	2.1821	2.0756	2.1198
	东部地区	4.2310	3.9289	3.8393	4.1278	3.8471	3.9628
	中部地区	1.2753	1.2975	1.2393	1.2798	1.2533	1.2654
	西部地区	1.0000	1.0000	1.0000	1.0000	1.0000	1.0000

（2）各产业和区域内部土地利用效率差异是否存在 σ 收敛。前面分析的是第一和第二、三产业间的土地利用效率差异和东、中、西部三大区域之间的效率差异。这里我们进一步通过 σ 收敛和 β 收敛来检验分产业的内部效率差异以及东、中、西部地区各自的区域内效率差异。为了检验 σ 收敛，我们采用变异系数对 1999～2008 年各产业内部土地利用效率的差异进行测算，结果如表 5-3 所示。为了更加直观地分析研究期内我国各产业内部土地利用效率差异的变动趋势，我们进一步得到第一产业和第二、三产业变异系数的变化趋势如图 1 所示。首先，从第一产业和第二、三产业的横向比较来看，第二、三产业的变异系数值始终高于第一产业，说明第二、三产业的内部土地利用效率差异要高于第一产业。源于不同省份之间工业、服务业发展的差距较大，东部沿海各省份工业、服务业发达，土地利用效率较高，中、西部各省份第二、三产业相对落后，土地利用效率较低，而不同省份之间农业发展的差异不大，因此第一产业内部的土地利用效率差异自然不如第二、三产业

明显。其次，从发展趋势来看，各产业内部土地利用效率差异在研究期内并没有表现出明显的 σ 收敛，而是表现出了不同的阶段性特征。同时，我们又看到第一产业和第二、三产业变异系数之间的差距随着时间的推移呈现出了缩小的趋势。一方面，第二、三产业的内部土地利用效率差异随着西部大开发和振兴东北老工业基地等一系列区域发展战略的推进而有所缓解；另一方面，随着农业产业化、现代化战略的推进，一些率先推进该战略的地区农业生产率大幅提高，从而加大了第一产业内部土地利用效率的差异，两方面因素共同作用导致了缩小趋势的形成。

表 5 - 3　　　　　　　　　　各地区土地利用效率的变异系数

年份	变异系数		
	全体经济	第一产业	第二、三产业
1999	2.3004	0.8644	1.1791
2000	2.3073	0.8734	1.1662
2001	2.2973	0.8764	1.1541
2002	2.1866	0.9937	1.1131
2003	2.2022	0.9661	1.1162
2004	2.1939	0.9609	1.1053
2005	2.2093	0.9285	1.1456
2006	2.1929	0.9714	1.1486
2007	2.1819	0.9712	1.1336
2008	2.1416	0.9696	1.0810

土地利用效率差异的变化，一方面受到区域经济政策和产业发展战略的影响，另一方面也受到土地利用政策的影响。我国自 1997 年以来开始实行最严格的耕地保护政策，目的是保障国家粮食安全，保障 18 亿亩耕地红线不被突破。但是由于政策制定没有充分考虑区域经济发展和资源禀赋的差异，使得土地资源空间配置效率无法充分发挥。如耕地"占补平衡"政策要求耕地"占一补一"，而且仅是局限于省域内部，跨省的这种做法则是严令禁止的。这一政策对于经济发达的东部地区来说，由于第二、三产业发达，导致可供开发的耕地后备资源短缺，在省内实施"占补平衡"的空间很小，而通常情况下经济发达的地区对建设用的需求比较旺盛。因此，对经济发达地区实施耕地"占补平衡"可能会导致该地区的经济发展受到

限制，进而影响其产业布局和相应产业的内部土地利用效率。各产业变异系数如图 5 - 1 所示。

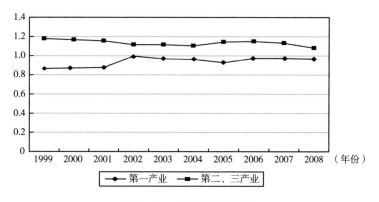

图 5 - 1 各产业变异系数

这里进一步分析东、中、西部三大区域内部土地利用效率的收敛性。1999 ~ 2008 年东、中、西部地区各自区域内的土地利用效率变异系数及其变化趋势如图 5 - 2 所示。从图 5 - 2 可知，首先，从三个地区土地利用效率的变异系数的横向对比来看，研究期内东部地区的区域内土地利用效率差异始终高于西部地区和中部地区，说明东部地区的内部效率差异比中、西部地区更大。源于东部地区的划分中既包括如北京、上海等经济发达的地区，也包括如河北、辽宁等经济一般的地区，这些省份之间的土地利用效率相差较大也就不难理解。其次，从发展趋势来看，东部地区的区域内土地利用效率差异呈现出逐渐缩小的发展趋势且比较平稳；中部地区的区域内土地利用效率

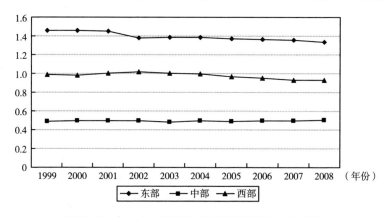

图 5 - 2 东、中、西部地区土地利用效率变异系数

差异在研究期内表现出了一定的波动性，但波动幅度不大，1999～2002 年土地利用效率差异逐渐增加，2003～2005 年出现短暂下降，之后 2006～2008 年又呈现出扩大的发展趋势；西部地区的区域内土地利用效率差异也表现出了一定的波动性，先是从 1999～2000 年的短暂下降，2001～2002 年的短暂增长，之后 2003～2008 年呈现出逐年下降趋势。

从图 5－2 可以看出，除了东部地区以外，中、西部地区区域内土地利用效率差异并没有随着时间推移而呈现显著地收敛趋势，而是表现出了一定的波动性，其中中部地区近年来还表现出了发散的趋势。土地利用效率差异的变化受到多种因素的影响，王群、王万茂（2005）认为，土地利用的差异实质是土地利用结构的差异。而经济发展是土地利用结构变化的最大驱动力，不同的产业结构和经济发展方式会造成不同的用地结构。刘传明、李红、贺巧宁（2010）通过实证检验也同样得出经济发展是造成土地利用效率空间差异的最主要因素的结论。因此，本书选取与经济发展最为相关的地区经济增长速度、产业结构状况和劳动生产率三个最为影响土地利用效率变动的指标。其中，用地区人均 GDP 增长率来反映各地区经济增长速度；用各地区第二产业国内生产总值占 GDP 的比重来反映各地区的产业结构变动情况；用各地区 GDP 除以该地区从业人员数量来反映劳动生产率状况。

这里以 S 代表 1999～2008 年各地区土地利用效率的标准差，X_1、X_2 和 X_3 分别表示人均 GDP 增长率的标准差、第二产业国内生产总值占 GDP 比重的标准差和各地区 GDP 除以该地区从业人员数量的标准差。以 S 为因变量和以 X_1、X_2 和 X_3 为自变量所组成的时间序列数据为样本进行测算，得到如下回归模型：

$$S = \begin{array}{cccc} -1.4751 & -0.5127X_1 & +18.7107X_2 & +0.6349X_3 \\ (-2.7093) & (-1.0177) & (4.0532) & (2.2525) \end{array}$$

$$R^2 = 0.7522 ; DW = 2.2756 \qquad\qquad (5-1)$$

从上述计量结果可知，模型的拟合优度为 0.7522，表明回归模型对因变量的估计值与样本观察值的拟合优度达到了 75.22%，拟合效果较好。常数项、自变量 X_2 和 X_3 的系数估计值的 t 检验值（括号内数值）在 10% 显著性水平下均很显著[①]，而且自变量 X_2 和 X_3 的系数估计值均为正，说明区域产业结构和劳动生产率标准差的缩小有利于各地区土地利用效率差异的缩小，即三

---

① 常数项、自变量 X_2 和 X_3 的 t 检验收尾概率分别为 0.0351、0.0067 和 0.0652。

者呈同方向变动，同时 X_2 的系数估计值要远大于 X_3，说明产业结构因素是影响区域土地利用效率差异变动的主要因素。由于自变量 X_1 的系数估计值的 t 检验值在 10% 显著性水平下不显著，说明区域经济增长速度的标准差与土地利用效率差异变动没有关联。

区域内土地利用效率差异的变动除了受到产业结构和劳动生产率指标的影响以外，同时也与土地利用政策有关。我国现行的土地利用总体规划中对于规划指标的分解，通常是以行政区域为单位进行划分，并没有过多地考虑区域经济发展水平和资源禀赋的差异。我国东部地区第二、三产业发达，经济发展迅速，就业机会多而吸引大量的外部劳动力，因此承担着巨大的经济发展和人口压力。现行的用地指标分解方法实际上变相地缩小了发达地区的建设用地指标，进一步加剧了土地供需矛盾（陈江龙等，2004），促使该区域重视土地利用效率。而经济欠发达的中西部地区第二、三产业发展相对滞后，耕地后备资源相对充足，基本能够满足建设用地需求，对土地利用效率可能会不够重视。两种不同的用地形势会对区域间土地利用效率差异的变动产生影响。

（3）各产业和区域内部土地使用效率差异是否存在 β 收敛。这里将采用第 2 章中提及的收敛性检验方法，并结合中国土地资源利用的实际情况，收集我国 31 个省、自治区和直辖市 1999～2008 年的面板数据，对我国各产业和各区域内部土地利用效率的收敛性进行实证检验。通过前面对 σ 收敛的考察发现，1999 年以来全国和东、中、西部地区土地利用效率并不存在显著的 σ 收敛，因此需要进一步做 β 收敛检验。β 收敛说明的是土地利用效率较低的经济体比土地利用效率高的经济体，其土地利用效率的增长率更高，即土地利用效率增长率与其期初水平负相关。

为了消除经济周期波动带来的影响，一般在估计面板数据模型时需要将整个研究期划分成几个小的时间段。为了能够更好地考察我国各产业、各地区土地利用效率差异在不同时期的变化情况，我们取 $T=1$，即根据样本区间范围是 1999～2008 年，共 10 年，仅以原始数据的 1 年作为时间段进行收敛性检验。

首先，绝对 β 收敛检验。这里我们采用单方程进行绝对 β 收敛检验：

$$\ln(y_{i,10}/y_{i,1})/9 = a - b\ln(y_{i,1}) + \varepsilon \qquad (5-2)$$

其中，$t=10$ 和 $t=1$ 分别对应 1999 年和 2008 年，两个时间段中间点相隔 9

年，即间隔年份数 $T=9$。而 $y_{i,1}$ 和 $y_{i,10}$ 分别表示 i 地区 1999 年和 2008 年的土地利用效率水平。收敛速度 β 可以用式（5-3）计算。

$$b = T^{-1}(1 - e^{-\beta T}) \quad （这里 T=9） \qquad (5-3)$$

如果方程回归结果出现 $b>0$ 或者 $\beta>0$，则说明时间段 T 内存在绝对 β 收敛。表 5-4 列出了式（5-2）和式（5-3）的 OLS 回归结果，从回归系数的显著性水平来看，仅有全国和西部地区的第二、三产业土地利用效率是显著收敛的，说明第二、三产业的区域内土地利用效率差距在逐渐缩小，全国范围内和西部地区范围内的收敛速度分别为每年 1.47% 和 3.2%。其他产业和区域虽然有收敛或者发散的符号，但均不显著，可以认为不存在绝对收敛。

表 5-4　　　　　　　　基于式（5-3）和式（5-4）的回归结果

产业	区域	b 系数	β 值	T 统计量	P	R^2
全体经济	全国	0.0024	0.0024	-1.5441	0.1334	0.0760
	东部地区	-0.0009	-0.0009	0.1932	0.8511	0.0041
	中部地区	0.0021	0.0021	-0.1586	0.8792	0.0042
	西部地区	0.0010	0.0010	-0.3525	0.7318	0.0123
第一产业	全国	0.0021	0.0021	-1.0067	0.3224	0.0338
	东部地区	-0.0240	-0.0217	1.7394	0.1160	0.2516
	中部地区	0.0018	0.0018	-0.2146	0.8372	0.0076
	西部地区	0.0009	0.0009	-0.2891	0.7784	0.0083
第二、三产业	全国	0.0138	0.0147	-3.2431	0.0030	0.2661
	东部地区	0.0054	0.0055	-0.6734	0.5176	0.0480
	中部地区	0.0439	0.0559	-1.4657	0.1931	0.2637
	西部地区	0.0278	0.0320	-2.4252	0.0357	0.3703

注：P 表示 T 统计量的收尾概率。

其次，条件 β 收敛检验。在绝对 β 收敛模型中，土地利用效率初始水平成为直接影响土地利用效率收敛性的唯一变量。而实际上，影响土地利用效率收敛性的还有诸多其他因素。为了全面考察中国各产业的土地利用效率收敛情况，我们采用面板数据进行条件收敛检验，检验条件收敛的等式如下：

$$\ln(y_{i,t}/y_{i,t-1}) = a - (1 - e^{-\beta})\ln(y_{i,t-1}) + \varphi K_{i,t-1} + \varepsilon \qquad (5-4)$$

$$b = (1 - e^{-\beta T}) \quad （这里 T=1） \qquad (5-5)$$

其中，$t = 1$，2，…，10 分别对应十个时间段。K 表示其他控制变量，包括城市化水平、工业化水平、产业结构调整变量、土地利用结构变量、市场化和开放化等，而 φ 分别表示相应控制变量的系数。其中，城市化水平用各省份非农人口占总人口比重的相对值（非农人口比重除以各省非农人口比重算术平均值）来测度，该指标能够反映区域城市化水平在全国的相对地位；工业化水平用各省份工业总产值占全国工业总产值的比重来度量，该指标反映区域工业化水平在全国的相对地位；产业结构调整变量用第二产业总产值占地区 GDP 的比重来衡量；土地利用结构变量用建设用地面积占地区土地总面积的比重来表示；市场化用各省非国有工业产值占工业总产值的比重相对值测度；开放化用对外贸易依存度衡量，即用各省进出口贸易总额占其 GDP 的比重相对值来测度。

将面板数据代入式（5-5）进行估计，并通过 Hausman 检验来判断固定效应和随机效应哪种模型更有效[①]，检验结果表明固定效应模型要比随机效应模型的检验效果更好。因此，在本书只给出固定效应模型的回归结果，相应实证回归结果如表 5-5 所示。从表 5-5 中可以看出，在研究期内，基年土地利用效率变量的系数 b 均为正值，说明我国土地利用效率在全体经济、第一产业以及第二、三产业范围内均存在条件 β 收敛。我们在分析过程中也考虑了城市化、市场化和工业化等变量，但是，由于这些变量的估计系数不具有统计显著性，因此，在这里予以剔除。这里仅考虑产业结构、土地利用结构和开放化三个变量。在加入三个控制变量以后，三个控制变量大部分在10% 水平上显著，但是不同的控制变量在全体经济、第一产业以及第二、三产业中的表现存在一定差异。其中，对于全体经济，产业结构系数和开放化系数分别在 5% 和 10% 水平上显著为正，而土地利用结构系数不显著，这说明产业结构优化升级和对外开放程度的提高有助于地区间土地利用效率差异的收敛，其中产业结构优化的影响更为显著。对于第一产业，仅有开放化系数在 1% 水平上显著为负，说明对于农业部门而言，对外开放程度不仅不会促进地区间土地利用效率的收敛，反而起到相反的作用，即对外开放程度越高，地区间的农业用地利用效率的差异越大，这反映了农业生产率提高过程中引进先进技术的重要性。对于第二、三产业，产业结构系数、开放化系数

―――――――――

[①] 本书采用 Eviews 5.1 软件可以直接对固定效应和随机效应模型的选择进行检验（易丹辉，2008）。

和土地利用结构系数分别在 10%、5% 和 1% 水平上显著为正，说明产业结构优化升级、对外开放程度的提高和建设用地面积的扩大，有利于各地区土地利用效率差异的收敛。其中，建设用地面积的扩大对第二、三产业土地利用效率的影响最为明显，其次依次是产业结构优化和对外开放程度。从收敛的速度来看，在加入了控制变量以后，第一产业的收敛速度最快，其次是第二、三产业和全体经济。

表 5 - 5　　　中国各产业内部土地利用效率条件 β 收敛模型检验结果

模型		初期土地利用效率水平	产业结构系数	开放化系数	土地利用结构系数	R^2	s. e. e
全体经济	(1)	0. 1823 *** (- 4. 7498)	0. 2165 ** (2. 2122)			0. 5223	0. 0351
	(2)	0. 1746 *** (- 4. 5205)	0. 2345 ** (2. 3854)	0. 0307 (1. 5053)		0. 5269	0. 0350
	(3)	0. 1848 *** (- 4. 5873)	0. 2511 ** (2. 5086)	0. 0358 * (1. 6887)	0. 2111 (0. 8943)	0. 5285	0. 0350
第一产业	(1)	0. 6209 *** (- 7. 7152)	0. 0855 (0. 4476)			0. 6304	0. 0455
	(2)	0. 6576 *** (- 7. 7152)	- 0. 0144 (- 0. 0782)	- 0. 1308 *** (- 4. 0194)		0. 6670	0. 0433
	(3)	0. 6529 *** (- 8. 1153)	- 0. 0117 (- 0. 0633)	- 0. 1302 *** (- 3. 9720)	0. 0895 (0. 2113)	0. 6671	0. 0434
第二、三产业	(1)	0. 5944 *** (- 10. 3275)	0. 2694 (1. 2216)			0. 6755	0. 0525
	(2)	0. 5795 *** (- 10. 1298)	0. 3353 (1. 5264)	0. 0863 ** (2. 2185)		0. 6971	0. 0509
	(3)	0. 5229 *** (- 9. 1075)	0. 3865 * (1. 8219)	0. 0982 ** (2. 6082)	1. 7147 *** (3. 5160)	0. 7106	0. 0499

5.1.3　小结与启示

本节主要分析了中国各产业省际间土地利用效率的差异和收敛性问题。实证结果表明，1999 ~ 2008 年，中国各产业地区间的土地利用效率存在明显的差异。第二、三产业的土地利用效率要远远高于第一产业。三大区域内部差异从高至低的顺序依次是东部、西部和中部地区。产业间的土地利用效率差距在 2004 年之前呈现出了扩大的发展趋势，而 2005～2008 年表现出了下降趋势。σ 检验的实证结果表明，各产业各地区土地利用效率差异在研究期内并没有呈现出明显的 σ 收敛，而是表现出了不同的阶段性特征。出现阶段性特征的主要原因是地区之间产业结构和劳动生产率差异，而经济增长速度差异与土地利用效率差异的变动并无关联。实证也发现，中国各产业地区间基本不存在显著的绝对收敛，而添加了产业结构系数、土地利用结构系数和开放化系数等控制变量后的条件收敛是存在的，从上述结论可以得到以下启示。

第一，充分考虑耕地的跨省"占补平衡"。当前我国东、中、西部地区土地资源配置仍具有很强的互补性。东部地区耕地资源有限，很难实现省内的耕地"占补平衡"；中部、西部地区耕地后备资源充足，但是缺少技术、资金和先进的管理经验。耕地的跨省"占补平衡"既可以发挥东部地区土地利用效率的优势，又可以使中西部地区的耕地后备资源得到东部的资金和技术方面的支持而得以高效整合开发，为发挥该地区农业规模经营的优势创造了条件。

第二，建设用地指标的差别化分配。由于我国建设用地指标实行行政分配制度，使得建设用地的空间配置存在效率损失。因此，应该根据各地区不同的经济发展阶段、资源禀赋，因地制宜地实行建设用地指标的差别化分配方式，而不是采用全国各地区制定统一标准的方式。应该通过土地利用政策设计，在内部挖潜的同时，将建设用地指标适当地向东部经济发达地区倾斜。当然，比较优势理论只说明东部地区更适合进行第二、三产业的发展（土地利用效率高），并未证明东部地区就应该分配更多的建设用地指标。因此，在建设用地指标分配过程中不能仅考虑效率差异，还应该综合考虑各生产要素之间的关系（陈竹、张安录，2010）。

第三，按照主体功能区战略定位，实施差别化的土地利用和管理政策。由于东、中、西部地区经济发展水平有一定的差距，而且在主体功能区规划中具有不同的功能定位。为了优化土地资源的空间配置，提高土地利用效率，应该结合不同地区的资源禀赋状况、经济发展阶段和区域功能定位，实施差别化的土地利用和管理政策。对于东部地区，应该严格控制新增建设用地规模，着力通过内部挖潜和城乡增减挂钩等方式缓解用地压力；对于中部、西部地区，则要在满足自身建设用地需求的同时，重点控制建设用地的节约集约利用和生态保护。

5.2 土地利用综合效率评价及其收敛性检验：以浙江省为例

经济发展离不开资源投入，可以认为资源是经济增长的主要动力。改革开放以来，浙江的经济取得了飞速发展，经济发展水平在全国名列前茅。与此同时，在产业结构和经济发展方式方面也出现了一定的问题。主要表现在：第一，产业结构不尽合理。总体产业结构层次较低，高新技术产业比重较低。第二，大多数企业在国际分工中处于产业链的中低端，自主创新能力有待进一步加强。第三，经济的高增长仍然是以高投入、高消耗、高污染、低效益的"三高一低"为代价的，总体上目前浙江的经济增长仍然是投资驱动的粗放型增长方式为主。导致了人地关系紧张，土地短缺严重。根据新一轮土地利用总体规划测算，2006～2020年浙江全省各行业建设用地需求量与可供量之间缺口为217万亩，满足率仅为64%。土地作为浙江城市经济和社会的空间载体，其利用效率状况将直接影响浙江省社会经济发展和环境的可持续建设。

在土地供需矛盾突出的同时，地区间的土地利用又存在明显差异。以2010年为例，浙江的11个地级市中，杭州市和绍兴市的土地开发度①显著高于其他地级市，如图5-3所示。因此，探究地区间土地利用不平衡背后的原因以及动态变化趋势，对于缓解土地供给短缺、合理配置土地资源、实现浙江经济的可持续发展具有十分重要的意义。

城市的土地利用效率实际上包含了经济、社会、生态和环境效益在内的综合效率。因此，对其评价应该选取由多个指标构成的指标体系，选取合适的评价方法进行测算。鉴于DEA方法在多投入和多产出情形下的效率评价具有独特优势，本书采用DEA方法实证测算浙江省11个地级市1999～2011年的土地利用综合效率，并对土地利用综合效率的区域差异进行收敛性检验。

---

① 这里土地开发度＝区域内建设用地面积/区域总面积。城市数据均为市辖区范围，其中杭州数据源自国土局，其他城市摘自《中国城市统计年鉴》。

在测算生产率方面，本节采用欧唐内（O'Donnell C. J.，2011b）提出的 Färe-Primont 指数进行实证检验。该指数的优势在于它能够满足所有相关的经济学定理和检验，包括一致性理论和传递性检验，即它能够对 TFP 进行多期和多边的比较。从而能够更好地揭示浙江省土地利用效率的演进规律及区域间效率差异的变化趋势。

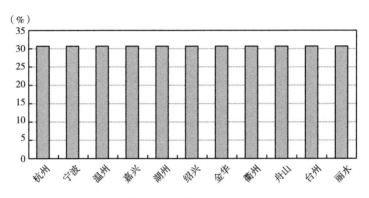

图 5 – 3　浙江省各地级市土地开发度情况

5.2.1　测算方法的选择与 TFP 变化分解

（1）测算方法。对土地利用效率的测算，主要从投入和产出的角度考虑，而 DEA 方法作为一种用于评价具有多个输入和输出的决策单元 DMU（decision making unit）相对有效性的非参数分析方法，它不失为测算土地利用综合效率的一个有效工具。同时，在避免主观因素、简化算法、减少误差等方面有着不可低估的优势。DEA 通过线性规划处理多投入和多产出变量的效率测算，并组合效率相对有效的同类型评价单元构造一个非参数的最佳生产前沿面，通过计算样本点在两个时期分别相对于最佳生产前沿面的距离来定义相对效率的变化。同时鉴于本书采用的是面板数据，因此本书选取面向投入的 DEA 线性规划模型来测度土地利用综合效率（以下用全要素生产率代替，简称 TFP）的变化，并进一步运用 Färe-Primont 指数对生产率进行分解和比较。具体的 TFP 指数的测算和分解过程参见本书 4.2.1 节部分。

（2）DEA 方法测算过程。DEA 方法应用的前提是假设产出和投入距离函数表示 t 时期的技术可能性如下：

$$D_O(x_{it}, y_{it}, t) = (\alpha y'_{it})/(\gamma + \beta x'_{it}) \qquad (5-6)$$

$$D_I(x_{it}, y_{it}, t) = (\eta x'_{it})/(\phi y'_{it} - \delta) \qquad (5-7)$$

由于本书采用面向投入的 DEA 方法，因此，涉及使得等式 $ITE_{it} = D_I(x_{it}, y_{it}, t)^{-1}$ 最小化的未知参数的选择问题，其线性规划的结果为：

$$D_I(x_{it}, y_{it}, t)^{-1} = ITE_{it} = \max_{\phi, \delta, \eta} \{\phi y'_{it} - \delta : \phi Y' \leqslant \delta l + \eta X'; \eta x'_{it} = 1; \phi \geqslant 0; \eta \geqslant 0\}$$

$$(5-8)$$

其中，Y 是 $J \times M_t$ 阶产出向量矩阵，X 是 $K \times M_t$ 阶投入向量矩阵，l 是 $M_t \times 1$ 阶单位向量，M_t 表示 t 时期用于估算前沿面的观察变量的个数。则 Färe-Primont 指数中相应变量可以通过式（5-9）和式（5-10）求解。

$$D_O(x_0, y_0, t_0)^{-1} = \min_{\alpha, \gamma, \beta} \{\gamma + \beta x'_0 : \gamma l + \beta X'; y'_0 \alpha = 1; \alpha \geqslant 0; \beta \geqslant 0\} \quad (5-9)$$

$$D_I(x_0, y_0, t_0)^{-1} = \max_{\phi, \delta, \eta} \{\phi y'_0 - \delta : \phi Y' \leqslant \delta l + \eta X'; \eta x'_0 = 1; \phi \geqslant 0; \eta \geqslant 0\}$$

$$(5-10)$$

总产出和总投入可以通过式（5-11）求解。

$$Y_{it} = (y'_{it}\alpha_0)/(\gamma_0 + x'_0\beta_0); X_{it} = (x'_{it}\eta_0)/(y'_0\phi_0 - \delta_0) \qquad (5-11)$$

其中，α_0，γ_0，β_0，η_0，ϕ_0 和 δ_0 用于求解式（5-9）和式（5-10）。式（5-9）和式（5-10）中的技术是基于技术不变的假设下获得的。并且允许技术存在规模效益可变（VRS）。进一步面向投入的技术效率可以通过下式求解：

$$ITE_{it} = D_I(x_{it}, y_{it}, t)^{-1} = \min_{\rho, \theta} \{\rho : Y\theta \geqslant y_{it}; \rho x_{it} \geqslant \theta X; \theta l = 1; \theta \geqslant 0\} \quad (5-12)$$

其中，θ 是一个 $M_t \times 1$ 阶向量。为了估算在规模效益不变（CRS）条件下的技术效率，则去掉约束条件 $\theta' l = 1$，即：

$$ITE_{it}^{CRS} = H_I(x_{it}, y_{it}, t) = \min_{\rho, \theta} \{\rho : \theta Y \geqslant y_{it}; \rho x_{it} \geqslant X\theta; \theta \geqslant 0\} \qquad (5-13)$$

进一步规模效率可以求解如下：

$$ISE_{it} = ITE_{it}^{CRS}/ITE_{it} \qquad (5-14)$$

面向投入的混合效率和剩余混合效率可以通过式（4-8）和式（4-10）求解。其中参数 $\hat{X}_{it}$ 可以通过线性规划式（5-15）求解。

$$\hat{X}_{it} = \min_{\theta, x} \{X(x) : \theta Y \geqslant y_{it}; x \geqslant \theta X; \theta' l = 1; \theta \geqslant 0\} \qquad (5-15)$$

其中，$X(x)$ 的估计主要通过式 (5-11) 来获取。其他的效率测算均可以通过式 (4-8) ~ 式 (4-10) 求解。

5.2.2 土地利用综合效率实证结果分析

（1）指标选取及数据来源。对城市土地利用效率的评价应该要全面反映城市土地利用的综合效益。而由于新形势下土地具有资本、资产、资源"三位一体"的属性，使得土地成为城市"经济、社会、生态环境"组成的复合系统，因此，土地的利用效率相应地包含了经济、社会和环境效益的多功能性。土地利用效率越高，说明土地资源配置越合理，土地资源节约集约利用程度也越高。为了能够准确和客观地对城市土地利用效率进行评价，本书在充分考虑指标量化、DEA 方法特点的基础上进行指标选取，同时参考其他学者的研究成果（吴得文等，2011；孙平军等，2012），结合浙江省的社会经济发展水平和环境状况，选取了国内生产总值、人口密度、人均居住用地面积、人均拥有道路面积、人均绿地面积、建成区绿化覆盖率和城市建设维护资金支出 7 个产出指标和劳动力、资本和土地 3 个投入指标。其中，劳动力投入是一般采用折算为标准劳动时间的劳动总投入来衡量，工作时间比劳动者数量更能直接衡量劳动力的投入，但是该数据较难获取。为此，本书采用城市从业人员数量来衡量劳动力投入。资本投入应该选取资本存量，但是统计年鉴中无法直接获取相应指标，需要进行估算。但是估算过程中需要用到的数据也较难获取。因此，本书选取城市的全社会固定资产投资来衡量资本投入。同时，为了消除物价变动的影响，这里采用固定资产投资价格指数，按照 1999 年的不变价格进行了调整。土地投入采用城市建设用地面积来衡量。经济效益指标采用浙江省各城市的国内生产总值（GDP）来衡量。同时，为了消除价格变动的影响，这里采用浙江省的生产总值指数对生产总值进行了调整。我国的土地资源带有较强的社会属性，如城镇建设用地、城镇居民就业、居住及社会福利建设诉求。其中基本公共服务设施的均等化是考察区际公平的重要指标（孙平军等，2012）。因此，本书选取人口密度、人均居住用地面积和人均拥有道路面积来表征社会效益。人口密度用来反映土地的人口负荷，人均居住用地面积用居住用地面积与城市人口数之比来表示，用于反映城市居民的居住水平，人均拥有道路面积用来反映城市的交通状况。生态环境效益主要反映人地关系的融洽性。城市土地属于典型的混合生态系统，所以指标的选取应该以人类活动对生态环境的影响为主。为此，本书选取人均绿地面积、建成区绿化覆盖率和城市建设维护资金支出来表征人地关系的作用程度。之所以选择城市维护建设资金作为衡量生态环境效益的指标，源于城市建设维护投入的资金越多，城市的环境治理相对就会越好，生活条件也会更加便利。同时，为了消除物价变动的影响，这里采用固定资产投资价格指数，按照 1999 年的不变价格对城市建设维护资金支出进行调整。

上述指标中，城市建设用地面积、人均绿地面积、人均居住用地面积、城市维护建设资金支出、人均拥有道路面积、人口密度和建成区绿化覆盖率的数据均来自各年的《中国城市建设统计年鉴》。城市全社会固定资产投资、城市从业人员数量、城市生产总值数据均摘自各年的《中国城市统计年鉴》。其中地级市数据为市区范围的数据，县级市数据有些缺失，有些统计为全市范围，为了保持统计口径的一致性，本书通过查找对应城市的统计年鉴和统计年报，对缺失数据和范围不一致的数据进行了补充和修正，选取了 1999~2011 年浙江省 33 个地级市和县级市的 429 组面板数据。

（2）TFP 变化及其分解要素变化。这里我们采用面向投入的 DEA 方法，在技术的规模效率不变条件下对 Färe-Primont 指数进行了测算。表 5-6 报告了浙江省 33 个地级市和县级市 2011 年相对于 1999 年的 TFP 变化及其分解结果。结果表明，TFP 增长率最高的为义乌市，增长率最低的（负增长）为平湖市（$\Delta TFP = 0.2458$）。以义乌的 ΔTFP 值为例，其取值表示义乌市的 TFP 增长了 3.34%（$\Delta TFP = 1.0334$）。从发展趋势来看，浙江省全要素生产率在 1999~2011 年以平均 50.82% 的速度在恶化，其中技术进步与综合效率分别以 27.93% 和 31.81% 的速度在下降。

从 TFP 增长的分解结果来看，同样以义乌市为例，其 TFP 增长了 3.34% 是技术进步（-27.93%）和综合效率提升（43.47%）共同作用的结果（$\Delta TFP = \Delta TFP^* \times \Delta TFPE = 0.7203 \times 1.4347 = 1.0334$）。而综合效率提升则是由技术效率、混合效率和残余规模效率共同作用的结果（$\Delta TFEP = \Delta ITE \times \Delta IME \times \Delta RISE = 1 \times 1 \times 1.4347 = 1.4347$）；综合效率提升同时也是技术效率、规模效率和残余混合效率共同作用的结果（$\Delta TFEP = \Delta ITE \times \Delta ISE \times \Delta RME = 1 \times 1 \times 1.4347 = 1.4347$）。其他城市和全省平均的分解也有同样的规律。

表 5 – 6 　　　　浙江省地级市和县级市 TFP 变化，技术变化和

效率变化：1999 ~ 2011 年　　　　　　单位：%

区域	ΔTFP	ΔTFP*	综合效率变化（ΔTFPE）	技术效率变化（ΔITE）	规模效率变化（ΔISE）	混合效率变化（ΔIME）	残余规模效率变化（ΔRISE）	残余混合效率变化（ΔRME）
杭州	0.4435	0.7203	0.6157	0.7400	1.0000	0.7076	1.1760	0.8321
建德	0.5644	0.7203	0.7836	1.0000	1.0000	1.0000	0.7836	0.7836
富阳	0.5586	0.7203	0.7756	0.8790	1.0000	0.8090	1.0905	0.8823
临安	0.5546	0.7203	0.7699	1.0000	1.0000	0.7895	0.9752	0.7699
宁波	0.5432	0.7203	0.7541	0.7472	1.0000	0.8727	1.1565	1.0092
余姚	0.8024	0.7203	1.1140	1.0000	1.0000	0.8112	1.3733	1.1140
慈溪	0.6044	0.7203	0.8391	1.0000	1.0000	0.8454	0.9926	0.8391
奉化	0.4257	0.7203	0.5910	0.8613	1.0000	0.8870	0.7736	0.6862
温州	0.3246	0.7203	0.4506	0.6351	1.0000	0.9145	0.7758	0.7095
瑞安	0.3659	0.7203	0.5079	1.0000	1.0000	0.6744	0.7532	0.5079
乐清	0.7333	0.7203	1.0181	1.0000	1.0000	0.8711	1.1688	1.0181
嘉兴	0.2825	0.7203	0.3922	0.5303	1.0000	0.9170	0.8065	0.7396
海宁	0.3646	0.7203	0.5061	0.9533	1.0000	0.7222	0.7351	0.5309
平湖	0.2458	0.7203	0.3412	1.0000	1.0000	0.4749	0.7185	0.3412
桐乡	0.3345	0.7203	0.4644	0.7083	1.0000	0.9295	0.7054	0.6556
湖州	0.6141	0.7203	0.8526	0.7049	1.0000	0.9900	1.2218	1.2095
绍兴	0.3984	0.7203	0.5532	0.7131	1.0000	0.8044	0.9643	0.7757
诸暨	0.3217	0.7203	0.4467	0.8722	1.0000	0.5851	0.8753	0.5122
上虞	0.3845	0.7203	0.5338	0.9411	1.0000	0.5497	1.0318	0.5672
嵊州	0.3997	0.7203	0.5549	0.8585	1.0000	0.9038	0.7151	0.6463
金华	0.3857	0.7203	0.5355	0.7399	1.0000	0.7647	0.9465	0.7238
兰溪	0.3844	0.7203	0.5337	1.0000	1.0000	0.8193	0.6514	0.5337
义乌	1.0334	0.7203	1.4347	1.0000	1.0000	1.0000	1.4347	1.4347
东阳	0.4223	0.7203	0.5862	0.8966	1.0000	0.7782	0.8402	0.6538
永康	0.5637	0.7203	0.7825	1.0000	1.0000	1.0000	0.7825	0.7825
衢州	0.4898	0.7203	0.6800	0.6932	1.0000	0.9646	1.0169	0.9810

区域	ΔTFP	ΔTFP^*	综合效率变化 ($\Delta TFPE$)	技术效率变化 (ΔITE)	规模效率变化 (ΔISE)	混合效率变化 (ΔIME)	残余规模效率变化 ($\Delta RISE$)	残余混合效率变化 (ΔRME)
江山	0.6019	0.7203	0.8356	1.0000	1.0000	1.0000	0.8356	0.8356
舟山	0.4713	0.7203	0.6543	1.0000	1.0000	0.5088	1.2858	0.6543
台州	0.4655	0.7203	0.6462	0.8835	1.0000	0.6852	1.0675	0.7314
温岭	0.6862	0.7203	0.9527	1.0000	1.0000	1.0000	0.9527	0.9527
临海	0.3069	0.7203	0.4260	0.7508	1.0000	0.7798	0.7276	0.5674
丽水	0.7017	0.7203	0.9741	1.0000	1.0000	1.0000	0.9741	0.9741
龙泉	0.4301	0.7203	0.5971	1.0000	1.0000	1.0000	0.5971	0.5971
平均	0.4912	0.7203	0.6819	0.8821	1.0000	0.8291	0.9365	0.7743

从浙江省平均的全要素生产率增长（ - 50.88% ）及其分解结果来看，技术效率、规模效率、混合效率均为负增长，说明城市在技术创新方面投入不足，同时规模不经济和范围不经济问题也日益凸显，从而导致了 TFP 的负增长。进一步深入分析可以发现，本书在进行 TFP 测算和分解过程中所采用的产出指标中包含了经济效益、社会效益和环境效益的综合效益，即综合效益。这可能是导致 TFP 增长为负值的深层次原因。如果只考虑经济效益指标进行评价，TFP 增长可能会比较理想，但是当加入了社会效益和环境效益指标以后，对经济、社会、环境综合效益进行评价所得到的 TFP 值比较低也就不难理解。这说明经过了多年的发展，城市的经济虽然取得了飞速的发展，但是同时也造成社会公共福利的分配不均和环境污染严重等现象，进而导致了城市综合效率的下降。因此，从提高土地利用综合效率的角度考虑，城市的发展应该是全方位的，应该努力实现经济、社会与环境的协调发展。

（3）各地区 TFP 的水平及其变化趋势。本书进一步分析不同城市 TFP 的水平及其发展趋势如图 5 - 4 所示（这里仅选择了杭州、宁波、温州、嘉兴、绍兴和义乌 6 个城市进行了比较）。从图 5 - 4 中可以看出，除了义乌市以外，其他城市的 TFP 水平总体均呈现下降的发展趋势。义乌市的 TFP 则呈现出了先降后升的 U 形变化趋势，总体而言，2011 年的 TFP（0.3030）要低于 1999 年（0.4108）。从横向来看，1999 年，义乌市的 TFP 值要明显高于其他城市，其他城市取值由高至低的顺序依次是温州（0.2980）、杭州（0.2931）、宁波

（0.2621）、绍兴（0.2604）和嘉兴（0.2046）。而到了2011年，TFP取值最高的仍然是义乌，其他城市取值由高至低的顺序则变化为宁波（0.1592）、杭州（0.1300）、绍兴（0.1168）、温州（0.0951）和嘉兴（0.0828）。这说明经过了十几年的发展，温州的TFP不增反降，并最终低于杭州、宁波和绍兴，说明温州的城市经济逐渐丧失了竞争优势，可以认为温州和嘉兴已经成为生产率低增长的城市，而义乌市仍旧保持了较高的生产率水平和竞争优势。

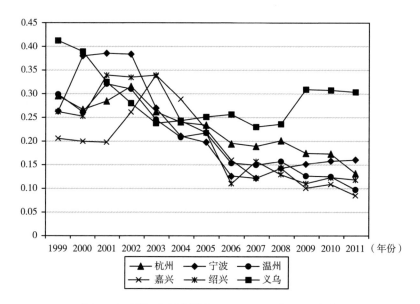

图5-4 浙江省部分城市1999~2011年TFP变化

同时，本书还列出了33个城市2011年的TFP水平，如表5-7所示。从表5-7中不难看出，2011年浙江省的大部分城市表现出了高技术效率，但是，同时表现出了较低的混合效率和规模效率，即存在规模不经济和范围不经济问题。从目前浙江省各城市的发展实际来看，中小企业仍然是城市经济发展的主力军，中小企业规模小而且分散、生产效率低下，不容易形成规模效应。同时，城市内部产业的雷同化和同质化问题突出，企业之间的无序竞争加剧了生产效率的恶化。理论上来讲，有效率的城市应该通过调整规模和产业结构来应对低效率。因此，现阶段城市的无序扩张和摊大饼式的发展模式并不能提高城市的运行效率和综合竞争力，而应该注重产业结构的优化调整和城市功能区的合理布局。

表 5 - 7　　　浙江省 2011 年地级市、县级市的 TFP、技术和效率水平

区域	*TFP*	*TFP*＊	TFP 效率 （*TFPE*）	面向投入 技术效率 （*ITE*）	面向投入 规模效率 （*ISE*）	面向投入 混合效率 （*IME*）	面向投入 残余规模 效率 （*RISE*）	残余混合 效率 （*RME*）
杭州	0.1300	0.3030	0.4292	0.7400	1.0000	0.7076	0.8196	0.5800
建德	0.1655	0.3030	0.5462	1.0000	1.0000	1.0000	0.5462	0.5462
富阳	0.1638	0.3030	0.5406	0.8790	1.0000	0.8090	0.7601	0.6149
临安	0.1626	0.3030	0.5366	1.0000	1.0000	0.7895	0.6797	0.5366
宁波	0.1592	0.3030	0.5256	0.7472	1.0000	0.8727	0.8061	0.7034
余姚	0.2352	0.3030	0.7765	1.0000	1.0000	0.8112	0.9572	0.7765
慈溪	0.1772	0.3030	0.5848	1.0000	1.0000	0.8454	0.6918	0.5848
奉化	0.1248	0.3030	0.4119	0.8613	1.0000	0.8870	0.5392	0.4783
温州	0.0951	0.3030	0.3141	0.6351	1.0000	0.9145	0.5407	0.4945
瑞安	0.1073	0.3030	0.3540	1.0000	1.0000	0.6744	0.5250	0.3540
乐清	0.2150	0.3030	0.7096	1.0000	1.0000	0.8711	0.8146	0.7096
嘉兴	0.0828	0.3030	0.2734	0.5303	1.0000	0.9170	0.5621	0.5155
海宁	0.1069	0.3030	0.3528	0.9533	1.0000	0.7222	0.5124	0.3701
平湖	0.0720	0.3030	0.2378	1.0000	1.0000	0.4749	0.5008	0.2378
桐乡	0.0981	0.3030	0.3237	0.7083	1.0000	0.9295	0.4916	0.4570
湖州	0.1800	0.3030	0.5943	0.7049	1.0000	0.9900	0.8516	0.8430
绍兴	0.1168	0.3030	0.3855	0.7131	1.0000	0.8044	0.6721	0.5406
诸暨	0.0943	0.3030	0.3113	0.8722	1.0000	0.5851	0.6101	0.3570
上虞	0.1127	0.3030	0.3720	0.9411	1.0000	0.5497	0.7192	0.3953
嵊州	0.1172	0.3030	0.3868	0.8585	1.0000	0.9038	0.4984	0.4505
金华	0.1131	0.3030	0.3733	0.7399	1.0000	0.7647	0.6597	0.5045
兰溪	0.1127	0.3030	0.3720	1.0000	1.0000	0.8193	0.4540	0.3720
义乌	0.3030	0.3030	1.0000	1.0000	1.0000	1.0000	1.0000	1.0000
东阳	0.1238	0.3030	0.4086	0.8966	1.0000	0.7782	0.5856	0.4557
永康	0.1652	0.3030	0.5454	1.0000	1.0000	1.0000	0.5454	0.5454
衢州	0.1436	0.3030	0.4740	0.6932	1.0000	0.9646	0.7088	0.6837
江山	0.1764	0.3030	0.5824	1.0000	1.0000	1.0000	0.5824	0.5824
舟山	0.1382	0.3030	0.4560	1.0000	1.0000	0.5088	0.8962	0.4560
台州	0.1365	0.3030	0.4504	0.8835	1.0000	0.6852	0.7440	0.5098

续表

区域	*TFP*	*TFP**	TFP 效率 (*TFPE*)	面向投入技术效率 (*ITE*)	面向投入规模效率 (*ISE*)	面向投入混合效率 (*IME*)	面向投入残余规模效率 (*RISE*)	残余混合效率 (*RME*)
温岭	0.2012	0.3030	0.6640	1.0000	1.0000	1.0000	0.6640	0.6640
临海	0.0900	0.3030	0.2969	0.7508	1.0000	0.7798	0.5072	0.3955
丽水	0.2057	0.3030	0.6790	1.0000	1.0000	1.0000	0.6790	0.6790
龙泉	0.1261	0.3030	0.4162	1.0000	1.0000	1.0000	0.4162	0.4162
平均	0.1440	0.3030	0.4753	0.8821	1.0000	0.8291	0.6528	0.5397

从横向比较分析来看，截至 2011 年底，TFP 水平最高的是义乌市（0.313），最低的是平湖市（0.072）。其中有 13 座城市的 TFP 值高于浙江省的平均水平（仅有宁波、湖州和丽水三个地级市入围），有 20 座城市低于浙江省的平均水平（其他 8 个地级市均低于平均水平）。地级市城市规模庞大、经济发展水平较高，但是却陷入了土地利用效率低下的悖论。如何提高土地综合利用效率和集约节约用地水平，是大城市城镇化进程中和产业发展中面临的一个重大的现实问题，需要顶层设计和统筹布局。

（4）TFP 增长的动力分析。为了进一步深入分析浙江省各城市 TFP 变化的内在动力，本书分别绘制了浙江省和义乌市 TFP 及其分解要素的变化趋势如图 5-5 和图 5-6 所示。从图 5-5 中可以看出，在研究期内，浙江省的平

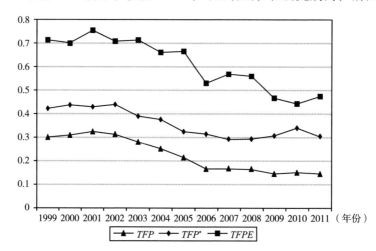

图 5-5　浙江省 TFP 及其分解要素的变动趋势

均 TFP 基本呈现出逐年递减的发展态势。TFP 的变动主要源于技术进步和综合效率的恶化。一方面，技术进步率的下降主导了 TFP 的变化，使得两者基本保持同步变动趋势；另一方面，综合效率的大幅下降使得技术进步无法完全转化为 TFP 的增长动力，这使得尽管技术进步在 2008 年之后有所提升，而 TFP 却不但没有提升反而进一步的恶化。

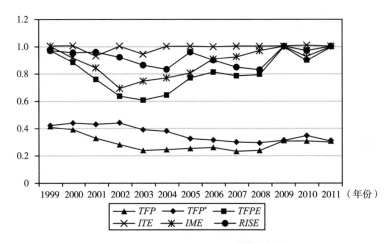

图 5 - 6　义乌市 TFP 及其分解要素的变化趋势

从图 5 - 6 可知，义乌市的 TFP 变化主要经历了两个主要的阶段：1999 ~ 2003 年生产率在综合效率大幅下降的作用下呈现出下降趋势；2003 ~ 2011 生产率则呈现出了上升趋势，中间有小幅波动。这说明综合效率的变化是义乌市生产率增长的主要源泉。而综合效率又是由技术效率、规模效率和混合效率共同作用的结果。这说明义乌市在经济发展中既注重技术创新的投入同时也注重积极引导中小企业做大做强，形成规模效益，注重引导不同类型的企业走专业化发展道路，从而带动整个产业的优化升级。

5.2.3　区域土地利用综合效率的收敛性检验

图 5 - 7 反映的是浙江省全省和浙东北、浙西南的平均 TFP 的变动趋势①。可

---

① 这里浙东北地区包括杭州、建德、富阳、临安、宁波、余姚、慈溪、奉化、嘉兴、海宁、平湖、桐乡、湖州、绍兴、诸暨、上虞、嵊州和舟山 18 个城市；浙西南地区包括温州、瑞安、乐清、金华、义乌、兰溪、东阳、永康、衢州、江山、台州、温岭、临海、丽水和龙泉 15 个城市。

以发现在 2005 年之前，浙东北地区比浙江全省和浙西南地区有更高的生产率，而 2005 年之后，浙西南地区的全要素生产率超过了全国和浙东北地区，浙东北地区的生产率变成了最低。但是地区间是否在全要素生产率方面存在收敛，还需要以各城市为单位进行收敛性检验。

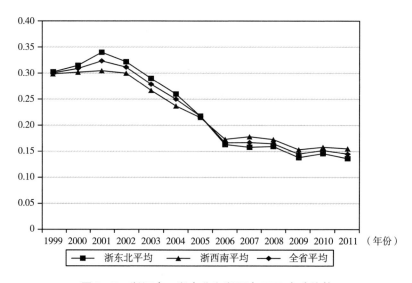

图 5 - 7　浙江省、浙东北和浙西南 TFP 变动趋势

收敛性理论具有完整的理论框架，并且已经积累了大量的实证研究的思路和经验。收敛性理论的一般机理主要是基于新古典增长理论的"条件收敛"假说、基于技术扩散理论的"技术赶超"假说和基于非线性增长理论的"俱乐部收敛"假说。基于不同的理论假说，在实证分析中则表现为不同的研究模型。而根据分析收敛性角度的不同，可以将其分为 σ 收敛、绝对 β 收敛和条件 β 收敛三类。σ 收敛可以比较直观地度量不同经济单位的经济发展差距。如果 $\sigma_{t+1} < \sigma_t$，则经济体存在 σ 收敛。σ 收敛可以用变异系数或者 σ 系数来衡量。两种测算指标的结果尽管会出现差异，但是当跨区域的人均收入服从对数正态或帕累托分布时，这两种测算的结论是一致的（刘黄金，2006）。如果变异系数或者 σ 系数随时间逐渐变小，则存在 σ 收敛，反之不存在 σ 收敛或发散；绝对 β 收敛是通过分析各样本指标是否都能达到完全相同的稳态增长速度和增长水平，主要是将考察期内的增长速度与各样本指标的初始状态进行对比而获得相关结论，使用的检验方程为 $\overline{g}_i = a + \beta \ln(y_{i,t}) + \varepsilon_{i,t}$，$\overline{g}_i$ 表示考察期内的平均增长率，$\ln(y_{i,t})$ 表示各地区的初始经济状态。

$\varepsilon_{i,t}$ 表示随机残差项，β 表示检验的收敛系数，如果方程回归结果出现 $\beta < 0$，则说明存在绝对 β 收敛；条件 β 收敛实际反映的是各地区是否能够达到自身的稳定发展状态（刘忠生、李东，2009）。目前比较通用的检验方法包括两种：一种是采用固定效应模型，另一种是在模型中加入一些控制变量以反映不同地区特征。一般认为后一种模型更适合条件 β 收敛检验，其基本表达式为：$\bar{g}_i = a + \beta \ln(y_{i,t-1}) + \varphi S_{i,t} + \varepsilon_{i,t}$，$S$ 表示其他控制变量，$\ln(y_{i,t-1})$ 表示滞后一期的经济或者收入水平。

本书将借鉴这些收敛性检验方法。σ 收敛通过计算变异系数和 σ 系数后仍然需要观察以判断是否收敛，当趋势不是很明显时判断可能出现偏差，因此，还需要通过 β 收敛进一步进行验证，而条件 β 收敛实际反映的是各地区是否能够达到自身的稳定发展状态。考虑到检验结果的有效性问题以及本书所关心的区域间 TFP 是否存在收敛，差距是否会逐渐缩小，本书仅进行绝对 β 收敛检验。相关的检验方程如式（5－16）。

$$\bar{g}_i = \ln(TFP_{i,t+T}/y_{i,t})/T = a - T^{-1}(1 - e^{-\xi T})\ln(TFP_{i,t}) + \varepsilon_{i,t} \quad (5-16)$$

其中，i 表示地区；$t + T$ 表示研究期末，本书为 2011 年；t 表示研究期初，本书为 1999 年。β 代表收敛速度。为了考察收敛速度 ξ，令 $\beta = -T^{-1}(1 - e^{-\xi T})$，则如果方程回归结果出现 $b < 0$，则说明时间段 T 内存在绝对 β 收敛。T 是考察期内期末与期初相隔的期数，本书 $T = 12$，收敛分析的结果如表 5－8 所示。表 5－8 的实证结果显示，浙江省范围和浙西南范围内，β 值均为负值且显著，说明 TFP 在浙江省和浙西南范围内呈现出了绝对 β 收敛，浙东北范围内 β 收敛取值为负担不显著，既不收敛也不发散。因此，总体上浙江省范围内各城市 TFP 1999～2011 年存在绝对收敛趋势，说明经过多年的发展，浙江省各城市之间的生产率差距在不断缩小。浙东北范围内各城市 TFP 不存在收敛趋势，说明浙东北范围内各城市之间的生产率差距在多年的发展中并未明显缩小，当然也未出现扩大趋势。这也说明，浙东北地区的落后城市的"追赶效应"并不明显，落后城市与发达城市之间的差距并没有被缩小。

表 5－8　　　　　浙江省各地区全要素生产率的收敛性检验结果

变量	浙江省	浙东北	浙西南
常数项	－ 0. 1285 ***	－ 0. 1169 ***	－ 0. 1283 ***
$\ln TFP_{i,t}$	－ 0. 0538 ***	－ 0. 0404	－ 0. 0578 **

变量	浙江省	浙东北	浙西南
调整的 R^2	0.2361	0.0704	0.3036
F 统计量	10.8877	2.2874	7.1027

5.2.4　小结

第一，综合考虑了经济、社会、环境效益所测算的 TFP 在 1999～2011 年下降了 50.88%，技术效率、规模效率、混合效率均为负增长，其中增长率最高的为义乌市（$\Delta TFP = 1.0334$），增长率最低的（负增长）为平湖市（$\Delta TFP = 0.2458$）。第二，截至 2011 年底，TFP 水平最高的是义乌市（0.313），最低的是平湖市（0.072）。其中有 13 座城市的 TFP 值高于浙江省的平均水平（仅有宁波、湖州和丽水三个地级市入围），有 20 座城市低于浙江省的平均水平（其他八个地级市均低于平均水平）。第三，浙江省的平均 TFP 基本呈现出逐年递减的发展态势。TFP 的变动主要源于技术进步和综合效率的恶化。一方面，技术进步率的下降主导了 TFP 的变化，使得两者基本保持同步变动趋势；另一方面，综合效率的大幅下降使得技术进步无法完全转化为 TFP 的增长动力，这使得尽管技术进步在 2008 年之后有所提升，而 TFP 不但没有提升反而进一步的恶化。第四，总体上 1999～2011 年浙江省范围内各城市 TFP 存在绝对收敛趋势。

第6章 土地集约利用评价及其影响因素研究

6.1 浙江县域土地集约利用水平评价

本节将以浙江省县域为对象对土地节约集约利用状况进行科学和系统评价。而制定科学的评价指标体系和有效的模型方法是评价土地节约集约利用的关键环节。

6.1.1 土地集约利用评价指标体系

本书从可持续利用以及集约利用的角度，构建以土地集约利用为目标层，以土地利用强度、土地投入水平、土地产出效益、土地可持续利用性为准则层的指标体系，再根据指标选取综合性、共性、科学可操作性、定性定量结合分析的原则选取若干15个指标对准则层进行进一步具体描述，以更全面科学地评价浙江县域土地集约利用水平（见表6-1）。本书研究的样本数据采用2003~2015年浙江22个县域的面板数据，模型中所采用的数据主要来自《中国城市建设统计年鉴》《浙江省统计年鉴》和浙江省各县域统计年鉴。

表6-1 浙江县域土地集约利用评价指标体系

目标层	准则层	指标层	指标含义	指标方向
土地集约利用	土地利用强度	人均建设用地面积	建成区建设用地面积/城区人口（m²/人）	负
		工业企业集聚度	规模以上企业数量/城区面积（个/km²）	正
		建成区人口密度	建成区人口/建成区面积（人/km²）	正

续表

目标层	准则层	指标层	指标含义	指标方向
土地集约利用	土地投入水平	地均固定资产投资	固定资产投入/城区面积（万元/km²）	正
		地均从业人员	从业人员数量/城区面积（人/km²）	正
		地均能源消耗	能源消耗/全市面积（t/hm²）	负
	土地产出效益	地均GDP	城区GDP/城区面积（万元/km²）	正
		地均社会消费品零售额	地均社会消费品零售额/城区面积（亿元/km²）	正
		人均道路面积	城区道路面积/城区人口（m²/人）	适度
		人均居住面积	城区住房面积/城区人口（m²/人）	适度
	土地可持续利用	地均污水排放量	污水排放量/城区面积（亿标m³//km²）	负
		污水处理率	污水处理率（%）	正
		地均环保投资	城区环保投入/城区面积（万元/km²）	正
		建成区绿地覆盖率	建成区绿化面积/建成区面积（%）	正
		人均公园绿地面积	公园绿地面积/建成区面积（m²/人）	正

6.1.2　土地集约利用评价模型

萨蒂（Satty T. L., 2001）提出网络层次分析法（ANP）是层次分析法（AHP）的扩展，是一种新的科学决策方法，主要针对决策问题结构具有依赖性和反馈性的情况。土地集约利用是一个多目标决策的过程，指标间存在相互影响，因此本书采用网络层次分析法（ANP）计算土地可持集约利用各评价指标所占的权重，计算权重首先需要进行现状分析建立网络模型（见图6-1），再设计调查问卷，咨询相关研究领域的专家，根据萨蒂1-9标度，将组间与组内有相互影响的评价指标进行两两比较打分，计算得出各判断矩阵的相对权重，进而建立加权超矩阵和极限超矩阵，计算过程如图6-2所示。经过ANP建模，本书借助Super Decisions软件计算了各指标权重，结果如表6-2所示。

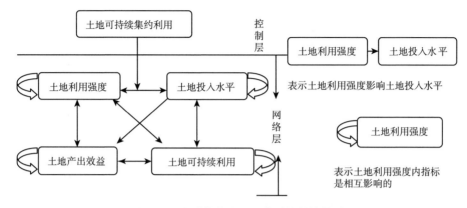

图 6 - 1　土地集约利用评价网络结构模型

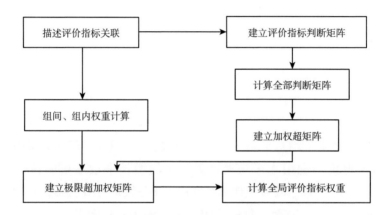

图 6 - 2　网络层次分析（ANP）计算流程

表 6 - 2　　　　　　　　浙江省县域土地集约利用评价指标权重值

目标层	准则层	权重	指标层	局部权重	全局权重
土地集约利用 P	土地利用强度 A	0.1460	人均建设用地面积 A1	0.1648	0.0241
			工业企业集聚度 A2	0.0293	0.0043
			建成区人口密度 A3	0.8058	0.1176
	土地投入水平 B	0.1809	地均固定资产投资 B1	0.1213	0.0219
			地均从业人员 B2	0.0535	0.0097
			地均能源消耗 B3	0.8252	0.1492
	土地产出效益 C	0.2743	地均 GDP C1	0.6017	0.1650
			地均社会消费品零售额 C2	0.3309	0.0907
			人均道路面积 C3	0.0181	0.0050
			人均居住面积 C4	0.049	0.0135

目标层	准则层	权重	指标层	局部权重	全局权重
土地集约利用 P	土地可持续利用 D	0.3991	地均污水排放量 D1	0.2141	0.0854
			污水处理率 D2	0.2873	0.1146
			地均环保投资 D3	0.2984	0.1191
			建成区绿地覆盖率 D4	0.1056	0.0421
			人均公园绿地面积 D5	0.0948	0.0378

6.1.3 浙江省县域土地集约利用时间趋势特征分析

由于土地集约利用评价是一个涉及多个因素的综合评价问题，受到多个指标因素的共同影响，本书先对各指标进行标准化处理，再利用线性加权综合评价方法测算土地集约利用水平。在研究过程中，本书将浙江县域划分为浙东、浙南、浙西、浙北①，从时间尺度上分析，浙江省各县域土地集约利用平均水平总体上呈现出持续上升的趋势，依据图 6-3 可以将 13 年间浙江县域土地集约利用平均水平划分为两个阶段：第一阶段（2003～2010 年），浙江县域土地集约利用水平快速上升，年均增长率达 4.63%；第二阶段（2011～2015 年），浙江县域土地集约利用水平呈缓慢上升状态，年均增长率为 1.89%。从区域上来看，浙东总体上呈缓慢增长的趋势，年均增长率为 1.78%，2003～2010 年总体水平高于浙江平均水平，而 2011 年后低于浙江平均水平，其中 2007 年和 2011 年出现两次下降的趋势，主要是因为此期间诸暨市和慈溪市因为城区面积增加，土地集约利用水平变化比较大，导致区域的总体水平也发生较大的变化。浙南 13 年间土地集约利用水平增加比较快，2007 年开始超过浙江的平均水平，其增长大致也可分为两个阶段：第一阶段（2003～2011 年），呈快速增长状态，年均增长率达 5.57%；第二阶段呈 U 形发展趋势，主要是因为 2012 年温岭的土地集约利用水平变化比较大，导致浙南区域总体水平的下降。浙西土地集约利用水平也是逐年缓慢增加，年均增长率为 3.52%，但是 13 年间土地集约利用水平一直低于浙江的平均

---

① 根据浙江行政划分，浙东包括诸暨、上虞、嵊州、余姚、慈溪、奉化；浙南包括瑞安、乐清、临海、温岭、龙泉；浙西包括兰溪、义乌、东阳、永康、江山；浙北包括建德、临安、富阳、平湖、海宁、桐乡。

水平。浙北土地集约利用水平增加最快，从 2003 年的倒数第一位跃升到
2015 年的第一位，年均增长率达 5.19%，总体上也是 2011 年前增长比较迅
速，2011 年以后缓慢增长。

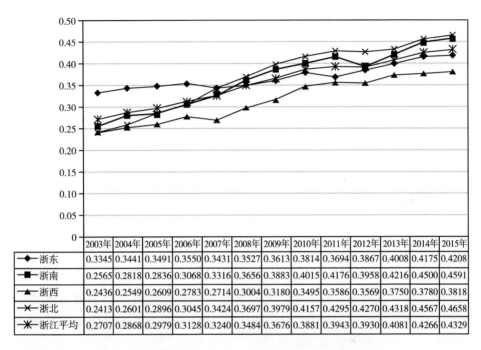

	2003年	2004年	2005年	2006年	2007年	2008年	2009年	2010年	2011年	2012年	2013年	2014年	2015年
浙东	0.3345	0.3441	0.3491	0.3550	0.3431	0.3527	0.3613	0.3814	0.3694	0.3867	0.4008	0.4175	0.4208
浙南	0.2565	0.2818	0.2836	0.3068	0.3316	0.3656	0.3883	0.4015	0.4176	0.3958	0.4216	0.4500	0.4591
浙西	0.2436	0.2549	0.2609	0.2783	0.2714	0.3004	0.3180	0.3495	0.3586	0.3569	0.3750	0.3780	0.3818
浙北	0.2413	0.2601	0.2896	0.3045	0.3424	0.3697	0.3979	0.4157	0.4295	0.4270	0.4318	0.4567	0.4658
浙江平均	0.2707	0.2868	0.2979	0.3128	0.3240	0.3484	0.3676	0.3881	0.3943	0.3930	0.4081	0.4266	0.4329

图 6 - 3　2003 ~ 2015 年浙江区域土地集约利用评价结果

6.2 产业结构演进与土地集约利用的
互动关系研究

6.2.1 土地利用结构与产业结构的演变特征分析

（1）杭州市土地利用结构变化的特征与趋势分析。土地利用结构是土地
用途管制政策的作用效果之一，因此，本书先分析杭州市土地利用结构的发
展态势和特点。土地利用结构这里用信息熵来测度，其计算公式为：

$$E = - \sum_{i=1}^{n} P_i \ln P_i \qquad (6-1)$$

其中，P_i 表示各类型土地占土地总面积的比重，即 $P_i = S_i/S$，S_i 表示第 i 种类型土地的面积，S 表示城市土地总面积，则有 $S = \sum_{i=1}^{n} S_i$。E 表示信息熵，用于反映城市土地利用结构的分异程度。该值越高，表明土地职能类型越多，各类用地越稳定（鲁春阳等，2012）。进一步引入土地利用均衡度指数，如下式所示：

$$J = - \sum_{i=1}^{n} P_i \ln P_i / \ln N \qquad (6-2)$$

其中，J 表示土地利用均衡度，是实际信息熵与最大信息熵之比，并有 $0 \leqslant J \leqslant 1$。$J$ 值越大说明城市土地利用均衡度越高。这里计算杭州市市区① 1998~2011 年城市土地利用结构的信息熵和均衡度指数（见表6-3）。由表6-3 可知，自从 1998 年以来，杭州市的居住用地、公共设施用地和道路广场用地占城市建设用地比重呈上升趋势。市政设施用地、工业用地、仓储用地和特殊用地所占比重呈下降趋势。对外交通用地在研究期内表现出轻微的波动性，总体变化不大。杭州市土地利用信息熵在研究期内呈现出轻微的下降趋势，均衡度值在研究期内呈现出"U"形变化趋势，总体有一定降幅。这说明杭州市区土地利用结构的分异程度在降低，土地利用结构稳定性在降低。

表6-3   **杭州市土地利用结构及信息熵和均衡度**

年份	居住用地（%）	公共设施用地（%）	工业用地（%）	仓储用地（%）	对外交通用地（%）	道路广场用地（%）	市政公用设施用地（%）	绿地（%）	特殊用地（%）	信息熵	均衡度
1998	21.40	11.38	18.45	2.32	5.75	13.07	6.62	14.29	6.70	2.05	0.93
1999	21.57	11.62	17.54	2.33	5.75	13.55	6.64	14.29	6.70	2.05	0.93
2000	21.79	11.90	18.16	2.27	5.56	13.51	6.71	13.70	6.39	2.04	0.93
2001	19.65	14.60	19.84	2.35	5.55	13.55	6.47	12.17	5.82	2.04	0.93

---

① 这里杭州市区包括上城区、下城区、拱墅区、滨江区、江干区、西湖区、萧山区和余杭区。

续表

年份	居住用地（%）	公共设施用地（%）	工业用地（%）	仓储用地（%）	对外交通用地（%）	道路广场用地（%）	市政公用设施用地（%）	绿地（%）	特殊用地（%）	信息熵	均衡度
2002	23.54	12.91	19.26	2.41	4.75	15.72	4.96	12.03	4.41	1.99	0.90
2003	23.68	11.29	18.69	2.13	4.18	14.42	4.39	18.12	3.10	1.95	0.89
2004	25.40	12.30	17.65	1.93	4.03	13.78	4.81	16.98	3.12	1.95	0.89
2005	25.86	11.14	17.86	1.84	3.81	14.59	4.58	17.47	2.85	1.93	0.88
2006	24.68	12.36	16.91	1.53	6.22	15.52	5.48	12.97	4.31	1.99	0.90
2007	25.98	12.57	15.83	1.50	6.16	16.11	5.42	12.54	3.89	1.98	0.90
2008	25.87	12.74	14.30	1.56	6.77	16.02	5.28	13.82	3.65	1.98	0.90
2009	25.18	12.92	13.72	1.55	7.14	15.16	5.54	15.79	3.00	1.98	0.90
2010	25.29	13.46	13.68	1.72	5.82	15.49	5.29	16.38	2.87	1.97	0.89
2011	25.57	13.45	13.66	1.64	5.88	15.94	5.10	16.11	2.66	1.96	0.89

注：2012 年城市建设用地分类发生变化，与 2011 年之前的数据不可比，因此，仅分析到 2011 年。

资料来源：摘自各年的《中国城市建设统计年鉴》。

（2）杭州产业结构的演变特征分析。产业结构的调整过程就是第一产业、第二产业、第三产业占总产值的比重不断变化的过程。通过对杭州全市历年国内生产总值及其构成的变化情况，我们得到杭州全市的产业结构调整趋势如图 6-4 所示。从图 6-4 不难发现，自 1978 年以来，杭州市第二产业产值的比重在不断下降，由 1978 年的 59.62% 下降到 2013 年的 43.89%，下降了将近 16 个百分点。第一产业产值比重也呈现出了下降趋势，由 1978 年的 22.31% 下降到 2013 年的 3.18%，下降幅度达到了 19.13%。而第三产业产值比重则出现了显著的上升趋势，由 1978 年的 18.07% 上升到 2013 年的 52.93%，上升幅度很大。从杭州市产业结构的变化趋势可以看出，随着时间的推移，杭州市作为一个省会城市，其经济发展方式和产业结构正在发生着巨大的变化，正在经历着从传统制造业为主体向服务业、旅游业和文化创意产业等第三产业为主导产业的转型升级过程。第三产业所占比重从 2009 年开始就超过了第二产业，并且二者之间的差距呈现出了扩大的趋势。"退二进三"的发展模式极大地提高了杭州市的经济效益和环境生态效益，并吸引了大量的劳动力人口的转移和就业。

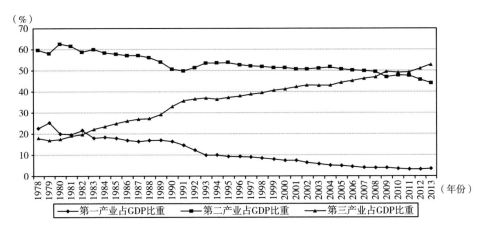

图 6-4　杭州全市产业结构动态变化情况

　　从 2013 年的情况来看，尽管杭州全市的第三产业占 GDP 的比重已经超过了 50%，但是，从各区、县和市的表现来看，除了主城区①以外，其他区、县和市的第三产业占 GDP 的比重均低于 50%。这些地区中，萧山区、桐庐县、建德市、富阳市和临安市第二产业占 GDP 的比重超过了 50%，说明这些区域的经济增长仍然以工业和制造业为主，服务业等第三产业的发展相对滞后。淳安县和建德市的第一产业占 GDP 的比重超过了 10%，说明这两个地区的仍然保存了大量的农业用地，这能够在一定程度上缓解主城区对蔬菜、水果和粮食作物等的需求（见表 6-4）。

表 6-4　　　　　　　　　2013 年杭州市各区、县、市产业结构状况　　　　　　　单位：%

区域	第一产业占 GDP 比重	第二产业占 GDP 比重	第三产业占 GDP 比重
全市	3.18	43.89	52.93
主城区	0.21	32.93	66.87
萧山区	3.59	58.06	38.35
余杭区	5.02	46.60	48.39
桐庐县	7.50	57.66	34.84
淳安县	16.54	40.98	42.49
建德市	10.08	54.83	35.09
富阳市	6.65	56.72	36.62
临安市	8.69	55.08	36.22

　　资料来源：摘自《杭州市统计年鉴》（2014）。

---

　　①　这里主城区指西湖区、滨江区、上城区、下城区、江干区和拱墅区。

　　为进一步深入分析杭州市产业结构的现状和特征，这里借鉴佩洛夫（Perloff, 1957）的研究思路，从构成效应和竞争效应两个层面来分析杭州市的产业结构状况。其中，产业结构构成效应用 *MIX* 表示，用来衡量产业间比例关系的长期变化趋势，即以产业结构协调化和高度化为主要内容的产业结构优化趋势，其测算方法为：

$$MIX = \sum_{i=1}^{n} \frac{E_{iA}^{t-1}}{E_A^{t-1}} \left(\frac{E_{iC}^t}{E_{iC}^{t-1}} - \frac{E_C^t}{E_C^{t-1}} \right) \tag{6-3}$$

其中，*E* 表示各产业生产总值；*i* 表示各产业；*r* 和 *n* 分别表示杭州各区、县、市和全市；括号中的公式表示从 *t* − 1 期到 *t* 期杭州全市层面上第 *i* 个产业产值增长率与全市国内生产总值增长率的差额。如果某产业在全市产业结构中具有较为显著的增长趋势，并且在区域总体经济结构中占有重要地位，则可以认为该区域的经济增长中具有构成效应。

　　产业结构竞争效应用 *DIF* 表示，用来衡量各地区充分利用当地资源发展自己优势产业的能力，其测算方法为：

$$DIF = \sum_{i=1}^{n} \frac{E_{iA}^{t-1}}{E_A^{t-1}} \left(\frac{E_{iA}^t}{E_{iA}^{t-1}} - \frac{E_{iC}^t}{E_{iC}^{t-1}} \right) \tag{6-4}$$

其中，各参数的含义与式（6 − 3）相同，式（6 − 4）括号中的公式表示从 *t* − 1 期到 *t* 期区域层面第 *i* 产业增长率与同类产业的全市平均增长率的差异。如果一区域中某产业与该产业的全市水平相比具有更高的增长率，且在区域经济结构中占有重要地位，则说明该区域的经济增长中具有产业竞争效应。根据式（6 − 3）和式（6 − 4），采用 2000 ~ 2013 年杭州市主城区、萧山区、余杭区、桐庐县、淳安县、建德市、富阳市和临安市八个市、区、县（以下简称八区）按照三次产业划分的产值来测算 2001 ~ 2013 年八区产业结构的构成效应和竞争效应，所得结果分别如图 6 − 5 和图 6 − 6 所示。由图 6 − 5 可知，杭州市八区的产业结构构成效应指数普遍较低，除了主城区以外，杭州市其他区、县、市的构成效应均为负值。从变化趋势来看，杭州八区的构成效应指数呈现出了波峰波谷式的变动，且变化幅度较大，表明杭州八区三次产业间比例关系严重偏离全市平均水平，比例失衡现象突出。

　　从竞争效应指数的测算结果来看，除萧山区部分年份变化较大以外，杭州市各区域的竞争效应指数均呈现出相对平稳的变化趋势，并且各区域之间的竞争效应指数差距不大，表明杭州市各区域之间的竞争优势不明显，区域之间产业同质化现象突出，缺乏差异性（见图6-6）。

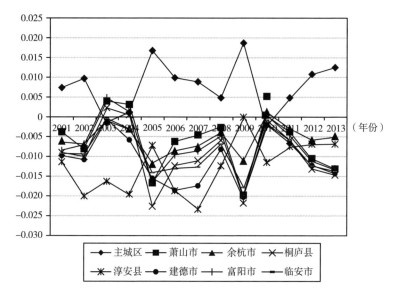

图6-5　杭州市八区2001～2013年MIX变化情况

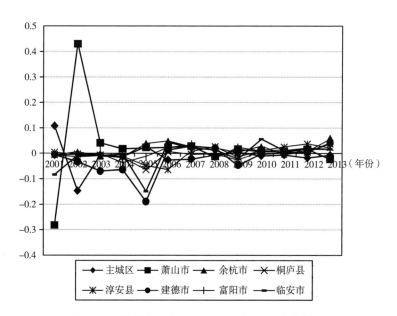

图6-6　杭州市八区2001～2013年DIF变化情况

为了进一步分析杭州市八区之间产业结构的趋同性状况，这里进一步测算了 Hoover 地方化系数[①] 和 Krugman 产业结构趋同度指数[②]。其中，Hoover 地方化系数（L_{ij}）用该地区第二产业占 GDP 的比重与杭州全市第二产业占全市 GDP 的比重之比来衡量，该值越大，说明该地区第二产业的集中度越高。Krugman 产业结构趋同度指数（C_{ij}）用该地区第二产业占 GDP 的比重减去全市第二产业占全市 GDP 的比重得到差值的绝对值来度量。该指数越高，说明该地区产业结构与全市的差异化程度越高，趋同度越低。L_{ij} 和 C_{ij} 表达式如下：

$$L_{ij} = \frac{OUTPUT_{i2j}}{OUTPUT_{ij}} \bigg/ \frac{OUTPUT_{2j}}{OUTPUT_j} \ , C_{ij} = \left| \frac{OUTPUT_{2j}}{OUTPUT_j} - \frac{OUTPUT_{i2j}}{OUTPUT_{ij}} \right| \qquad (6-5)$$

其中，i 表示地区，j 表示时期，2 表示第二产业，$OUTPUT$ 表示 GDP。由此得到杭州市八区的地方化系数和产业结构趋同性指数如图 6 - 7 和图 6 - 8 所示。从图 6 - 7 不难看出，除了主城区和淳安县以外，其他市、区、县的地方化系数值均大于 1，这说明这些地区第二产业的集中度高于全市水平，而主城区和淳安县第二产业的集中度则低于全市水平。杭州市自推行"退二进三"的产业转型升级政策以来，已经逐步将主城区的第二产业或者向产业园区集中，或者将其转移到周边的市、区、县，其第二产业的集中度较低就不难理解。淳安县相对于其他市、区、县，一方面，农业占比较高；另一方面，淳安县的第三产业发展迅猛，尤其是以千岛湖为标志的旅游业的快速发展，带动了相关服务业发展，导致了第二产业集中度相对较低。从发展趋势来看，除主城区以外，其他市、区、县的地方化系数均呈现出了不同程度的上升趋势。其中，主城区的系数值由 2000 年的 0.902 下降到 2013 年的 0.7502，下降幅度较大。说明主城区的第二产业在不断减少，这与实际相吻合。上升趋势较为明显的是萧山区和淳安县，分别由 2000 年的 1.082 和 0.7466 增长到 2013 年的 1.3229 和 0.9336，增长幅度较大。

从图 6 - 8 中可以看出，总体处于上升趋势的有萧山、主城区、桐庐、建德、富阳和临安。其中，主城区和萧山区的产业结构趋同性指数增幅较大，

---

①　Chong-En Bai, Yingjuan Du, Zhigang Tao, etc. Local protectionism and regional specialization: evidence from China's industries，Journal of International Economics，2004，63（2）：397 – 417.

②　保建云，区域发展差距——地方保护主义与市场一体化发展：基于区域非均衡发展转型大国的理论模型与实证分析 [J]. 财贸经济，2008（8）：106 – 112.

分别由 2000 年的 0.0503 和 0.0421 上升到 2013 年的 0.1096 和 0.1417。总体处于下降趋势的是淳安县和余杭区，其中，淳安县的趋同性指数呈现出了倒 U 形发展轨迹，总体由 2000 年的 0.1300 下降到 2013 年的 0.0291，下降幅度较大。余杭区的趋同性指数在研究期内表现出了一定的波动性，总体呈现轻微的下降趋势，由 2000 年的 0.0297 下降到 2013 年的 0.0271。

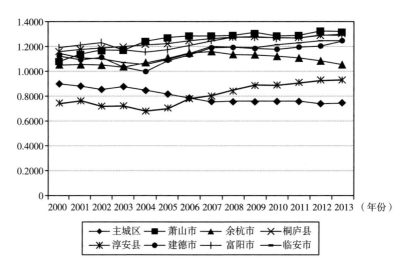

图 6 - 7　杭州市八区 2000 ~ 2013 年 Hoover 地方化系数变化情况

（3）杭州市产业用地比较优势的区域差异分析。为了进一步分析杭州市八区土地利用的比较优势，本书对杭州市八区土地在第一和第二、三产业的利用效率差异进行分析，从而得到不同区域的产业比较优势。本书借鉴顾湘等（2009）的思路，其计算公式如下：

$$EALI_i = ALP_i/ALP \qquad (6-6)$$

其中，$EALI_i$ 表示 i 市、区第一产业用地效率优势指数，ALP_i 表示 i 市、区第一产业地均产值，ALP 表示杭州全市第一产业地均产值；i 为杭州八个市、区（下同）。$EALI_i > 1$，表示与全市平均水平相比 i 市、区第一产业用地具有利用效率优势，该值越大，意味着第一产业用地效率优势越显著；$EALI_i < 1$，则相反。

$$ENLI_i = NLP_i/NLP \qquad (6-7)$$

其中，$ENLI_i$ 表示 i 市、区第二和第三产业用地效率优势指数，NLP_i 表示 i 市、区第二和第三产业地均产值，NLP 表示杭州全市第二和第三产业地均产值。

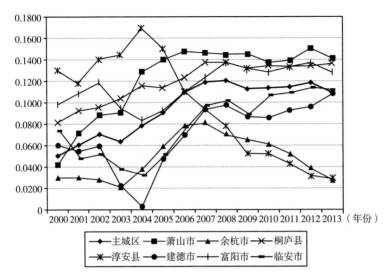

**图 6 - 8 杭州市八区 2000 ~ 2013 年 Krugman 产业结构
趋同化指数变化情况**

$ENLI_i > 1$，表示 i 市、区第二、三产业用地具有利用效率优势；$ENLI_i < 1$，则相反。

$$ELI_i = ENLI_i / EALI_i \qquad (6-8)$$

其中，ELI_i 表示 i 市、区第二、三产业用地相对于第一产业的比较优势指数，$ELI_i > 1$ 表示 i 市、区第二、三产业用地相对该市、区第一产业用地具有比较优势，$ELI_i < 1$，则相反。这里根据土地利用分类标准，将杭州市土地划分为农用地、建设用地和未利用地三类。这里用农用地衡量第一产业用地，用建设用地衡量第二、三产业用地。

2013 年杭州市八区之间存在明显的区域差异（见表 6 - 5）。其中，$EALI_i$ 值大于 1 的区域有主城区、萧山区、余杭区和富阳市。说明杭州有一半的区域第一产业用地效率与全市水平相比具有比较优势；$ENLI_i$ 值超过 1 的区域有主城区和萧山区，说明在杭州仅有 1/4 的区域中第二、三产业的用地效率与全市水平相比有比较优势。但有 3/4 的区域用地粗放，效率较低。主城区和萧山区的用地效率优势指数值大于 1，其第二、三产业产值占全市 GDP 的 67.57%，经济发展与土地资源紧缺矛盾突出。其他五县市的用地优势指数值小于 1，说明这些地区建设用地利用效率较低。随着杭州城市建设的推进（如富阳市已于 2015 年划入杭州市区范围，改为富阳区），以及产业梯度转移，五县市的产业发展空间较大，土地集约利用水平将不断提高。从八区产业用地利用比较优势的结果来看，比较优势突出的区域有主城区和临安市，说明杭州主城区和临安市第二、三产业用地相对于第一产业用地具有生产效率方面的优势。

表 6 - 5　　　　　　　　　2013 年杭州八区土地利用效率与比较优势

地区	$EALI_i$	$ENLI_i$	ELI_i
主城区	2.0048	2.7042	1.3488
萧山区	3.6307	1.1579	0.3189
余杭区	2.8264	0.9136	0.3232
桐庐县	0.6594	0.5753	0.8724
淳安县	0.3990	0.0695	0.1741
建德市	0.6883	0.5085	0.7388
富阳市	1.2672	0.8055	0.6357
临安市	0.6475	0.6693	1.0337
均值	1.5154	0.9255	0.6807

6.2.2　杭州市土地集约利用与产业结构演进的耦合关系检验

（1）耦合度和耦合协调度模型。借鉴物理学中耦合的概念，土地集约利用与产业结构演进之间的耦合关系可以解释为两者相互作用、相互影响的非线性关系的总和。设变量 u_i（$i = 1, 2, \cdots, m$）是"土地集约利用—产业结构演进"系统序参量，可得到多个系统的相互作用耦合度模型：

$$C_n = \left\{ (u_1, u_2, \cdots, u_m) \Big/ \prod (u_i + u_j) \right\}^{1/n} \tag{6-9}$$

其中，n 取 2。C_n 表示耦合度值，其取值范围为 $C \in [0, 1]$。进一步采用协调度模型来判断二者交互耦合的协调程度，公式为：

$$\begin{cases} D = (C \times T)^\varepsilon \\ T = aU_1 + bU_2 \end{cases} \tag{6-10}$$

其中，D 表示耦合协调度；C 表示耦合度；T 表示两者的综合调和指数，它反映了两者的整体协调效应；U_1 和 U_2 分别表示土地集约利用系统与产业结构演进系统的发展水平；ε、a、b 为待定参数，ε 在实际应用中一般取 0.5，a、

b 的取值取决于两者的相对重要程度。显然土地集约利用不是产业结构演进的唯一动力，因此，本书选取 $a=0.6$，$b=0.4$。耦合协调度的取值范围也为 $D∈[0，1]$。

（2）评价指标体系和权重的确定。根据两者互动机理构建评价指标体系。其中，土地集约利用政策从土地投入强度、土地利用结构、土地利用效率和土地利用强度四个维度选取。这里用地均固定资产投资和地均房地产开发投资来衡量土地投入强度；用农用地比重、建设用地比重、未利用地比重和土地利用均衡度来衡量土地利用结构；用第一产业用地效率优势指数、第二、三产业效率优势指数和第二、三产业用地相对于第一产业的比较优势指数来衡量土地利用效率；用人口密度和人均城镇建设用地面积来衡量土地利用强度。产业结构演进从产业结构比重、产业结构升级、产业技术创新和产业空间布局四个维度选取。其中，产业结构比重分别用第一产业、第二产业和第三产业产值占 GDP 的比重来衡量；产业结构升级用产业结构构成效应来度量，即产业间比例关系的长期变化趋势；产业技术创新用产业结构竞争效应来度量，即各地区充分利用当地资源发展自己优势产业的能力；产业空间布局用 Hoover 地方化系数和 Krugman 产业结构趋同度指数来度量。其中，Hoover 地方化系数用该评价单元第二产业产值占 GDP 的比重与杭州全市取值之比衡量。该值越大，说明该评价单元第二产业集中度越高；Krugman 产业结构趋同度指数用该评价单元第二产业产值占 GDP 的比重减去全市取值得到差值的绝对值来度量。该值越高，说明该评价单元产业结构与全市的差异化程度越高。数据摘自 2013 年《杭州市统计年鉴》和杭州市各评价单元的土地利用变更调查数据。

这里采用熵值法确定指标的权重，由于熵值法中需要取对数，因此不能出现负数和零值。由于评价指标中出现大量的负值和零值，因此需要进行非负化处理，将数据进行平移，将所有指标同时加上 1，然后用加 1 以后的新指标进行权重的求解。同时对地均固定资产投资、地均房地产开发投资、人口密度和人均城镇建设用地面积四项指标采用区间标准化方法进行了无量纲化处理。最终确定的指标体系与权重的数值如表 6 - 6 所示。

（3）实证结果分析。本书采用 2013 年杭州市各评价单元的数据对土地集约利用与产业结构演进之间的耦合协调性进行实证测度。由此，我们得到杭州市各评价单元的土地集约利用系统序参量（U_1）、产业结构演进序参量（U_2）、耦合度（C）和协调度（D）如表 6 - 7 所示。

表 6 - 6   **土地集约利用与产业结构演进耦合度评价指标体系**

子系统	评价指标	符号	权重
土地集约利用	A—土地投入强度		
	A₁—地均固定资产投资	X_1	0.09060
	A₂—地均房地产开发投资	X_2	0.09058
	B—土地利用结构		
	B₁—农用地比重	X_3	0.09046
	B₂—建设用地比重	X_4	0.09071
	B₃—未利用地比重	X_5	0.09036
	B₄—土地利用均衡度	X_6	0.09042
	C—土地利用效率		
	C₁—第一产业用地效率优势指数	X_7	0.09247
	C₂—第二、三产业用地效率优势指数	X_8	0.09180
	C₃—第二、三产业用地相对于第一产业的比较优势指数	X_9	0.09080
	D—土地利用强度		
	D₁—人口密度	X_{10}	0.09096
	D₂—人均城镇建设用地面积	X_{11}	0.09083
产业结构演进	L—产业结构比重		
	L₁—第一产业产值占 GDP 比重	Y_1	0.14284
	L₂—第二产业产值占 GDP 比重	Y_2	0.14287
	L₃—第三产业产值占 GDP 的比重	Y_3	0.14290
	M—产业结构升级		
	M₁—产业结构构成效应	Y_4	0.14281
	N—产业技术创新		
	N₁—产业结构竞争效应	Y_5	0.14281
	O—产业空间布局		
	O₁—Krugman 产业结构趋同度指数	Y_6	0.14282
	O₂—Hoover 地方化系数	Y_7	0.14295

表 6 – 7 土地集约利用与产业结构演进耦合度与协调度

区域	2013 年				耦合阶段	耦合协调程度
	U_1	U_2	C	D		
主城区	0.7988	0.2664	0.8662	0.7123	高水平耦合	中级协调
萧山区	0.6467	0.3466	0.9533	0.7086	高水平耦合	中级协调
余杭区	0.5596	0.3056	0.9559	0.6617	高水平耦合	初级协调
桐庐县	0.3413	0.3515	0.9999	0.5876	高水平耦合	勉强协调
淳安县	0.1923	0.2827	0.9817	0.4736	高水平耦合	濒临失调
建德市	0.3217	0.3410	0.9996	0.5738	高水平耦合	勉强协调
富阳区	0.4032	0.3438	0.9968	0.6150	高水平耦合	初级协调
临安市	0.3523	0.3388	0.9998	0.5889	高水平耦合	勉强协调

根据范建双、虞晓芬（2012）对耦合协调度取值的划分标准，2013 年杭州市各评价单元全部处于高水平耦合阶段。同时，耦合协调度方面存在明显的区域差异。根据实证结果可以划分为如下类型：第一类是濒临失调（0.40 < D < 0.49）地区，仅有淳安县。淳安县近年来产业结构也在不到调整和升级，但是其第一产业产值在所有评价单元中所占比重仍然是最高的，尽管其第二、三产业产值已经超过了第一产业，但是农用地面积比重与 2006 年相比略有增加，而建设用地比重不升反降。说明淳安县处于第一产业为主的阶段，其区位相对于主城区缺乏竞争优势，招商引资困难，土地利用相对粗放，土地集约利用与产业结构演进之间处于磨合阶段，并且不稳定；第二类是勉强协调（0.50 < D < 0.59）地区，包括桐庐县、建德市和临安市，这三个区域产业体系正不断形成，处于第一产业比重下降，第二、三产业比重上升的阶段。表现为农用地减少和建设用地的迅速增加。这三个地区农用地比重与 2006 年相比虽然变化不大，而建设用地比重则有大幅度增长，增幅分别达到了 37.84%、15.62% 和 21.12%。农用地内部则表现为耕地由种植粮食作物向种植效益高的经济作物转变。第二、三产业内部的用地竞争则表现为空间分布上的"退二进三"。这些区域土地集约利用与产业结构演进处于磨合阶段并呈现出协调的迹象；第三类是初级协调（0.60 < D < 0.69）地区，包括余杭和富阳，这两个区域产业结构在不断调整和升级，尤其是富阳区近年来不断淘汰落后产能，加强对工业园区用地的统一规划和管理，产业结构和土地集约利用之间关系在不断改善并趋于稳定；第四类是中级协调（0.70 < D < 0.79）地区，包括主城区和萧山区，这两个区域基础设施相对完善，人口和

产业集聚对建设用地产生大量需求，处于第三产业迅速上升，第一产业比重水平很低的阶段。2013 年主城区第三产业产值比重已经超过了第二产业。两个区域土地利用变化的特点是农用地迅速减少，其中主城区的农用地与 2006 年相比减少了 31%，萧山区减少了 8.92%。与此同时，2013 年建设用地与 2006 年相比增长了幅度均超过了 35%。这促使政府更加注重土地集约利用，土地集约利用与产业结构演进关系较为协调。

（4）遴选耦合效应中的主要影响因素。本书采用灰色关联度方法进一步遴选出土地集约利用与产业结构演进相互作用的最主要因素，构成系统评价的指标体系，从二者的评价指标入手，构建如下关联度模型：

$$\gamma_i(j) = \frac{\min\limits_{i}\min\limits_{j} \left| Z_i^X - Z_j^Y \right| + \zeta \max\limits_{i}\max\limits_{j} \left| Z_i^X - Z_j^Y \right|}{\left| Z_i^X - Z_j^Y \right| + \zeta \max\limits_{i}\max\limits_{j} \left| Z_i^X - Z_j^Y \right|} \quad (6-11)$$

$$\gamma_{ij} = \frac{1}{n} \sum_{j=1}^{n} \gamma_i(j) \quad (i=1,2,\cdots,s; j=1,2,\cdots,m) \quad (6-12)$$

其中，Z_i^X 和 Z_j^Y 分别是各评价单元土地集约利用与产业结构演进评价指标的标准化值。ζ 为分辨系数，一般取值 0.5。γ_{ij} 称为两类指标之间的灰色关联度。n 为样本数量。同时，可以根据求得的 γ_{ij} 值得到一个 $s \times m$ 的灰色关联矩阵：

$$[\gamma] = \begin{bmatrix} \gamma_{11} & \gamma_{12} & \cdots & \gamma_{1s} \\ \gamma_{21} & \gamma_{22} & \cdots & \gamma_{2s} \\ \vdots & \vdots & & \vdots \\ \gamma_{m1} & \gamma_{m2} & \cdots & \gamma_{ms} \end{bmatrix} \quad (6-13)$$

通过比较各关联度 γ_{ij} 的大小可以分析出土地集约利用系统中哪些因素与产业结构演进的关系密切，哪些对产业结构演进的贡献不大。若 $\gamma_{ij}=1$，则说明土地集约利用系统的某一指标 Z_i^X 与产业结构演进指标 Z_j^Y 之间关联性强，并且 Z_i^X 和 Z_j^Y 的变化规律完全相同。如果 $0<\gamma_{ij}<1$，则说明 Z_i^X 和 Z_j^Y 之间存在关联，并且 γ_{ij} 取值越大，两者关联性越强，反之亦然。在灰色关联矩阵的基础上分别按照行或者列求其平均值，分别得到式（6-14），这样可以根据其取值大小及其对应值域范围分别遴选出前者对后者的最主要的影响因素和后者对前者的最主要制约因素。

$$\begin{cases} \gamma_i = \dfrac{1}{m}\sum_{j=1}^{m}\gamma_{ij} & (i=1,2,\cdots,s;j=1,2,\cdots,m) \\[3mm] \gamma_j = \dfrac{1}{s}\sum_{i=1}^{s}\gamma_{ij} & (i=1,2,\cdots,s;j=1,2,\cdots,m) \end{cases} \qquad (6-14)$$

采用邓氏灰色关联方法，计算出两者的关联矩阵如表 6 - 8 所示。在土地集约利用指标中，城镇人均建设用地、未利用地比重和土地利用均衡度对产业结构演进的影响最为显著，比较优势指数、建设用地比重、农用地比重、地均固定资产投资、第一产业用地效率优势指数、人口密度和第二、三产业用地效率优势指数对产业结构演进的影响依次次之。城镇人均建设用地、未利用地比重和土地利用均衡度对产业结构演进起到了显著的胁迫作用。因此，城镇人均建设用地、未利用地比重和土地利用均衡度是影响产业结构演进的主要因素。在产业结构演进指标体系中，第三产业产值比重对土地集约利用的影响最显著，两者的关联强度达到了 0.80。第三产业产值比重对建设用地比重和地均房地产开发投资的约束和限制作用最大。因此，当某个地区第三产业产值比重达到一定标准时，该地区具有较强的集聚效应和辐射效应，这势必增加对建设用地的需求和房地产投资需求，从而提高建设用地利用效率和土地投入强度，促进土地集约利用；反之，则无法产生集聚效应，最终导致建设用地低效利用，从而降低土地集约利用的效果。另外是产业结构构成效应对土地集约利用的影响较高，这说明一个地区的产业结构协调化和高度化程度的大小往往决定了该地区各产业用地集约利用和管理水平的高低，从产业结构构成效应（Y_4）所在列可以看出，其与体现土地集约利用效果的未利用地比重和土地利用均衡度指标的关联度最高。地方化系数指标对土地集约利用的影响最低，其平均关联度仅为 0.67，这表明一个地区第二产业集中度的高低对土地集约利用的影响作用较小。

表 6 - 8　　　　　　　　　土地集约利用与产业结构演进的关联矩阵

指标	Y_1	Y_2	Y_3	Y_4	Y_5	Y_6	Y_7	平均值
X_1	0.6888	0.6653	0.8875	0.7571	0.7179	0.7488	0.6147	0.7257
X_2	0.7068	0.6804	0.9356	0.7857	0.7399	0.7754	0.6245	0.7498
X_3	0.7670	0.8008	0.5899	0.6797	0.7226	0.6893	0.8750	0.7320
X_4	0.7196	0.6965	0.9083	0.7893	0.7504	0.7817	0.6462	0.7560

续表

指标	Y_1	Y_2	Y_3	Y_4	Y_5	Y_6	Y_7	平均值
X_5	0.8122	0.7750	0.8527	0.9309	0.8571	0.9145	0.6960	0.8341
X_6	0.7953	0.7594	0.8987	0.8712	0.8299	0.8524	0.6879	0.8135
X_7	0.6778	0.6742	0.7335	0.7111	0.6917	0.7125	0.6288	0.6899
X_8	0.6037	0.5926	0.6949	0.6383	0.6159	0.6325	0.5624	0.6200
X_9	0.7458	0.7168	0.8441	0.8094	0.7781	0.8035	0.6612	0.7656
X_{10}	0.6248	0.6079	0.7520	0.6705	0.6460	0.6656	0.5740	0.6487
X_{11}	0.9165	0.8984	0.7539	0.8448	0.8867	0.8572	0.8245	0.8546
平均值	0.7326	0.7152	0.8046	0.7716	0.7487	0.7667	0.6723	—

6.2.3 小结

本书从土地具有生产要素与产业组织、制度载体双重属性出发,将土地集约利用与产业结构调整结合起来,从宏观统计规律和微观作用机理两个层面对土地集约利用与产业结构调整的互动关系进行系统研究。发现杭州市区土地利用结构的稳定性略有下降,杭州全市的产业结构正在经历着从传统以制造业为主体向以服务业、旅游业和文化创意产业等第三产业为主导产业的转型升级过程。杭州八区的构成效应指数偏低并且呈现出了波峰波谷式的变动,且变化幅度较大,杭州八区三次产业间比例关系严重偏离全市平均水平,比例失衡现象突出。杭州市八区之间的竞争效应指数差距不大,竞争优势不明显,区域之间产业同质化现象突出。杭州八区中有一半的第一产业用地效率与全市水平相比具有比较优势,有1/4区域第二、三产业的用地效率有比较优势,主城区和临安市第二、三产业用地相对于第一产业用地具有生产效率方面的优势。两者的耦合程度较高而耦合协调度较低。约束土地集约利用效果的主要因素是第三产业产值比重。对于土地集约政策的启示在于以下几点。

第一,从土地资源可持续利用和产业结构优化升级的要求出发,我国的土地集约利用制度应该以保护耕地为核心,实现土地由粗放型利用向集约型转变的同时,也对产业规模、结构和布局产生影响,最终实现经济宏观调控目标的过程。应该围绕着"社会、经济、生态"综合效益最优化建立土地集约利用的多维度的评价指标体系。

第二,土地集约应该建立在强有力的法律支撑体系的基础上,并积极采用金融、税收等各种诱导性政策来辅助土地集约利用政策的实施。并且在利益分配、规划和管制方面制定相应的机制。

第三，土地集约利用是产业结构转型升级的历史选择，是解决"市场失灵"的土地制度。应该将对土地集约利用体系的战略定位和基于战略性、前瞻性视角的长远规划和政策设计进行系统研究。这些研究必须经过充分的事前调研（包括对利益相关者意愿的调查研究）、科学的预测、政策模拟试验与政策设计、政策试点选择与实施效果评价、跟踪调查与反馈、政策校正等多个环节。

6.3 违法用地、土地市场化改革对土地集约利用的影响

改革开放以来，我国土地资源配置呈现出渐进式市场化改革特征。然而，随着土地市场化进程的推进，土地作为生产要素的价值逐渐体现，在经济利益驱动下和建设用地指标的约束下，各参与主体通过违法用地谋取暴利的问题不断凸显。2015 全年发现违法用地 8.9 万件，较 2014 年同期上升了 9.8%。土地市场化改革的目标就是要利用市场机制来配置土地资源，实现土地的节约集约利用，将稀缺的土地资源"用在刀刃上"。但是，由此而引发的大量土地违法现象显然不利于土地的可持续集约利用。在此背景下，研究违法用地对土地集约利用水平的影响机制及效应具有重要的理论价值和现实意义。因此，本书将深入探讨违法用地以及违法用地与土地市场化的交互作用对土地集约利用的影响。

6.3.1 模型设定与数据说明

（1）土地集约利用水平测度模型。土地集约利用水平的评价指标根据研究目的不同而有所差异，国内研究强调刚性，评价指标选择侧重土地利用强度和投入产出效率。而国外则强调弹性，评价指标侧重反映可持续利用的社会、资源、环境等。为了综合反映刚性和弹性，本书选取有代表性的评价指标，其中准则层确定为土地利用强度、土地投入水平、土地产出效益和土地可持续利用水平 4 大类，指标因子层共包含 11 项指标（见表 6 - 9）。

表6-9 土地集约利用评价指标体系

目标层	准则层	指标因子层	指标计算公式
土地集约利用评价	土地利用强度	人均建设用地面积	城区建设用地面积/城区人口
	土地投入水平	地均固定资产投入	固定资产投入/城区面积
		地均第二、三产业从业人员	第二、三产业从业人员/城区面积
		地均能源消耗（电）	能源消耗/城区面积
	土地产出效益	地均GDP	城区GDP/城区面积
		人均道路面积	城区道路面积/城区人口
		地均废气排放量	废气排放量/城区面积
		地均废水排放量	废水排放量/城区面积
	土地可持续利用水平	地均环保投资	城区环保投入/城区面积
		人均公园绿地面积	公园绿地面积/城区人口
		建成区绿化覆盖率	建成区绿化覆盖率

考虑到选取的评价指标不是简单的投入产出指标，数量过多并且具有一定的相关性，因此采用主成分分析法，利用降维思想把多指标转化为少数几个综合指标，进一步将各个综合得分进行百分制转换，具体公式如下：

$$S_i = \frac{M_i}{M_{max} - M_{min}} \times 40 + 60 \qquad (6-15)$$

其中，M_i 表示各省份的土地集约利用的综合得分；M_{max} 和 M_{min} 分别表示各省自治区、直辖市的土地集约利用的综合得分的最大值和最小值。

（2）违法用地对土地集约利用的空间影响模型。为考察违法用地对土地集约利用的空间影响，本书借助空间面板数据模型进行检验。空间面板数据模型包含两类，一类是内生交互项，被称为空间滞后模型（SAR）；另一类是误差项之间交互作用，被称为空间误差模型（SEM）。之后又有学者对SEM进行了拓展，提出了空间杜宾模型（SDM），该模型既包含了解释变量的空间滞后项，还包括了被解释变量的空间滞后项，三类模型的基本形式如下：

$$y_{it} = \rho \sum_{j=1}^{N} w_{ij} y_{jt} + \beta x'_{it} + \mu_i + \lambda_i + \varepsilon_{it} \qquad (6-16)$$

$$y_{it} = \beta x'_{it} + \mu_i + \lambda_i + \phi_{it}; \phi_{it} = \rho \sum_{j=1}^{N} w_{ij} \phi_{jt} + \varepsilon_{it} \qquad (6-17)$$

$$y_{it} = \rho \sum_{j=1}^{N} w_{ij} y_{jt} + \beta x'_{it} + \theta \sum_{j=1}^{N} w_{ij} x'_{jt} + \mu_i + \lambda_i + \varepsilon_{it} \qquad (6-18)$$

式（6-16）、式（6-17）和式（6-18）分别为 SAR、SEM 和 SDM 模型的基础形式。其中，y_{it} 表示横截单元 i 在 t 时期的内生被解释变量（$i=1$，2，⋯，N；$t=1$，2，⋯，T）。x_{it} 表示 $1 \times k$ 维的外生解释变量，β 和 θ 均为变量 x_{it} 的 $k \times 1$ 维系数向量；$\sum w_{ij} y_{jt}$ 表示相邻单位内生变量的交互影响，w_{ij} 是空间权重矩阵，ρ 是用来衡量相邻两个单元内生变量互相影响程度的未知参数；ε_{it} 和 ϕ_{it} 表示随机误差项；μ_i 表示空间效应，λ_i 表示时间效应。在进行空间面板数据的实证检验之前，需要判断三类模型的适用性，即要先判断是否需要引入空间变量。通常采用拉格朗日乘数（LM）检验，如果 LM 的检验结果拒绝原假设，则说明了空间面板模型建立的必要性。进一步的采用 Wald 统计检验从三类模型中选择最佳模型。

（3）数据来源与处理。本书以 2006 ~ 2015 年全国 31 个省份的面板数据为研究对象。首先是被解释变量，即土地集约利用水平。具体测算过程参见上面，数据来源于《中国城市统计年鉴》《中国城市建设统计年报》和《中国环境统计年鉴》，第二、三产业从业人员和能源消耗（电）以及部分缺失数据从万德数据库中获取。其次是解释变量，包括违法用地程度和土地市场化水平。本书采用当年发生的土地违法案件的数量测度违法用地程度。相关数据来源于《中国国土资源年鉴》。对于土地市场化水平，本书将土地二级市场看作是一个相对比较完善的市场，不作为市场化水平测算的范围，只考虑土地一级市场。采用的测算公式为式（6-19）。

$$LM = \frac{\sum_{i=1}^{n} Z \times f_i}{\sum_{i=1}^{n} Z_i} \qquad (6-19)$$

其中，LM 表示土地市场化水平；Z_i 表示各交易方式出让土地的宗数；f_i 表示对应的权重。在权重确定方面，由于划拨是一种政府行为，不受市场的影响，基本为无偿获取，因而取权重为 0。"招拍挂"出让方式接近于完全市场化，取其权重为 1。把"招拍挂"作为一种出让方式，将其价格看作正常市场交易价格，通过计算并做加权平均得到 2006 ~ 2015 年协议、租赁、其他的平均单位地价，分别为拍卖单位地价的 27%、60%、21%，因此，确定"招拍挂"、协议、租赁、其他的权重分别为 1.00、0.27、0.60 和 0.21。最后是控制变量，包括人口、经济发展水平和城镇化水平。其中人口是为了控制人地关系的影响，本书采用人口密度来衡量；经济发展水平会影响资源利用效率，本书采用人均 GDP 来测度；城镇化水平采用城镇人口比例来测度，相关数据来源于《中国统计年鉴》。

6.3.2 实证结果分析

在进行相关空间计量分析之前，先要对土地集约利用进行空间自相关分析，用 Moran's I 来计算土地集约利用的空间相关性，其公式为：

$$Moran's\ I = \frac{\sum_{i=1}^{n} \sum_{j=1}^{n} w_{ij}(Y_i - \bar{Y})(Y_j - \bar{Y})}{S^2 \sum_{i=1}^{n} \sum_{j=1}^{n} w_{ij}} \tag{6-20}$$

其中，$S^2 = \frac{1}{n} \sum_{i=1}^{n} (Y_i - \bar{Y})^2$；$\bar{Y} = \frac{1}{n} \sum_{i=1}^{n} Y_i$，$Y_i$ 表示第 i 地区的观测值；n 表示地区总数，w_{ij} 表示空间权重矩阵，并有 $w_{ij} = 1/d_{ij}^2$，d_{ij} 表示地区 i 与地区 j 之间的距离，实证过程中将所得的矩阵进行标准化处理。根据式（6-20）计算各年全局空间自相关指数如表 6-10 所示。

表 6-10   **2006~2015 年土地集约利用 Moran's I 指数**

年份	2006	2007	2008	2009	2010	2011	2012	2013	2014	2015
Moran's I	0.0867	0.1348	0.2674	0.1007	0.0330	0.0577	0.1401	0.0404	0.0584	0.0528
P	0.10	0.08	0.01	0.08	0.02	0.07	0.08	0.02	0.07	0.03

从表 6-10 可以看出 2006~2015 年 Moran's I 均显著，说明 2006 年以来中国土地集约利用存在显著的空间关联特征，因此可以将空间影响因子引入模型中来刻画土地集约利用的空间关联性。本书先要构建不包含空间交互作用的面板数据模型：

$$S_{it} = \alpha_0 + \alpha_1 LI_{it} + \sum \beta C_{it} + U_{it} \tag{6-21}$$

其中，S_{it} 表示 i 地区 t 时期的土地集约利用水平；LI_{it} 表示 i 地区 t 时期的违法用地程度；C_{it} 表示影响土地集约利用的控制变量；U_{it} 表示随机误差项；α 和

β为待估参数。为了进一步考察土地市场化水平的影响，在模型中引入土地市场化水平和二者的交叉项，新的模型如下：

$$S_{it} = \alpha_0 + \alpha_1 LI_{it} + \alpha_2 M_{it} + \alpha_3 LI_{it} \times M_{it} + \beta C_{it} + U_{it} \qquad (6-22)$$

其中，M_{it} 表示 i 地区 t 时期的土地市场化水平，这里为了避免计量单位的不同，将百分比的土地市场化水平数据进行百分制转换。其余变量含义同式（6 – 23）。先对上述模型进行了估计，并计算了 *LM* 统计量以及空间、时间和双固定效应模型下相应的显著性检验（见表6 – 11）。从表6 – 11 中可以看出，空间固定效应和时间固定效应的 *LR* 检验结果均在1% 显著性水平下显著，说明模型中既包含空间固定效应也包含时间固定效应，因此，应该在空间和时间固定效应模型的基础上计算 *LM* 统计结果。由表6 – 11 可知空间和时间固定效应模型的 *LM spatial lag* 和 *R-LM spatial lag* 均未通过检验，而 *LM spatial error* 和 *R-LM spatial error* 结果显示在10% 显著性水平下显著，则说明 SEM 模型成立。本书采用的模型为：

$$S_{it} = \alpha_0 + \alpha_1 LI_{it} + \sum \beta C_{it} + \phi_{it} + u_i + \lambda_i$$

$$\phi_{it} = \rho \sum_{j=1}^{N} w_{ij} \phi_{jt} + \varepsilon_{it} \qquad (6-23)$$

$$S_{it} = \alpha_0 + \alpha_1 LI_{it} + \alpha_2 M_{it} + \alpha_3 LI_{it} \times M_{it} + \sum \beta C_{it} + \phi_{it} + u_i + \lambda_i$$

$$\phi_{it} = \rho \sum_{j=1}^{N} w_{ij} \phi_{jt} + \varepsilon_{it} \qquad (6-24)$$

表6 – 11   **非空间面板模型的系数估计和残差检验**

	变量名称	混合估计模型	空间固定效应模型	时间固定效应模型	空间和时间固定效应模型
模型 1	*LM spatial lag*	12.7759 ** (0.0003)	12.2591 *** (0.0004)	0.0689 (0.7928)	0.3133 (0.5756)
	LM spatial error	3.0779 * (0.0793)	0.2615 (0.6090)	0.0037 (0.9511)	1.8463 * (0.0742)
	R-LM spatial lag	13.2078 *** (0.0002)	13.3629 *** (0.0002)	0.7796 (0.3772)	0.0513 (0.8208)
	R-LM spatial error	3.5097 * (0.0610)	1.3653 (0.2426)	0.7143 (0.3979)	1.5843 ** (0.0281)

	变量名称	混合估计模型	空间固定效应模型	时间固定效应模型	空间和时间固定效应模型
模型 1	空间固定效应 *LR* 检验	294.6403 *** (0.0000)			
	时间固定效应 *LR* 检验	35.7517 ** (0.0001)			
模型 2	*LM spatial lag*	4.1600 ** (0.0413)	8.8058 *** (0.0030)	0.0201 (0.8872)	0.1937 (0.6598)
	LM spatial error	1.7521 (0.1856)	1.8697 (0.1715)	0.1465 (0.7018)	4.7181 ** (0.0298)
	R-LM spatial lag	2.5874 (0.1077)	6.9363 *** (0.0084)	0.4975 (0.4805)	0.0133 (0.9080)
	R-LM spatial error	0.1795 (0.6717)	0.0002 (0.9870)	0.6239 (0.4295)	4.5377 ** (0.0331)
	空间固定效应 *LR* 检验	274.6462 *** (0.0000)			
	时间固定效应 *LR* 检验	30.9005 *** (0.0006)			

注：模型 1、模型 2 分别为式（6–9）、式（6–10）；括号内为系数的 p 值，***、** 和 * 分别表示在 1%、5%、10% 显著性水平下显著。

表 6–12 是时间和空间固定效应下 SEM 模型的估计结果。Hausman 检验（全国）的结果表明不能拒绝存在随机效应的原假设，因此采用空间和时间随机效应下的 SEM 模型更有效。模型 1、模型 2 的 *R-squared* 分别为 0.7734 和 0.7737，表明两个回归方程的拟合优度都很好。从全国层面的估计结果来看，模型 1 中，违法用地系数不显著，说明整体上违法用地本身对土地集约利用的影响并不显著。而在模型 2 中违法用地系数显著为负，违法用地与土地市场化的交互作用显著为正，说明在土地市场化背景下，市场参与者在经济利益驱动下进行寻租，两者的交互作用使得违法用地对土地集约利用的负向作用被强化，从而导致违法用地对土地集约利用产生了显著的负向作用，这与间接影响路径相吻合。从模型 1、模型 2 的空间误差项系数可以看出，违法用地和土地市场化在空间上存在显著的正向溢出效应，说明一个地区市

场化改革的成功会给相邻地区带来模范效用，当然，违法用地行为也具有传染效应，容易受到相邻地区的模仿。

表 6 – 12　　　　　　空间和时间效应下的 **SEM** 模型估计结果

变量名称	全国		东部		中部		西部	
	模型 1	模型 2	模型 1	模型 2	模型 1	模型 2	模型 1	模型 2
违法用地	– 0.0151 (– 0.6519)	– 0.0838 * (1.8813)	0.0363 * (1.6938)	– 0.0432 ** (– 2.3193)	0.0357 (0.8778)	– 1.8866 ** (– 2.2060)	– 0.0561 (– 1.1624)	0.8340 *** (2.7280)
土地市场化	/	0.1882 (1.5628)	/	0.2034 ** (2.0600)	/	– 1.4239 * (– 1.8867)	/	0.6071 *** (2.6430)
违法用地 × 土地市场化	/	0.1078 * (2.0069)	/	0.0460 *** (2.7834)	/	1.8493 (1.1130)	/	– 0.9747 *** (– 2.9514)
人均 GDP	1.2780 *** (13.3559)	1.2832 *** (13.8389)	1.7377 *** (12.6709)	1.0725 *** (10.8981)	1.2319 *** (7.3484)	1.4019 *** (8.5974)	1.2608 *** (6.8976)	1.5392 *** (7.2886)
城镇化水平	– 0.6718 *** (– 5.5872)	– 0.7401 *** (– 6.3642)	– 1.1799 *** (– 7.0840)	– 0.6310 *** (– 3.7241)	– 0.4910 *** (– 2.6447)	– 1.1236 ** (– 4.3551)	– 0.4984 ** (– 2.1070)	– 0.8660 ** (– 3.0310)
人口密度	0.2585 *** (4.1052)	0.2290 *** (3.7496)	0.3888 *** (3.9251)	0.3423 ** (3.0649)	0.2242 ** (2.4751)	– 0.1070 ** (– 0.9277)	0.3149 ** (3.0488)	0.2629 ** (2.5115)
常数项	0.1165 (1.3865)	0.0339 (0.2923)	/	/	/	2.0968 ** (2.9468)	– 0.0424 (– 0.3606)	– 0.4492 ** (– 2.4759)
σ	0.2692 ** (2.8703)	0.1851 * (1.8805)	0.6496 *** (4.6322)	0.8799 ** (8.2649)	0.7462 *** (3.5679)	0.7585 *** (3.6499)	0.7404 ** (2.3126)	0.0521 ** (2.3578)
R-squared	0.7734	0.7737	0.7624	0.8552	0.8408	0.8771	0.7230	0.7461
corr-squared	0.4484	0.5043	0.3807	0.4939	0.4871	0.5322	0.5384	0.5346
log-likelihood	657.9903	662.1710	232.7976	273.3490	191.1737	200.3228	229.7723	233.9411
Hausmam	2.4018 (0.7912)	– 0.1393 (1.0000)	40.2379 *** (0.0000)	65.0768 *** (0.0000)	12.0469 ** (0.0342)	3.3441 (0.8514)	0.4816 (0.9928)	5.7647 (0.5675)

注：括号内为系数的 z 值，***、** 和 * 分别表示在 1%、5%、10% 显著性水平下显著。

考虑到可能存在空间异质性，本书进一步对东、中、西部进行了实证检验，结果如表 6 – 12 所示。从模型 1 可以看出，东部地区违法用地对土地集约利用存在显著正向影响，而中部和西部地区均不显著，这可能与区域的经济发展水平有直接关系。东部地区经济发达，土地获取成本较高，这迫使企业违法用地的动机更充分，在一定程度上带动了地区投资与就业，促进了地方财政的增长，从而促进土地集约利用，当然对土地集约利用的正向影响也越显著。加入土地市场化水平变量后，东部地区的违法用地回归系数明显降低，且显著为负，这表明土地市场化水平对违法用地的影响极大，而违法用地与土地市场化改革的交叉项显著为正，土地市场化水平变量的回归系数显著为正。这说明东部地区尽管土地市场化水平较高，但是，由于东部地区的地价也较高，土地资源相对稀缺，面对激烈的市场竞争，土地使用者违法用地的意愿被强化，同时也表明东部地区在经济发展转型和土地资源短缺的双重压力下，违法用地已经成为制约土地集约利用的重要因素。中部地区的违法用地系数值在加入土地市场化水平变量后显著为负，其对土地集约利用的负向影响加剧，且影响程度大于东部地区，土地市场化系数显著为负，其交叉项并不显著。由于现阶段中部地区的土地集约利用水平处于提升阶段，市场化改革处于初步形成阶段。由于制度等不健全，土地违法现象频现，耕地破坏严重，高污染、高能耗企业较多，产业结构还有待完善。西部地区的违法用地系数值在加入土地市场化水平变量后显著为正，对土地集约利用具有显著的正向影响，这是因为西部地区经济发展较为落后，土地违法在低市场化的背景下能带来较大的经济效益，带动就业，一定程度上促进了土地集约利用。其交叉项并不显著，源于西部地区土地市场化水平较低，两者相互作用并不显著。从各地区的空间误差项系数可知，三个地区违法用地对土地集约利用的影响在空间上均存在明显的溢出效应，在加入土地市场化变量后，其溢出效应被强化。

6.3.3 小结

本节将土地市场化改革纳入违法用地对土地集约利用影响的理论研究框架内，以全国省域面板数据为研究对象，实证考察了两者之间的关系，研究发现：第一，东部地区违法用地对土地集约利用具有正向影响，其余地区影响均不显著，这可能与区域的经济发展水平有关。第二，引入土地市场化水平后，东部和中部地区违法用地对土地集约利用的负向影响被强化，且中部地区高于东部地区。而西部地区的影响作用相反，加入土地市场化因素后违法用地对土地集约利用的影响显著为正。第三，违法用地对土地集约利用的影响在空间上具有溢出效应。由此得到一些启示：首先，改革财税体制，处理好征地制度改革与土地财政依赖之间的关系，弱化地方政府土地违法的内在动力。同时规范土地招拍挂出让的操作程序，建立土地出让全过程的监督管理体系，避免为招商引资而低价或零地价供地的情况发生，减少土地违法行为。其次，强化农民土地权利，明晰农民所享有的土地产权，完善征地程序，充分保证被征地农民能够与政府进行平等的博弈。再次，创新土地出让方式，如两阶段出让、弹性出让方式等，从而提高土地的周转使用效率，探索土地租赁制度。最后，建议实施分区域差异化管理。中部、东部地区在土地市场化改革的过程中应加强土地违法现象的防范，并且重视土地资源的二次开发利用。西部地区应积极提升自身经济水平，利用自身的资源禀赋，弥补地理环境上的劣势，积极寻找提高土地使用强度、土地产出效益的有效方式。

6.4　产业结构演进、城镇化质量对土地集约利用的影响

改革开放以来，人口城镇化水平从 1978 年的 17.92% 增长到 2016 年的 57.35%，增长了 3 倍多，城镇化的快速发展对区域经济的带动作用不断增强。但是受历史和体制原因的制约，我国的城镇化建设仍存在不少亟待解决的问题和矛盾，尤其是城镇化建设"摊大饼"模式的无序扩张，内涵立体式的开发利用模式未得到重视，城镇土地集约利用滞后现象严重。一方面，城镇规模失控蔓延导致了土地资源的高消耗、资本的高投入和农村劳动力的大量转移，而土地与资本的低效利用、转移人口的高流动与低素质性不利于城镇化质量的提升，特别是近年来城市规模的无序扩张，产业的同质化发展，降低了城市建设过程中的投资效率，同时提高了地方政府负债。另一方面，土地利用结构的失衡导致了"大城市病"的出现，城市运营的低效率和高成本，交通拥堵，环境污染。鉴于城镇化进程中要素资源的高投入与高消耗，无论是从最大幅度发挥资源配置效率还是提高公共财政支出绩效的角度，都需要重视城镇化质量。城镇化质量是指在有效投入与合理配置生产要素的前提下，城镇人口的生活、就业、社会保障、教育和医疗水平稳步提高，城镇环境和基础设施不断完善，城镇的综合实力、服务能力以及对外辐射能力不断提升，大城市与中小城镇协调发展，城乡一体化程

度不断提高的过程。

土地要素是城镇化推进的空间载体，因此，土地政策是参与城镇化政策的重要方面。土地为城镇化发展提供空间保障的同时，地方政府也可以通过土地集约利用政策进一步提升城镇化质量。土地集约利用是指政府通过规划引导、布局优化、标准控制等手段优化土地利用结构和布局、提高土地利用效率和城市环境质量，实现社会、经济、环境效益最大化的过程。从内涵来看，土地集约利用与城镇化质量之间存在天然的交互关系。同时，考虑到我国人口众多，大城市用地紧张而中小城镇土地利用效率不高，城镇高污染和高消耗现象严重，土地集约利用与城镇化质量相互作用关系存在很多问题，两者关系是否协调直接影响中国经济的可持续发展。因此，有必要探究两者之间存在怎样的时空演变规律和关系，更要研究其影响的内在机理。

我国各地区的土地集约利用水平如何？其与城镇化质量之间存在怎样的内在关系？本书先对产业结构演进和城镇化质量对土地集约利用的影响及其作用机理进行了准确识别，在此基础上以 1997~2015 年全国 29 个省份的面板数据为样本，分别测算产业结构构成效应、竞争效应，并且在建立科学合理的评价指标基础上利用熵值法计算城镇化质量综合指数和土地集约利用综合指数，进一步对传统 STIRPAT 模型进行改进，借助空间计量的方法，对三者之间的影响及其空间溢出效应进行实证检验，提出相应的对策建议。

6.4.1 测度模型

为了进一步验证上述理论分析，实证检验三者之间的影响，本书利用 STRIPAT 模型进行实证分析。标准的 STRIPAT 模型可以表示为：

$$I = a \cdot P^b \cdot A^c \cdot T^d \cdot e \qquad (6-25)$$

其中，I 表示土地集约利用水平；a 表示常数项；P 表示人口规模；A 在传统 STRIPAT 模型中为人均财富，这里 A 表示城镇化质量；T 表示技术进步；e 表示误差项。同时认为产业结构演进也是促进区域技术创新的重要途径，因此用产业结构演进状况来表示技术进步如下：

$$T = f(IS) = T_0 \times IS^\theta \qquad (6-26)$$

其中，T_0 表示常数；IS 表示产业结构演进状况；θ 表示弹性系数，反映了产业结构对技术进步的影响。佩洛夫（Perloff，1957）在相关研究中用构成效应和竞争效应来体现产业结构演进的效果，因此本书借助柯布—道格拉斯函数来测算产业结构演进效果，如下所示：

$$IS = IS_0 \cdot MIX^{\alpha} \cdot DIF^{\beta} \cdot \mu \tag{6-27}$$

其中，IS_0 是常数项；MIX、DIF 分别表示产业结构构成效应和竞争效应；α、β 分别表示 MIX 和 DIF 对 IS 的弹性系数；μ 表示随机干扰项。将式（6-26）和式（6-27）代入式（6-25），可以得到：

$$I = a \cdot IS_0^{\theta \cdot d} \cdot T_0^d \cdot P^b \cdot A^c \cdot MIX^{d \cdot \theta \cdot \alpha} \cdot DIF^{d \cdot \theta \cdot \beta} \cdot e \cdot \mu \tag{6-28}$$

进一步对上式取自然对数，得到：

$$\ln I = A_0 + b \cdot \ln P + c \ln A + \lambda_1 \ln MIX + \lambda_2 \ln DIF + \varepsilon \tag{6-29}$$

其中，A_0 表示常数，$A_0 = \ln(a \cdot IS_0^{\theta \cdot d} \cdot T_0^d)$，$\lambda_1 = d \cdot \theta \cdot \alpha$，$\lambda_2 = d \cdot \theta \cdot \beta$，$\varepsilon$ 表示误差项，并有 $\varepsilon = \ln e + \ln \mu$。式（6-29）表示了土地集约利用影响的关系函数。而 MIX 和 DIF 的测算公式分别为：

$$MIX = \sum_{i=1}^{n} \frac{E_{iA}^{t-1}}{E_A^{t-1}} \left(\frac{E_{iC}^t}{E_{iC}^{t-1}} - \frac{E_C^t}{E_C^{t-1}} \right) \quad DIF = \sum_{i=1}^{n} \frac{I_{iA}^{t-1}}{I_A^{t-1}} \left(\frac{I_{iA}^t}{I_{iA}^{t-1}} - \frac{I_{iC}^t}{I_{iC}^{t-1}} \right) \tag{6-30}$$

其中，A 表示各省份；C 表示全国；i 表示各产业；E 表示从业人员数量；I 代表产值。

6.4.2 空间面板数据模型的选取与设定

需要看到，由于市场发育程度的不同，中国各地区间的土地利用存在显著的空间差异性，并且相邻省份之间在空间上又同时存在着密切的联系，可能存在空间溢出效应。鉴于区域间土地集约利用存在空间的相互影响，传统的时间序列回归分析方法不再适用解释空间异质性问题。因此，考虑到空间及时间维度的异质性，本书运用空间面板数据模型来分析我国产业结构演进、城镇化质量对土地集约利用的直接影响和溢出效应。空间面板数据模型一般分为含有空间滞后项的面板数据和含有空间自相关误差项的面板数据。其中空间滞后解释变量就是内生交互项，该模型被称为空间滞后模型（SAR）；空间自相关误差项就是误差项之间交互作用，该模型被称为空间误差模型（SEM），本书采用的模型为：

$$\ln I_{it} = \rho \sum_{j=1}^{N} w_{ij} \ln I_{jt} + b \cdot \ln P_{it} + c \ln A_{it} + \lambda_1 \ln MIX_{it}$$
$$+ \lambda_2 \ln DIF_{it} + \gamma X_{it} + \mu_t + \upsilon_i + \phi_{it}$$
$$\phi_{it} = \delta \sum_{j=1}^{N} w_{ij} \phi_{jt} + \varepsilon_{it} \qquad\qquad (6-31)$$

其中，$\ln I_{it}$ 表示土地集约利用水平；X_{it} 表示控制变量；μ_t、υ_i 分别表示时间效应和地区效应；ρ、δ 分别表示空间滞后系数和空间误差系数；ϕ_{it} 表示随机扰动项；w_{ij} 表示空间权重矩阵，并有 $w_{ij} = 1/d_{ij}^2$。d_{ij} 表示地区 i 与地区 j 之间的距离，实证过程中将所得的矩阵进行标准化处理。

6.4.3 指标测算与数据处理

（1）数据来源。本书样本数据采用 1997~2015 年中国 29 个省市的面板数据（不含港澳台地区数据，上海、西藏部分指标数据缺失较多，故予以剔除）。模型中所采用数据主要摘自 1998~2016 年《中国统计年鉴》《中国城市建设统计年鉴》《中国城市统计年鉴》。所有以货币为单位的数据均采用一定的缩减指数进行了平减（以 1997 年为基期）。其中，城镇居民人均可支配收入、地方财政收入、第二产业总产值、第三产业总产值采用地区生产总值指数进行平减；固定资产投资和房地产开发投资采用固定资产投资价格指数进行平减。

（2）变量选取及说明。本书被解释变量为土地集约利用综合指数（I）。在准确识别土地集约利用内涵的基础上，这里选取了以下四个维度的评价指标：土地利用结构、土地利用效率、土地投入强度和土地利用强度（见表 6-13）。其中，土地利用结构用不同类别的用地比例来衡量，如居住用地比例、公共设施用地比例、工业用地比例、仓储用地比例和绿地比例。土地利用效率采用地均 GDP、地均第二产业总产值、地均第三产业总产值来衡量。土地投入强度选取地均固定资产投资、地均房地产开发投资和地均第二、三产业单位从业人员数量来度量。土地利用强度则选取人均建设用地、城市平均建筑密度（建设用地面积/城区面积）和城市人口密度（城区人口/城区面积）来衡量。进一步采用熵值法对各层次评价指标体系的权重进行测度，并最终测算出城市土地集约利用综合指数值，在计量模型中将测算结果作为被解释变量。

表 6 - 13　　　　　　　城镇化质量与土地集约利用的综合评价指标体系

目标层	准则层	指标层	目标层	准则层	指标层
城镇化质量综合指数	人口质量	城镇居民人均可支配收入	土地集约利用综合指数	土地利用结构	居住用地比例
		城镇居民家庭人均文教娱乐支出占消费支出的比重			公共设施用地比例
		城镇居民恩格尔系数			工业用地比例
		大学生在校人数占总人口的比重			仓储用地比例
		第二、三产业从业人员占全部从业人员的比重			绿地比例
	土地质量	工业固体废弃物综合利用率		土地利用效率	地均 GDP
		城市人均建成区面积			地均第二产业总产值
		人均公共绿地面积			地均第三产业总产值
	经济质量	人均第二、三产业生产总值		土地投入强度	地均城镇固定资产投资
		第三产业产值占 GDP 比重			地均房地产开发投资
		人均地方财政收入			地均第二、三产业单位从业人员数量
	社会质量	每千人医疗机构床位数			
		人均道路面积			
		每千人拥有的医生数量		土地利用强度	人均建设用地
		城镇失业保险覆盖率			城市平均建筑密度
		城镇养老保险覆盖率			城市人口密度
	城乡一体化	城乡居民人均可支配收入之比			
		城乡居民人均生活消费支出之比			
		城乡居民恩格尔系数之比			

　　本书选取城镇化质量和产业结构演进作为核心解释变量。产业结构演进方面，主要通过构成效应和竞争效应来反映，即根据式（6 - 30）的测算结果代入计量模型中作为解释变量。城镇化质量方面，根据对城镇化质量内涵的理解，从人口、土地、经济、社会和城乡一体化五个维度构建城镇化质量的评价指标体系（见表 6 - 13）。同样采用熵值法对各层次评价指标体系的权重进行测度，并将测算的综合值作为解释变量。从人口的角度，城镇化质量表现为提高生活保障、加强人才培养、实现农业非农化转移的常住人口的稳定就业，因此本书采用以下指标来衡量：城镇居民人均可支配收入、城镇居民家庭人均文教娱乐支出占消费支出的比重、城镇居民恩格尔系数、大学生在校人数占总人口的比重和第二、三产业从业人员占全部从业人员的比重。

从空间的角度，城镇化质量表现为城镇居民所在城镇活动空间状况、环境友好状况和可持续发展状况，则采用城市人均建成区面积、人均公共绿地面积和工业固体废弃物综合利用率指标来衡量。从经济的角度，城镇化质量表现为两个方面：一是人口规模与空间经济产出效率的协调发展，本书选用人均第二、三产业生产总值来表示；二是经济发展水平，城镇化质量提高的物质基础，这里用人均地方财政收入来测度；三是经济发展结构，城镇化质量提高的关键是转变经济发展方式，产业升级优化，用第三产业产值占 GDP 的比重来衡量。从社会的角度，城镇化质量表现为城镇化发展的公共服务均等化水平，可以从医疗卫生条件、基础设施建设情况和社会保障三个方面来构建评价指标，分别用每千人医疗机构床位数、每千人拥有的医生数量、人均道路面积、失业保险覆盖率和养老保险覆盖率来衡量。从城乡一体化的角度，城镇化质量表现为城乡经济一体化和社会一体化两方面。城镇化发展的最终目标是城乡协调发展。因此，可以从体现城乡差异的指标进行评价，如居民收入水平、消费水平等方面，用以下指标来测度：城乡居民恩格尔系数之比、城乡居民人均生活消费支出之比和城乡居民人均可支配收入之比。

控制变量方面主要考虑了两个方面的因素：一是人口规模（P）。理论上，地区人口规模的增加，有利于形成地区人口的集聚，从而促进产业的规模效应和集聚效应，另外人口的集聚必然会倒逼城镇加快基础设置建设，有利于提高城镇化质量，因此，一定范围内，人口规模越大，其土地集约利用水平也越高。二是对外开放程度（X），这里用地均外商投资总额来测度。理论上，地区对外开放程度越高，意味着其与周边地区的知识共享和技术溢出效应也越显著，有利于促进高端产业经济的发展，优化产业结构，提高其城镇化质量，进而促进土地集约利用水平的提高。

6.4.4 要素的时空特征分析

（1）时间趋势性特征分析。将东部、中部、西部、东北地区[①]和全国的城镇化质量、产业结构演进和土地集约利用发展趋势制成图 6-9。

---

① 本书对中国大陆经济区域的划分依据《中国统计年鉴》，其中东部地区包括：北京、天津、河北、江苏、浙江、福建、山东、广东和海南；中部地区包括：山西、安徽、江西、河南、湖北、湖南；西部地区包括：四川、重庆、贵州、云南、西藏、陕西、甘肃、青海、宁夏、新疆、广西、内蒙古；东北地区包括：辽宁、吉林、黑龙江。

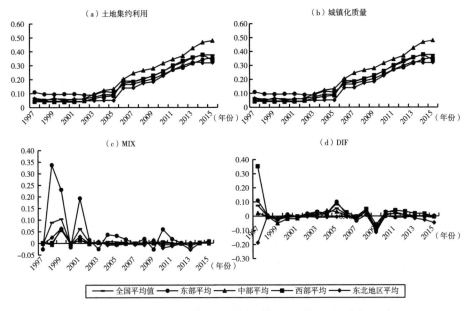

图 6 - 9 1997～2015 年城镇化质量、产业结构演进、
土地集约利用水平时间变化趋势

从总体性特征来看，1997～2015 年土地集约利用和城镇化质量两个变量总体呈平稳上升趋势，其中全国城镇化质量水平从 1997 年的 0.155 上升到 2015 年的 0.558，年均增长 6.98 个百分点。分地区来看，东部地区城镇化质量水平一直处于领先状态，这主要是因为东部地区区位、资金、技术优势明显，使得其人口、经济和社会等都领先于中西部和东北地区。中部地区城镇化质量近年来一直处于平稳增长状态，且接近全国平均水平。此外，西部地区 1997 年的城镇化质量处于落后状态，但至 2003 年已赶超东北地区，2010 年开始与中部地区持平，这很大程度上是得益于"西部大开发"战略的成功实践。而东北地区由于近年来政策优势和区位优势的缺失，城镇化质量 2003 年之后一直处于落后状态且与其他地区之间的差距正在逐步扩大。结合各地区的土地集约利用状况，进行对比分析，可以发现城镇化质量与土地集约利用水平具有相同的增长趋势，可以推测，城镇化质量水平与土地集约利用水平存在影响关系，而在空间上存在怎样的关系还需要进一步的验证。从构成效应指数可以看出 2002 年以前产业结构构成效应比较明显，2002 年以后效果趋于减弱。总体上来看，地区之间的差异正在逐步缩小，东部地区产业构成效应处于上层，但是具有逐年递减的趋势；中、西部地区和东北地区处于下层，相比较而言，东北地区的产业结构优化总体上要优于中、西部地区。从竞争效应指数来看，各地区差异都不大，西部地区竞争效应相对于其他区域要高一些。

全国土地集约利用水平从 1997 年的 0.062 上升到 2015 年的 0.318，年均增长率为 8.98%。值得一提的是，中、西部在土地集约利用方面发展迅速，2015 年底已接近全国平均水平，中部地区甚至是超过了全国平均水平。这可能是因为中、西部地区以平原为主，可利用的土地资源相对比较丰富，再加上"十一五""十二五"规划期间，国家大力推进土地市场改革，严格控制土地数量和质量红线，同时国家大力推进中、西部地区的开发利用，不少产业和资源陆续进入，有效促进了中、西部地区的土地集约利用水平。综合分析，全国范围（8.98%，6.68%）[1] 以及中部地区（10.60%，7.32%）、西部地区（11.03%，7.60%）和东北地区（9.40%，5.10%），其土地集约利用的增速快于城镇化质量的增速，而东部地区（6.70%，6.07%）城镇化质量增速要略快于土地集约利用水平的增速，相对来说两者之间的发展比较均衡。根据这一结果，我们可以推测，东部地区土地集约利用水平可能主要受城镇化质量的影响，由于存在技术的外部性和交流的外部性可能使得产业结构演进对土地集约利用的影响不大，甚至可能存在负面影响，而中部、西部和东北地区除了受到城镇化质量的正面影响，也受到产业结构的正面影响。

（2）空间演变特征分析。为了考察产业结构演进、城镇化质量和土地集约利用的区域差异，并更为深入地探讨差异的来源，本书借助泰尔指数（Theil）对地区的空间差异进行测量和分解，具体计算及分解方法如下所示：

$$Theil = Theil_W + Theil_B \qquad (6-32)$$

$$Theil_W = \sum_p^m \left(\frac{n_p}{n} \frac{\bar{e}_p}{\bar{e}} \right) Theil_p \qquad (6-33)$$

$$Theil_B = \sum_{p=1}^m \frac{n_p}{n} \left(\frac{\bar{e}_p}{\bar{e}} \right) \ln \left(\frac{\bar{e}_p}{\bar{e}} \right) \qquad (6-34)$$

其中，m 表示区域个数；n_p/n 表示区域省份数量占比；$\bar{e}_p/\bar{e}$ 表示 a 指标的区域均值与全国均值的比值；$Theil_p$ 表示全国区域指标差异；$Theil_W$ 和 $Theil_B$ 分

———————————

① 括号中前者为土地集约利用的年均增长率，后者为城镇化质量的增长率。

别表示所有区域内与区域间指标差异。

图 6 – 10 展示了 1997 ~ 2015 年城镇化质量、产业结构演进和土地集约利用的地区差异，从图中可知各地区城镇化质量区域内的差异变化趋势基本相似，皆呈现出先增加后减少的趋势，且各地区差异不大。区域间差异也呈现先增后减的趋势，整体上看，1997 ~ 2015 年区域间差异是影响城镇化的差距格局的主要贡献因素。对于产业结构演进，无论是构成效应还是竞争效应1997 ~ 2008 年地区间差异都相对较小，地区区域内部差异是影响产业结构空间差距的主要贡献因素。2008 年以后构成效应的地区间差异逐渐增大，而竞争效应地区间差异仍旧很小。从构成效应来看，东北地区和东部内部差异相对较大，从竞争效应来看，东北地区和西部内部差异相对较大。可见如何促进区域经济产业一体化发展，是缩小产业空间差异的关键因素。

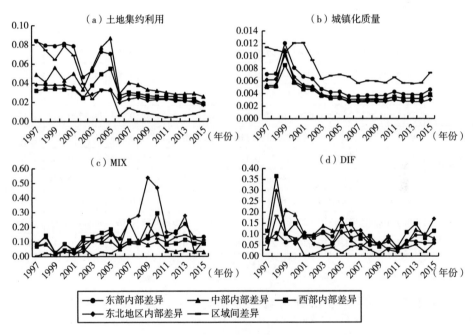

**图 6 – 10　1997 ~ 2015 年城镇化质量、产业结构演进和
土地集约利用差异的变动趋势**

观察 1997 ~ 2015 年土地集约利用的地区差异，1997 ~ 2015 年区域间差异呈现明显的下降趋势，可见这段时间内各区域的土地集约利用水平的差距正在逐步缩小，2003 年以后区域内部差异是土地集约利用空间差异的主要贡献因素。

总体上看，城镇化质量空间差异变化不明显，构成效应和竞争效应区域间差异的贡献率正在逐年增加，土地集约利用区域间贡献率呈现先减少后增加的趋势。就三个地区的区域内部差异而言，东部内部差异最大，其主要原因在于，东部区域虽然整体发展水平比较高，但是各省份在经济发展水平、资金与科技投入、基础设施状况等方面均存在较大差异（见表6-14）。

表6-14　　　　　　　1997年、2006年、2015年城镇化质量、
产业结构和土地集约利用差异

指标	年份	东部内部		中部内部		西部内部		东北地区内部		区域内总和		区域间	
		泰尔指数	贡献率（%）	泰尔指数	贡献率（%）	泰尔指数	贡献率（%）	泰尔指数	贡献率（%）	泰尔指数	贡献率（%）	泰尔指数	贡献率（%）
城镇化质量	1997	0.007	20.25	0.005	15.11	0.005	14.42	0.006	17.67	0.024	67.45	0.011	32.55
	2006	0.004	19.05	0.003	16.37	0.003	14.85	0.003	14.11	0.012	64.38	0.007	35.62
	2015	0.005	20.38	0.004	16.99	0.004	17.01	0.003	13.35	0.015	67.73	0.007	32.27
构成效应	1997	0.087	27.78	0.069	22.10	0.077	24.51	0.077	24.53	0.309	98.92	0.003	1.08
	2006	0.122	33.21	0.050	13.50	0.071	19.37	0.069	18.82	0.312	84.90	0.056	15.10
	2015	0.133	29.13	0.029	6.32	0.087	19.02	0.112	24.38	0.361	78.85	0.097	21.15
竞争效应	1997	0.068	18.73	0.086	23.73	0.116	31.88	0.063	17.46	0.033	91.80	0.030	8.20
	2006	0.083	18.07	0.072	15.73	0.145	31.79	0.114	24.95	0.414	90.54	0.043	9.46
	2015	0.060	12.46	0.080	16.50	0.115	23.73	0.170	35.07	0.425	87.76	0.059	12.24
土地集约利用	1997	0.084	29.09	0.049	16.94	0.032	11.13	0.038	13.31	0.203	70.46	0.085	29.54
	2006	0.024	22.33	0.029	27.47	0.027	25.58	0.020	18.87	0.099	94.26	0.006	5.74
	2015	0.019	21.00	0.026	28.27	0.018	19.95	0.017	18.95	0.080	88.16	0.011	11.84

6.4.5　空间计量估计与结果分析

在进行空间面板数据回归之前，首先进行模型的选择，从表6-15可知，空间滞后模型（SAR）和空间误差模型（SEM）的拉格朗日乘数及其稳健性检验均显著，而 LMsar > LMerr，RLMsar > RLMerr，则选择空间滞后模型（SAR）。进一步，Hausman 检验显示全国样本数据系数显著而地区样本数据系数不显著，则全国样本数据选用固定效应模型下的空间滞后模型（SAR），分地区的模型选用随机效应下的空间滞后模型（SAR），其结果如表6-15所示。

表 6 – 15　　　　　城镇化质量、产业结构对土地集约利用水平影响的回归结果

变量名称	全国样本		东部地区	中部地区	西部地区	东北地区
	模型 1	模型 2	模型 3	模型 4	模型 5	模型 6
$intercept$	—	—	– 1. 0877 *** (– 5. 1451)	1. 1828 *** (0. 0000)	0. 3061 (1. 2100)	– 1. 0334 (– 1. 6066)
$\ln A$	0. 6445 *** (15. 9065)	0. 6705 *** (16. 9800)	0. 9849 *** (10. 3300)	1. 0112 *** (0. 0000)	0. 5824 *** (7. 2910)	0. 6961 *** (5. 3462)
$\ln MIX$	– 0. 0028 (– 0. 3774)	– 0. 0041 (– 0. 5727)	– 0. 0274 ** (– 2. 3058)	0. 0112 (0. 9208)	– 0. 0245 (– 1. 5265)	0. 0129 (0. 7801)
$\ln DIF$	0. 0077 (1. 0703)	0. 0066 (0. 9438)	– 0. 0094 (– 0. 8634)	0. 0330 *** (3. 2500)	– 0. 0106 (– 0. 7517)	– 0. 001 (– 0. 0401)
$\ln P$	0. 0054 (1. 8662)	0. 0455 (0. 8804)	– 0. 3834 *** (– 4. 2991)	0. 3304 *** (4. 9663)	0. 0622 (0. 7876)	– 1. 3908 *** (– 2. 7698)
$\ln X$	0. 4137 *** (29. 0262)	0. 4120 *** (30. 1359)	0. 2059 *** (5. 2961)	0. 4575 *** (14. 9555)	0. 4027 *** (19. 4133)	0. 5151 *** (16. 6114)
ρ	—	1. 2209 ** (2. 8379)	0. 2494 *** (6. 8881)	– 0. 2361 *** (– 4. 0881)	0. 2509 *** (2. 7426)	0. 2881 *** (2. 7165)
R-squared	0. 8459	0. 9481	0. 9095	0. 9697	0. 9464	0. 9708
Hausmam	17. 2635 ***	18. 7400 ***	– 9. 8094	1. 8205	4. 0307	0. 0930
LMsar	—	64. 4035 ***	3. 5448	4. 8032 **	5. 5439 **	7. 7808 ***
RLMsar	—	45. 1718 ***	19. 8291 ***	44. 0741 ***	3. 7068 *	7. 7808 ***
LMerr	—	19. 9383 ***	0. 2044	1. 8250	2. 3303	0
RLMerr	—	0. 7065	16. 4888 ***	41. 5910 **	0. 4661	0

注：模型 1 为全国普通面板数据模型（个体固定效应），模型 2 ~ 模型 6 分别为全国及分地区的空间面板数据模型，通过 Matlab2013b 软件的 jplv7 工具包估计，其中 A 表示城镇化质量，P 表示人口规模，X 表示地均外商投资总额，ρ 表示滞后项，括号内为 t 值。* 表示在 10% 水平上显著，** 表示在 5% 水平上显著，*** 表示在 1% 水平上显著。

从全国样本的模型 1 和模型 2 的估计结果来看，城镇化质量估计系数均显著为正，说明城镇化质量确实可以促进土地集约利用水平，这与前面的理论研究相符，且在模型 2 中考虑空间的影响以后，模型的拟合度有了大幅度的提升，从 0. 8459 提升到 0. 9382，这一点体现了模型设定的合理性和稳健性。在考虑空间因素后，城镇化质量的估计系数略有提高，说明当前的城镇化质量水平受空间交互作用的影响，其对土地集约利用水平存在正向效应。而模型1和模型2的产业结构的构成效应估计系数和竞争效应估计系数均不显著，这说明国家虽然反复强调产业结构的优化升级，但是其对土地集约利用推进效果并不显著，其可能原因有以下三点：第一，产业结构调整的力度还是不够，以GDP为核心的行政考核制度，一定程度上磨灭了产业结构调整的内部诱因，尚未能影响土地集约利用。第二，地方保护主义依旧存在，产业结构调整缺乏外在动力。第三，产业结构调整是一个复杂而又漫长的过程，根据韩峰等（2013）的研究发现土地集约利用与产业结构的构成效应和竞争效应存在U形和倒U形的非线性关系，简单地按照产业结构演进规律追求产业的优化升级、发展特色产业可能并不会对土地集约利用产生明显的影响。从土地集约利用的空间滞后项来看，空间滞后系数为1.2209，且在5%显著性水平下显著，说明土地集约利用在全国范围内存在明显的空间溢出效应，即土地集约利用在全国范围内通过空间关联和溢出效应，可以使土地集约利用水平高的地区带动土地集约利用水平低的地区。就控制变量而言，人口规模不存在显著效应，表明其对土地集约利用没有太大的影响；而地均外商投资总额呈显著的正相关关系，表明地均外商投资也是影响土地集约利用的因素之一。

为了更进一步地分析城镇化质量、产业结构对土地集约利用的区域差异，本书选择了东部、中部、西部和东北地区四个子样本建立空间面板回归模型进行估计，从模型3、模型4、模型5和模型6的估计结果来看，分区域样本中，城镇化质量也是影响土地集约利用的重要因素，特别是中部地区城镇化质量系数达1.0112，且在1%显著性水平下显著，明显高于西部和东北地区，这说明中部地区城镇化发展迅速，且质量很高，其城镇化发展所产生的集聚效应、规模效应、范围效应、乘数效应、溢出效应显著，进而有效促进了土地集约利用。观察土地集约利用的空间滞后项，东部、西部和东北地区均具有出正向溢出效应，而中部地区具有负向溢出效应。

不同于全国样本的是，模型3中东部地区产业结构存在显著负向影响，这说明东部地区产业结构构成效应在一定程度上阻碍了土地集约利用水平的提高，这与前面时间趋势特征分析相对应。虽然近年来东部地区大部分省份产业结构优化已达到高水平状态，但是在产业结构优化的过程中与土地集约利用仍然存在诸多的不和谐之处，一些地区政府为了招商引资实行土地优惠政策，虽然产业结构得到优化，但是扰乱了市场秩序，导致一些企业非但没有对土地集约利用产生紧迫感，反而变本加厉地"圈地"，出现占而不用的现象，此外部分地区也存在过度开发、集聚不经济、利用结构不合理的现象。控制变量中，地均外商投资对土地集约利用的影响基本与全国范围内的影响效果相符，但在人口规模因素方面，东部地区人口规模对土地集约利用存在显著的负向影响，这说明经济发达的东部地区，人口规模越大，对土地集约利用的胁迫作用可能更大，当人口规模效应超过土地可承载的利用强度，就会引发"大城市病"，过快的人口增长，将引发土地资源稀缺、交通拥堵、环境污染等一系列问题。

从模型 4 的结果来看，中部地区的产业结构竞争效应存在显著正向效应，说明中部地区虽然长期内产业结构的优化升级的速度比较缓慢，但是短期内能够培育其优势产业，实现专业化生产，提高产业的竞争力，在发展过程中充分结合土地资源的优势，使得有限的土地资源得到更加有效、合理的利用，进而有力地促进了土地集约利用，且在空间上具有显著的溢出效应。就控制变量而言，中部地区地均外商投资对土地集约利用的影响也基本与全国范围内的影响效果一致。不同的是，中部地区人口规模对土地集约利用存在显著的正向影响，人口规模的增加有利于促进产业形成规模效应，倒逼城市加快基础设施建设，优化空间布局，提高了土地的利用强度和效率，从而促进了土地集约利用水平的提高。

从模型 5 的结果来看，西部地区产业结构构成效应和竞争效应均不显著，这与全国样本相似，西部近年来产业结构优化升级虽有提升，但力度依然不够，产业基础薄弱，高新技术产业和服务业起步慢，而低端产业的发展资源效率低、环境污染严重一定程度上也阻碍了土地集约利用。控制变量中，西部地区地均外商投资对土地集约利用也存在显著的正向影响。不同于东中部地区的是，西部地区人口规模效应对土地集约利用的影响并不显著，这可能是因为西部地区地广人稀，产业发展缓慢，人口的规模还不足够产生规模效应。

从模型 6 的结果来看，东北地区产业结构构成效应和竞争效应也不显著，这可能是因为东北地区一直以重工业发展为主，地区产业优势逐渐减弱。控制变量中，地均外商投资对土地集约利用的影响也是基本与全国范围内的影响效果相似。但在人口规模因素方面，东北地区人口规模对土地集约利用存在显著的负向影响，人口的流入虽然有利于产业形成规模效应，但是东北地区产业多以重工业为主，重工业的过度发展不利于土地的集约利用。

6.4.6 小结

产业结构演进、城镇化质量与土地集约利用之间存在天然的交互关系，本书基于 1997～2015 年中国 29 个省域的面板数据，采用空间计量方法，实证研究了产业结构演进、城镇化质量和土地集约利用的时空演变及关系。研究结果表明：第一，研究时序内，城镇化质量与土地集约利用总体上呈递增趋势。产业结构演进过程中，东部地区结构效应略优于东北地区和中西部地区，而竞争效应变化不大且各地区间差异并不明显。第二，产业结构、城镇化质量和土地集约利用的空间差异主要源自区域内部差异，且东部地区区域内部差异最大。城镇化质量与土地集约利用在空间演变趋势中呈现出明显的地理集聚现象，土地集约利用中心由东部往中部转移，城镇化质量逐渐向东部集聚。第三，空间计量结果表明，土地集约利用存在显著的正向空间溢出效应，城镇化质量无论是在全国样本中还是分区域样本中，都是土地集约利用的重要驱动因素。全国样本中，产业结构演进对土地集约利用的影响不显著。分区域样本中，东部地区产业结构构成效应存在显著负向影响，中部地区的产业结构竞争效应存在显著正向影响，而西部地区和东北地区产业结构效应均不显著。

鉴于上述结论，本节对土地集约利用提出了若干政策启示：第一，提高城镇化质量，充分发挥人口、经济、社会、城乡一体化对土地集约利用产生的正向作用。城镇化在发展的过程中做好产业集聚和人口集聚的整体规划，统筹城乡发展，合理利用土地增减挂钩机制，合理配置城镇与乡村资源。第二，注重扶持高新产业的发展，系统地促进产业结构优化升级。东部地区在产业结构演进过程中，在追求速度的同时要更加注重"质"的把控，避免引发"大城市病"，导致集聚不经济，同时在产业演进过程中要注重环境的影响与土地集约利用的有机融合。东北地区要加快转型经济增长方式，大力发展第三产业，提高经济质量。中、西部地区要充分发挥其自身的资源禀赋优势，积极发展第三产业，推进产业园区的形成，适当地扩大产业规模，提高对人口的吸纳能力，努力实现人口集聚与经济集聚的双轮驱动，将土地集约利用的潜力最大化。第三，积极舒缓区域内部土地集约利用差异，着力提高城镇化质量水平，加强区域内部经济交流合作，促进区域协同发展。第四，充分发挥土地集约利用的溢出效应，打破地方保护主义，畅通各要素在各区域之间的流通性，最大程度发挥土地集约利用的外部辐射和带动作用。东部地区通过合理规划大力发展高新技术产业，可以通过市场与政府的力量将一些技术水平相对较低、土地利用能力相对较弱的产业转移到中、西部，缓解城市人口及土地压力。中部地区积极与东部地区合作，承接东部地区部分转移产业，努力提高自身的经济发展水平。西部地区位于东、中部地区的辐射区，应充分利用外部辐射作用，大力发展城镇化，进行产业结构优化，利用西部大开发的战略契机，促进西部经济的发展和土地的集约利用。

第7章 面向产业结构升级的土地集约利用政策建议

根据产业结构与土地集约利益之间的互动机制与实证研究，我们认为必须充分认识到中国城市的传统"以地生财""以地引资""以地谋发展"的经济发展模式是导致我国长期土地利用的空间和用途失衡、土地低效利用的重要原因。在我国进入产业转型升级和经济新常态的背景下，要充分发挥产业结构优化升级对城市土地集约利用的积极作用，不仅应该统筹产业用地与其他建设用地之间、建设用地与农用地之间的合理配置，还应该从我国产业结构优化升级的新特征出发，寻找实现我国城市土地就业利用的有效途径和政策选择。

7.1 面向产业结构升级的土地集约利用政策制定思路

7.1.1 政策制定原则

提高土地集约利用水平对中国的产业结构优化升级和经济可持续发展具有重要的作用，中国的土地政策和市场化改革应该以提高土地集约利用水平作为核心。就实践而言，提高我国的土地集约利用水平具有理念转变等方面的积极因素，同时也面临制度安排和政府间竞争引起的路径依赖等多重制约因素。因此，现阶段关于面向产业升级的土地集约利用政策的制定需要把握以下四个原则。

（1）市场导向原则。改革开放以来，我国土地资源的利用中市场的资源配置功能在不断增强。"招拍挂"出让土地宗数占比①从 2003 年的 15.77% 增加到了 2016 年的 44.18%，"招拍挂"出让土地面积占比从 2003 年的 18.91% 增加到了 2016 年的 36.70%，同时，"招拍挂"出让土地价格从 2003 年的 566.99 万元/公顷增加到了 2016 年的 1801.07 万元/公顷，市场机制在土地资源配置中占据着越来越重要的地位。然而，需要看到的是，我国土地市场中协议出让和行政划拨方式供应的土地仍占据很高的比重。尤其是工业用地。我们国家目前的工业用地仍然大量采用协议出让方式，从而导致了市场化配置机制没有发挥应有的作用。尽管 2006 年国家出台了《关于落实工业用地招标拍卖挂牌出让制度有关问题的通知》的规定，要求工业用地出让必须采用"招拍挂"方式。但是"招拍挂"出让的工业用地的价格仍然普遍低于市场价格，因此仍然属于非市场化的出让方式。因此，现阶段我国土地利用政策的制定要更加突出市场的价格机制、竞争机制和供求机制，提高土地集约利用水平要先充分体现市场导向原则。其重要性主要体现在两方面：一方面是要与整个经济体制改革的方向相一致。党的十八届三中全会中明确提出了市场在资源配置中起决定性作用。相应的，土地要素作为重要的生产要素也势必要让市场起决定性作用；另一方面，土地集约利用水平提高的主要障碍因素是市场化水平不高。现阶段的土地制度赋予了地方政府对土地一级市场的绝对控制权。地方政府在土地配置中的过度干预极大地降低了土地的配置效率。

（2）政策互补原则。在新时期要实现面向产业升级的土地集约利用，必须高度重视与之相关的政策变迁。毫无疑问，土地政策和产业政策对土地集约利用具有重要的推动作用。需要指出的是，土地政策和产业政策并不是孤立的，事实上，土地政策的演进过程同样伴随着产业政策的调整和优化。因此，面向产业升级的土地集约利用水平的提高不能仅依靠土地制度和政策的改革，还必须将土地政策与产业政策有机结合起来，形成二者的优势互补，政策互补是我国土地集约利用的重要原则。强调政策互补原则一方面，由于政策之间内在的关联和契合要求必须重视政策之间的互补；另一方面，土地政策和产业政策是政府与市场互动的产物。如当前的土地政策中地方政府对土地市场的过度干预是由于财政分权和分税制改革后地方政府在晋升机制和

---

① 该占比为"招拍挂"出让土地占总供应土地比重，总供应土地包括协议、"招拍挂"、划拨、租赁和其他，土地出让相关数据均来自历年的《中国国土资源年鉴》《中国国土资源统计年鉴》。

激励机制动机下的必然选择。要对现阶段的土地政策和产业政策进行深化改革，其前提是推进社会体制改革中的地方政府行为方式的调整，这种政策互补对促进我国土地集约利用是不可或缺的。

（3）因城施策与合作共赢原则。我国地域辽阔，地区和城市之间的经济发展水平和差异较大，区域间发展不平衡问题突出，同样土地集约利用水平方面也存在较大的差距。因此，在制定土地集约利用政策的过程中要充分考虑地域间的差异性，政策要有一定的弹性空间，便于地方在实际操作中有可行性。同时，要考虑政策的制定要有利于不同产业结构和经济发展水平的区域之间的优势互补，避免出现地区之间的恶性竞争和产业雷同现象。土地集约利用政策的制定应建立有利于不同的区域之间形成优势互补的利益共享机制为原则。

（4）规划调控原则。规划是政府对市场进行调控的重要手段。政府通过规划调节供求关系来对土地资源进行配置。但是由于规划缺乏法律效力，导致实际中规划的执行力度不够，规划对土地缺乏"刚性"约束，从而导致土地利用的混乱和无序。同时，土地利用规划在执行过程中与其他规划之间的矛盾和冲突问题会导致其无法发挥宏观调控作用，是制约土地集约利用的重要现实问题。因此，在国家强度"多规合一"和统一编制国土空间规划的背景下，如何制定科学有效的土地利用总体规划，并建立与产业规划的统筹协调机制，以真正实现其调控职能是提高土地集约利用水平的重要原则。

7.1.2 政策制定的基本思路

根据产业结构演进与土地集约利用之间的互动影响机制，以及产业结构、城镇化质量、土地市场化和房地产投资对土地集约利用的影响机制。应该更加重视产业结构优化升级过程对土地集约利用的积极作用，并制定长期的发展战略，在产业结构优化升级的过程中积极推动生产要素的自由流动，优化土地资源的配置效率，提高土地集约利用水平。

通过解析我国城市土地集约利用的现状和影响因素，厘清提高土地集约利用水平的条件和原则，目前在于给出提高土地集约利用水平的具体思路，而这种思路中必然包含地方政府土地供应行为的适应性调整。从前面的理论机制和实证检验出发，本书提出了面向产业结构升级的土地集约利用的基本思路，即提高土地集约利用水平必须实现"12345"的五步骤。其中，"1"

是指一个目标：通过提高土地集约利用水平来构建土地要素与产业要素的良性互动关系；"2"是指两个主体：市场作为资源配置的主体，而政府作为经济和市场调控的主体；"3"是指三种要素：人口、土地与产业；"4"是指四种机制：市场化机制、政策互补机制、因城施策机制和调控机制；"5"是指五个方面的制度完善：产业用地出让制度、产业用地统计制度、土地市场化出让和管理制度、土地集约利用评价制度和产业用地动态监测制度。

7.2　面向产业结构升级的土地集约利用政策支撑体系

7.2.1　土地集约利用的市场化机制

产业结构的优化升级要通过市场竞争的优胜劣汰来实现，同样，土地集约利用也需要通过市场来实现，土地市场的不断完善是提升土地集约利用水平的前提和关键，也是产业结构优化升级的基础。因此，如何充分发挥市场机制在土地要素配置中的作用是需要解决的首要问题。土地市场化机制包括了供求机制、价格机制和竞争机制。

（1）供求机制。土地市场供求机制的完善要同时贯穿土地的一级市场和二级市场。土地一级市场方面，土地的收储和供应缓解属于建设用地的初次配置。目前土地一级市场的供应方式主要有"招拍挂"出让方式、协议出让方式、行政划拨供应方式、租赁方式和其他。除了基础设施和其他特殊用地以外，商业和住宅用地、产业用地等均应该采用"招拍挂"的出让方式，并强化"拍卖"方式的比重。除重大招商引资项目采用"一企一策"挂牌出让外，其他工业用地按产业进行竞价招标出让。提高单独供地项目投资门槛，鼓励支持建造多层标准厂房。对于产业用地，要根据企业的实际情况来采用差异化的土地供应策略。对于产能严重过剩的落后和淘汰产业和企业，国家的供地政策和税收政策要对其形成退出机制，减少土地供应。对于土地二级市场，应该在政府的有效监督下，通过市场供求机制来盘活存量的建设用地，如通过市场供求机制来盘活淘汰企业占用的土地，鼓励企业直接参与土地使用权的转让交易，提高土地用途转换和使用权转换的效率，进而转移给有发展潜力的优势产业和企业，减少因企业转型、倒闭或者搬迁而引起的土地闲置和浪费。通过不断调整和优化建设用地的供应结构和土地利用转化机制，提高存量建设用地的利用效率和周转效率。

（2）价格机制。一是运用土地市场形成的地租和地价来促进土地的高效和集约利用。由于工业用地的出让方式多采用协议出让方式，企业之间缺乏有效竞争。尽管 2006 年国家出台了要求工业用地必须招拍挂的规定，但是工业用地的出让价格仍然远低于市场价格。用地企业以较低的价格获得土地使用权，导致了企业不重视土地的开发利用，土地闲置现象严重。随着中国城镇化进程的不断推进，城市可供的建设用地数量不断减少，土地的价格不断攀升。土地要素的有限供给决定了用地企业更加重视存量土地的利用，只有不断提高单位土地面积的产出来降低土地使用成本，从而通过土地价格的杠杆机制来倒逼企业重视土地利用效率和提高土地集约利用水平。二是借助级差地租的价格杠杆来推进土地置换，如在城市内部推进企业的"退二进三"。高污染、高排放的工业企业考虑到中心城区的地价较高，企业的扩张需要支付高额的用地成本，企业发展受限，而城市周边郊区的土地价格相对较低。因此这些企业在低地价的吸引下从城市中心搬迁到城郊，腾出的用地空间转移给高科技企业、金融服务业企业，这些企业通常投资收益率较高，能够支付高额的土地成本。三是增加闲置土地的持有成本。对于城市内部出让后的土地长期闲置的，应该及时调整土地使用税的征收标准，如开征土地的闲置税，从而增加土地持有成本，倒逼用地企业或者开发用地或者转让用地，从而盘活存量用地。

（3）竞争机制。对于地方政府的土地供应行为，应该强化市场化配置的地位和作用，引入竞争机制。一是要严格限制行政划拨用地的数量和宗数，除了按照法律规定可以采用行政划拨方式的以外，逐步将经营性基础设施用地和不符合划拨条件的用地采用"招标、拍卖和挂牌"的市场化出让方式。对于存量的划拨用地，应该选取适当的时机进行回收再利用，通过出让、出租等多种方式来引导划拨用地进入土地流转市场。二是要加强对协议出让方式的监管力度，尤其是对于工业用地。传统的工业用地协议出让方式严重违背了市场规律。地方政府为了招商引资而低价甚至零地价将工业用地出让给用地企业，企业之间缺乏竞争机制，因此，导致用地企业因为低用地成本而不重视土地资源的利用效率和集约利用，土地低效利用和闲置现象严重。一方面应该逐渐减少协议出让方式，另一方面应该使得协议出让方式的最低价格向市场价看齐，防止地方政府通过低价协议出让工业用地来换取经济发展。三是要建立统一的土地交易市场，提高土地市场的公开和透明度。四是探索产业园区和工业园区的企业化运作模式，改变政府单一主导的传统模式，通过企业间的竞争来优化园区的运营和管理水平。

7.2.2 土地集约利用的政策互补机制

以规划为重点的政策实施的核心要义是要对土地和产业的发展设置合理的目标和约束。其中土地政策对应土地利用总体规划而产业政策对应产业规划。两者之间应该形成统筹协调的发展机制，从而形成政策之间的互补和互促作用。

（1）构建土地利用与产业结构的互动机制。城市发展的过程就是将产业结构优化和城市土地合理利用相结合的过程，可以说，城市土地合理利用与优化产业结构是一个问题的两个方面：一方面，土地利用结构与利用效率随着产业结构的调整而变化；另一方面，合理的土地利用安排将推进城市产业结构优化升级，不合理的土地利用安排则阻碍产业结构优化进程。这两个方面均应得到高度重视。一是不断提高农业集约经营和综合生产能力。要用现代科学技术改造农业，重点抓好新品种、新技术、新设备的引进和推广运用，提升农业科技的自主创新能力。二是大力发展先进制造业。充分利用地区的比较优势，积极引导要素资源向战略性新兴产业集聚，努力将新一代信息技术产业、高端装备制造产业、生物产业、新能源产业、新能源汽车产业等战略性新兴产业打造成为产业升级的突破口，经济增长的新引擎。积极运用高新技术、先进适用技术特别是信息技术改造提升传统优势产业。进一步加快产业结构调整，淘汰落后产能，实施品牌战略，增强产品开发能力，提高产品附加值，推动产业升级换代。三是以推进城市综合体建设为抓手，大力发展现代服务业。积极培育楼宇（总部）经济、服务外包、空港经济、会展经济、健康经济等新型服务业态。

（2）土地利用规划和产业规划相结合。土地利用规划注重对未来土地利用需求的预测，强调土地利用结构和布局的优化和调整，按照一定的建设用地规模总量来统筹安排各类用地的供应规模和时序。产业规划则是综合运用各种理论方法和工具，对当地的产业发展定位、产业布局和体系、产业结构、产业链及社会经济环境影响等做出科学规划。比较可行的做法是，一旦确定了当地的土地利用规划，产业规划等其他规划必须严格执行土地利用规划的用地安排，将土地利用规划与产业规划有机结合起来，以土地利用规划保证产业规划的实施，以产业规划促进土地利用总体规划的完善，从而带动产业用地的高效集约利用。

（3）土地政策与产业政策相结合。一方面，政府部门在制定相关土地利用政策的过程中要充分考虑不同产业的用地需求和用地空间布局的要求；另一方面，产业政策的制定也要充分考虑城市土地利用规模、结构和布局的影响，重视土地集约利用水平的提高。自新《土地管理法》确立了以土地用途管制为中心的新型土地管理政策以来，为了抑制部分行业产能过剩和重复建设，引导产业健康发展，规范房地产市场平稳运行，国家出台了一系列的土地用途管制政策，如国土资源部和国家发改委先后发布实施的《限制用地项目目录》和《禁止用地项目目录》（1999 年版本、2006 年版本、2006 年版本增补版本和 2012 年版本），这些政策的出台是为了与产业结构调整政策《产业结构调整指导目录》等相配合，进一步完善促进产业结构调整的政策体系。另外，为规范房地产用地供应管理，促进闲置土地利用和打击囤地炒地行为，近年来，国土资源部按照国家有关房地产市场调控政策要求，先后下发《关于加强房地产用地供应和监管有关问题的通知》《关于进一步加强房地产用地和建设管理调控的通知》《关于严格落实房地产用地调控政策促进土地市场健康发展有关问题的通知》等文件，对商品住宅用地单宗出让面积、住房用地容积率控制标准等做出了明确限定。这些土地用途管制政策实施的目的是为了能够建立用地政策与产业政策的联动机制，改善和提高土地调控效果。

（4）完善土地和产业发展政策，促进产城融合发展。产城融合是促进土地集约利用的重要途径，应该充分发挥产城融合对土地集约利用的关键作用。一是要发挥城市自身的资源禀赋和比较优势，发展优势产业。尤其是要重点发展与工业相匹配的生产性服务业的比重和规模。同时重视产业和人口的协同集聚，在产业园区和住宅区布局上避免职住分离，走产城联动的道路。二是要转变土地利用模式。改变传统的"以地谋发展"、高度依赖土地资源的发展模式，避免为了招商引资而低价甚至零地价供地的情况发生。要严格开发区、产业园区和工业园区等的设立条件，防止地方政府通过投资拉动经济增长而大量建设新区、新城的模式，避免出现城市无序蔓延和鬼城、空城。对于人口净流出的城市不再分配新增建设用地指标。产业园区的建设要与城市基础设施、居住空间相契合，促进城市设施与园区共建共享，实现园区的传统单一生产功能向多元化的综合功能转变。

7.2.3　土地集约利用的因城施策机制

中国幅员辽阔，地区之间的发展差距较大。东部沿海地区经济发达，产业集中度高，中部、西部地区经济相对落后，产业规模和层次较低，产业集中度低。因此，应该根据不同城市的经济发展水平采取差异化的土地利用政策。

（1）建设用地指标分配的差异化机制。从中央层面，对于建设用地指标的分配不再是一刀切，而要考虑到城市建设用地需求与供给之间的匹配情况。对于人口净流入的供不应求地区，应该加大建设用地指标的分配额度；对于人口净流出的供大于求地区，应该适当减少建设用地指标的分配额度。

（2）实施差异化的土地优惠政策。为了吸引投资和实现经济发展，各地区出台了各类优惠政策。但是现有的优惠政策地区之间缺乏差异性，导致吸引投资和拉动经济增长的效果不明显。因此建议各地应该因地制宜地制定差异化的税收优惠政策，将产业税收和土地税收优惠政策结合起来。土地税收优惠政策应该根据不同的地区、产业类别分别制定不同的标准。通过区域间、产业间形成有效的税收政策梯度，才能充分发挥优惠正常的区域调节作用。

（3）制定差异化的土地利用战略。对于地方政府，则应该因地、因时制宜，灵活地制定地区的土地利用战略。首先，制定科学的城镇化用地战略。地方政府在推进城镇化的进程中不能一味追求土地城镇化，导致土地城镇化快于人口城镇化的问题。而应该根据当地的人口聚焦能力来制定城镇化发展战略，注重城镇化发展质量，促进城镇化发展从外延扩张模式向内涵发展模式转变。其次，确定合理的基础设施建设规模。各地应该根据城市发展规划和地区经济发展水平，对未来的基础设施需求进行科学预测，进而确定合理的基础设施用地规模。同时也要兼顾地方的人口和生产发展需要来确定合适的基础设施用地的空间布局，避免重复建设和闲置浪费，最大程度发挥基础设施的效用。

7.2.4　土地集约利用的调控机制

对土地市场的调控主要包括两方面的内容：强调规划的调控机制；建立

土地集约利用的公众参与机制。

（1）规划的调节机制。第一，土地利用规划编制过程应提高其法律约束力，减少规划的随意性。第二，规划的编制应具有前瞻性和弹性，即"刚性约束＋弹性适应"的双重机制。土地规划的刚性约束强调规划编制的法律效力，任何人不能随意改动。土地规划的弹性适应强调规划的编制要符合当地的实际，并能够适应当地社会经济发展的变化，有一定的弹性空间。第三，坚持实行城乡统一的规划管理。要强化土地利用总体规划的整体管制作用，各级城镇规划、产业发展规划、建设规划等的制定要与土地利用总体规划相衔接，在用地规模、结构和布局安排上应当符合土地规划的要求。探索实行功能区规划、城镇规划与土地利用总体规划"三规合一"。第四，强化城市立体开发和功能混合。城市以水平方向为主的平面形态发展向以竖向拓展为特征的立体形态发展转变。城市立体开发是综合发展城市的地面、高空、地下三部分，对城市进行不断地改造和扩充城市容量的过程，是提高城市土地节约集约利用的有效方式。要加大地下空间开发力度。综合考虑城市各方面的发展，加快编制符合城市总体规划的城市地下空间体系规划，将城市地下空间的开发利用规划纳入城市总体规划管理体系。主动引导包括商业空间、交通空间、文化娱乐空间、部分工业生产车间等内容的业态转入地下，形成由地下交通干线、地下商业娱乐设施、地下停车场等组成的地下防护空间体系。在水平面上将不同功能的建筑融合一起，在建筑纵向上加强功能混合，如住宅与商业、住宅与写字楼等的垂直混合。混合用途开发可以大幅度地提高开发强度、密度以及多样性，以代表提高土地利用率与城市运行效率一种开发方式，对此应该给予高度重视。而与此相适应，需要积极探索混合用途开发相应地对土地分割、用地性质界定、使用年限等方面的产权制度创新。

（2）建立公众参与机制。土地市场的调控政策的制定需要公众的参与。通过广泛征求各方面的意见和建议，从而最大限度地保障政策制定的公开性、公平性和有效性，同时也能够保障政策制定后的顺利实施。一是公众参与机制的制度化建设。包括公众参与的程序、咨询和听证制度的建立、相关信息的公开等。二是要加强对地方政府官员行为的监督。建立健全、全面参与、共同监督的制度体系，明确公众参与的方式、主体、广度和深度。对于政策颁布实施前的征求意见，可通过网络平台等媒介来向广大公众广泛征求意见，从而提高政策制定的群众参与和认可，便于政策的落地和实施。对于重大监督事项，可通过民意调查和公开听证等方式来广泛征求意见。对于有一定技术门槛的事宜，应结合专家咨询和专题研讨的方式来提高决策的科学性。对于违规违法行为的监督，应该设立各种渠道和方式如电话热线、网络投诉平台、微信公众号等，为群众的投诉和建议提供渠道和平台。三是要加强公众参与土地规划编制的过程。考虑到规划的编制关乎城市居民的切身利益，因此，应该在规划编制过程中充分考虑利益相关者，广泛征求相关部门、企业和居民的意见和建议，提高规划编制的适用性和可行性。

7.3 面向产业结构升级的土地集约利用政策选择

7.3.1 积极创新产业用地出让制度

（1）推行产业用地的两阶段弹性出让方式，创新产业用地的出让制度。通过提供与企业生存时间相匹配的灵活土地出让年限，从而降低土地闲置的可能性，提高土地利用效率。将新的工业用地出让使用年限分为两个阶段：第一阶段一般不超过5年，第二阶段为土地出让年限减去第一阶段后的剩余年限，出让金分批缴付。第一阶段末，由工推办、发改、国土、规划、财税、工商及监察等部门组成联合小组，对用地情况进行验收，对私自改变土地用途尤其是私下转让土地的，收回第二阶段使用权，对没有达到约定开发与利用指标的，可提高土地出让金水平。对达到或基本达到约定条件的，及时办理第二阶段出让手续。土地出让年限可以适当缩短。期限届满时若达到入区时承诺的各种经济指标，且保持增长态势的企业，可以申请延长土地使用期限。

（2）推动产业用地租赁制。针对市场变化越来越快、企业寿命越来越短的客观现实，工业用地供给政策以租赁替代出让是一个发展趋势。可以试行以"招拍挂"方式出租国有建设用地使用权，租赁期限一般不超过20年，实行年租金制，租金与企业创造的税收相挂钩，积极取得金融部门支持，允许租赁土地上的厂房抵押融资。探索将融资租赁引入产业用地管理，由政府搭建工业地产融资租赁平台，根据企业的要求建设好厂房或者企业建成厂房后由政府通过融资回购方式收回，然后再反租给企业，企业向政府定期交纳租金，土地、厂房的所有权属于政府融资平台。也可以依托现有工业园区管委会，在发挥行政管理职能的同时，强化其对园区工业地产的投资职能、经营职能，设立工业地产投资经营公司，先期与工业园区管委会"二块牌子、一套班子"运作。

（3）鼓励建设多层标准厂房。在每年工业用地年度出让计划要确保安排一定比例的标准厂房。对投资建设标准厂房的单位，应给予一定资金补助。由建设方通过出让、租赁等方式取得工业用地的使用权，并融资建设标准厂房或者按照产业要求定制厂房，然后将厂房出租给入园企业。对经公开出让的标准厂房建设用地使用权，建成后可以按出让文件的约定分割进行登记、转让、出租、抵押。独立工业企业利用现有建设用地建造标准厂房、建筑面积高于原容积率的，不再增收土地价款，并免收城市市政基础设施配套费，但不得分割转让。

（4）建立履约保证金制度，细化用地约定条件，增强政府对产业用地风险处置法律依据。与土地利用有关的指标包括容积率、建筑系数、行政办公及生活服务设施用地面积所占比重、绿地率、开竣工时间等在出让合同中作明确约定，投资强度、土地产出率和产值能耗三项指标要求及违约责任在产业用地发展协议书中约定。为约束企业严格履行合同，可实行履约保证金制，待项目通过竣工复核验收后视履约情况予以退还。在出让合同中要进一步细化土地转让条件，项目在未通过达产评价考核前不得出租、产权转让、股份转让、调整产业类型，否则由政府按成本价优先回购。对于完全以市场化方式通过竞地得到土地的企业，若已按照出让合同约定的期限和条件投资开发、利用，可以依法转让给有关企业。工业园区和特色工业区的工业用地，转让时受让的企业要符合该地块确定的产业要求。对享受特别优惠政策、设置针对性的出让条款的工业用地，确因企业经营不善或其他原因需进行土地使用权转让的，开发区、功能区管委会或政府土地储备机构有权作为第一收购人，按原出让价（不计息）收购，地面建筑物和构筑物按即时重置价格收购。

7.3.2　建立产业用地的统计制度

（1）建立产业用地的分类体系。按照产业结构的类别对产业用地进行分类统计，出台基于产业的用地统计制度，全面系统掌握我国城市土地利用的动态数据资料，实现各部门的信息共享，为实行精细化用地管理提供科学依据。在充分掌握企业集约用地信息基础上，按照是否符合产业政策、是否符合产业布局，土地利用强度是否达到标准，以及用地产出效率、能耗、水耗、环境影响等是否符合标准进行全面统计，确定强制淘汰类企业、限制发展类企业、整改提升类企业、优先发展类企业等几类，分类制订相应的政策，加大产业升级转型力度。强制淘汰类企业限期搬迁；限制发展类企业引导其向外转移；整改提升类企业要求企业提高土地开发强度与利用率，或通过用地整合提高用地率；优先发展类企业鼓励发展，优先保证要素配置。

（2）针对不同类型产业用地的分类统计，识别出各类低效用地。低效利用工业用地包括：不符合安全生产和环保要求的产业用地；不符合产业发展政策导向，属于国家产业目录规定的禁止类、淘汰类产业用地；企业生产经营长期困难，无税收贡献或低税收贡献产业用地；占地大、开发强度低的用地等，前三类属于淘汰或限制发展类、后一类属于整改提升类。建议通过协商回购、退二进三、鼓励企业自主兼并重组、加强对外区域合作等来实现存量低效产业用地的盘活和优化配置。对于零星分布在开发区与功能区以外的低效利用工业用地，通过城市规划进行用途调整，政府采取征收、收回、收购等措施收回原土地使用权后重新供应，以招拍卖挂牌方式出让的，在扣除收回土地补偿成本、财政相关计提后，其土地出让纯收益可按一定的比例依照有关规定专项用于支持企业发展。对于位于开发区与功能区内的低效利用工业用地，要建立协商机制，明确政府回购条件以及对企业限期整改的时间与内容要求。支持利用工业企业厂房发展生产性服务业。鼓励工业企业在用地性质、土地使用权人的前提下，引进与发展企业相关的设计、研发、产品展示、检测检验、信息咨询等生产性服务功能，大力提升制造业的高端集聚。在符合土地利用总体规划和城市规划的前提下，建议允许"2.5 产业"用地参照工业用地管理，增加容积率不增加土地价款。

7.3.3　建立城市产业用地的动态监测制度

严格产业项目准入，实施差别化管理，并强化批后监督。建立跨部门的产业项目跟踪监督机制，明确发改、经信、规划、建设、国土、招商引资等部门的监督责任，对产业用地开发建设情况实施网上监管。应用 GIS 和土地交易系统等现代化工具和平台对土地利用现状和土地市场进行监测，并定期向社会公布相关信息。对于产业用地，应该充分发挥金融和税收工具的作用，建立有差别化的政策，以鼓励企业提高土地集约利用水平。

（1）建立统一的组织协调机制和全市统一的产业用地信息平台。鉴于多部门分管产业平台的现状（商务厅分管经济开发区，科技厅分管高新技术区，经信委分管工业、信息产业园区），建立健全由省领导牵头，由各相关部门组成的产业平台组织领导机构，重点破解产业平台发展过程中突出的体制机制性问题，通过产业发展规划，出台重大政策，进一步整合资源，集中力量支持产业平台建设。并进一步搭建全市统一的信息发布平台，整合现有分散在各管委会的产业供地信息与产业投资类信息，包括年度产业用地出让计划、政策，已出让产业用地使用与建设情况，各产业园区的产业投资导向，区域内企业生产能力、生产规模、产品线等，外来投资者能够在平台上实现"一站式信息"获取。

（2）利用卫星执法为契机，对全国土地集约利用情况进行监控。卫星图片的实时性、准确性为及时准确掌握土地集约利用情况提供了可能。今后建议在条件允许的情况下增加重点区域的卫星图片的拍摄频率，从而加强土地集约的监管效率和及时性。

（3）应用先进技术加强对产业用地进行信息化监管。除了遥感卫星，还可以借助地理信息系统（GIS）、全球定位系统（GPS）等现代化信息技术对土地利用进行动态监测，对地区内的土地利用规模、结构和布局等指标进行监测和诊断。这些监测技术和手段能够为高效利用城镇土地提供科学的依据，能够对土地集约利用水平下降的区域进行有效识别，并有针对性地对土地集约利用水平始终处于下降或者较低水平的区域进行集中整改。

（4）加强全过程精细化监管。切实加强产业用地政策调控和履约管理，严格土地使用事前、事中、事后的监管，加大批少占多、批而不用、擅自改变用途、改变开发利用强度、闲置不用现象的处置力度，确保建设用地按规定或约定开发建设与生产经营，使节约集约用地落到实处。同时，从供地之日起，就开始整合国土、发改、建设、工商、工程招投标办、财税、社保等部门掌握的数据，建立全面反映项目建设状况、投产状况、用工状况的信息库，对项目进行全过程精细化监管。对于城市重大项目和征地拆迁，必须全程公开土地使用权、法人权益的政府工作，促使整个拆迁过程公开和透明，提高政府部门的公信力。

7.3.4 探索土地市场化出让和管理制度

在国外及沿海发达地区，采用市场化方式建设工业园区已成为普遍且较成熟的做法。推进园区建设模式市场化改革创新，拓宽资金投入渠道，积极引入社会资本参与园区建设，才能打破园区建设滞后困局。将园区社会事务管理、行政审批与园区开发建设、招商分离开来，社会事务管理、行政审批等隶属政府事务由政府授权给相关机构承担，开发建设与招商则采用市场机制主要由企业承担，可提高招商引资效率。同时，企业化经营是未来产业园区的发展趋势，园区土地的开发主体也逐渐由政府转为企业。

（1）组建和引进投资运营公司。鼓励各开发区设立资产运营公司，以市场化手段加快基础设施建设、开展对外招商和项目先期开发。鼓励民间资本、外资参股国有资产运营公司，共同参与新上项目及区中园开发建设运营。该公司履行地方政府委托的工业用地收储、使用和监管职能，实行统一征用、收储，依法出让、出租和依合同进行监管、收回与转让。对新上项目的投资、人员管理、开发建设、利益分配等按市场化机制运作。加大招商力度，引进国内外有竞争实力和园区运作经验的战略性投资公司，以企业为主体进行成方连片的开发运营。

（2）政府职能的市场化转变。建立健全公司化运营、市场化运作机制，在用人机制、利益分配、招商机制、考核奖惩等方面全面实行市场化运作，按照市场规律选人用人、分配利益、开展招商、实施奖惩。首先，明确政府的角色定位。产业园区在市场化转型的过程中，政府应主动退居其次，始终保持一种沉着、冷静的间接支持，既不直接干预企业运作，也不对中小企业过度保护。政府主要通过编写发展规划、界定产业导向、制定法律法规、合理配置资源、道德风险监督等建立并维护园区的运行规则，营造公平、开放、竞争的市场环境，让园区企业按照市场经济规律在竞争中生存或淘汰，增加自行造血功能。其次，实施政府采购制度，间接干预和调控市场。政府采购制度使政府作为市场的需求方购买园区的自主创新产品，以政府采购引导社会采购，支持杭州市生物医药、绿色食品、新能源汽车等新产品在全省乃至全国范围内的推广，这种产业扶持方式要比直接的财政拨款更加有效。

（3）建立健全与市场化运作相适应的管理体制。改革现行的管理体制和运营模式，实行"管委会＋镇街＋公司"管理体制。管委会享有同级党委政府管理权限，主要行使规划建设、项目审批、代管镇街、大项目招商、企业协调服务等职能。推行开发区代管镇、街道管理体制，开发区党工委、管委会全面负责辖区内组织人事、财政、资产管理，集中精力做好招商与转调创工作，镇、街道负责辖区内各项社会事务。开发区基础设施建设、新上项目、区中园开发等实行公司化运作、市场化运营。园区建设初期，市场机制尚未形成，政府要从宏观角度整体把握软、硬件环境的建设，制定合理的产业布局和发展规划。快速发展阶段，市场机制逐渐成形，出现实力强大、运营良好的市场化经济主体，政府在园区开发运营方面注重与大型开发企业间的合作。科学发展阶段，市场机制成熟，政府与企业以及企业与企业间的专业化分工越来越细，政府作为辅助角色帮助专业运营商建设园区。

（4）建立明晰的产权制度。明晰的产权制度是市场机制的基石，建立健全产权制度，特别要加强对知识产权的保护。产业园区应鼓励企业组建技术联盟，集中力量共同研发核心技术，积极申请国内外技术专利和版权登记，打破行业技术壁垒和市场壁垒。鼓励高等院校和科研机构入驻产业园区进行产品研发和科技攻关，并获取相关专利认证，提高产业园区科技创新的能力。重点培养一批外语水平高、了解所属产业的国际技术标准和经济运行动态的人才，辅助企业进行知识产权申请和宣传的工作，确立企业市场竞争地位。

（5）完善园区市场服务体系。产业园区的市场服务体系作为政府、企业、科研院所之间的桥梁和纽带，是破除市场主体之间、市场主体与政府之间边界障碍的重要环节，也是市场机制是否成熟的重要标志。首先，培育中介服务组织。积极引进各类中介服务机构，延伸产业园区的服务功能，为园区企业提供策划、咨询、法律、会计、融资、培训、营销等服务，形成纵横交错的服务组织网络。其次，建立物流服务体系。产业园区通过建立物流配送中心对园区内的物流资源进行整合，运用先进的经营理念培育规范化、现代化的物流体系。从企业角度讲，应本着专业化分工提高生产效率的原则，将非核心竞争力的物流业务承包给物流公司完成，用服务需求引导物流体系的不断完善。最后，完善配套生活服务设施。功能齐全的配套生活服务设施是产业园区发展成功的重要因素之一，将园区全力打造成为集商贸中心、职工公寓、餐饮中心、娱乐中心、学校、医院等为一体的综合服务功能区。

7.3.5 建立土地集约利用评价制度

（1）出台工业项目准入评估制度。以产业用地为重点，以制度建设为手段，大力推进节约集约用地。严格产业项目准入，实施差别化管理。尽快出台实施工业项目准入评估管理制度，对需使用新增用地工业项目的投资强度、产出强度、容积率、能耗等指标进行评估计分，设立准入门槛，并按照得分高低安排新增建设用地指标，优先保障"十大产业"等高质量项目用地，对淘汰、限制类投资项目要禁止或限制用地。建议完善招商引资机制，探索建立全市统一的产业用地投资信息平台，实行数量与质量并重的招商引资考核机制，招商奖励与项目产出挂钩。

（2）建立土地集约利用的动态评价系统，规范和统一评价标准。在产业用地信息库和对企业产业用地利用水平的综合考评基础上，选择合适的考评体系评估企业的用地利用水平。尝试将考核结果与企业是否可获得金融支持、资金成本和税收额度建立联系，进一步推动企业努力提高集约用地水平。建立产业用地履约保证金制度，完善工业用地项目评估考核的指标体系及奖惩办法。加大对闲置用地、低效用地的处置力度。将土地集约利用的评价结果与土地供应挂钩，对于土地集约利用水平较高的产业可以优先供应，对于土地集约利用水平较低的产业根据实际情况采用限制供应，实现产业用地的优化配置和集约利用水平的进一步提高。

参 考 文 献

[1]（德）奥古斯特·廖什. 经济空间秩序 [M]. 北京：商务印书馆，2010.

[2]（德）韦伯. 工业区位论 [M]. 北京：商务印书馆，2010.

[3]（德）沃尔特·克里斯泰勒. 德国南部的中心地原理 [M]. 北京：商务印书馆，2010.

[4]（德）约翰·冯·杜能. 孤立国同农业和国民经济的关系 [M]. 北京：商务印书馆，1986.

[5]（美）巴泽尔. 产权的经济分析 [M]. 上海：上海人民出版社，1997.

[6]（美）罗纳德·哈里·科斯. 企业、市场与法律 [M]. 上海：格致出版社；上海三联书店；上海人民出版社，2009.

[7]（美）伊利，（美）莫尔豪斯. 土地经济学 [M]. 腾维藻译. 北京：商务印书馆，1982.

[8]（英）埃比尼泽·霍华德. 明日的田园城市 [M]. 金纪元译. 北京：商务印书馆，2002.

[9] 阿依吐尔逊·沙木西，金晓斌，曹雪，等. 自然资源对干旱区经济发展和城市化的增长阻尼：以新疆库尔勒市为例 [J]. 南京大学学报（自然科学版），2011，47（6）：751－756.

[10] 才国伟，钱金保，鲁晓东. 外资竞争、行政效率与民营经济发展 [J]. 世界经济，2012（7）：123－141.

[11] 操小娟. 土地用途管制推进的制度障碍及其治理 [J]. 中国环境管理，2004（9）：12－14＋57.

[12] 曹飞. 中国新型城镇化质量与城镇土地集约测度及其协调分析 [J]. 水土保持研究，2015，22（6）：349－353.

[13] 曹彦鹏，冯忠江. 精明增长理念下低碳经济发展与城市土地集约利用动态耦合研究: 以石家庄市为例 [J]. 水土保持通报，2015，35 (1): 242 -248.

[14] 曹银贵，郑新奇，胡业翠. 区域建设用地集约利用评价研究: 以济南市为例 [J]. 经济地理，2010，30 (6): 1016 -1020.

[15] 柴志春，赵松，李众敏，等. 土地价格与经济增长关系的实证分析: 以东部地区为例 [J]. 中国土地科学，2009，23 (1): 9 -13.

[16] 陈红蕾，覃伟芳. 中国经济的包容性增长: 基于包容性全要素生产率视角的解释 [J]. 中国工业经济，2014 (1): 18 -30

[17] 陈江龙，曲福田，陈雯. 农地非农化效率的空间差异及其对土地利用政策调整的启示 [J]. 管理世界，2004 (8): 37 -42 +155.

[18] 陈利根，黄金升，李宁. 土地登记与用途管制的制度关联性分析: 一个系统论的视角 [J]. 中国土地科学，2015，29 (10): 42 -48.

[19] 陈田田，张红. 京津冀地区土地集约利用对城市经济发展的影响 [J]. 城市问题，2017 (6): 60 -67.

[20] 陈志刚，王青. 经济增长、市场化改革与土地违法 [J]. 中国人口·资源与环境，2013，23 (8): 48 -54.

[21] 陈竹，张安录. 中国东、中、西部之间耕地保护协调: 土地效率理论存在的问题 [J]. 中国土地科学，2010，24 (4): 13 -18.

[22] 成力为，孙玮，涂纯. 我国制造业内外资资本配置效率差别的研究 [J]. 山西财经大学学报，2009 (5): 52 -59.

[23] 成力为，孙玮，王九云. 要素市场不完全视角下的高技术产业创新效率: 基于三阶段 DEA-Windows 的内外资配置效率和规模效率比较 [J]. 科学学研究，2011 (6): 930 -938 +960.

[24] 成力为，孙玮. 我国制造业内外资资本与劳动配置效率差异的实证研究 [J]. 中国软科学，2007 (12): 90 -97.

[25] 程久苗，试论土地用途管制 [J]. 中国农村经济，2000 (7): 2 - 25 +30.

[26] 程烨. 土地利用控制与土地用途分区管制浅析 [J]. 中国土地科学，2001，15 (4): 22 -25.

[27] 崔云. 中国经济增长中土地资源的 "尾效" 分析 [J]. 经济理论与经济管理，2007 (11): 32 -37.

［28］大卫·李嘉图（David Ricardo）. 政治经济学及赋税原理 ［M］. 丰俊功译. 北京：光明日报出版社，2009.

［29］董梅生. 竞争性国有企业与民营企业效率的实证研究 ［J］. 软科学，2012（1）：98 – 103.

［30］杜官印，蔡运龙，廖蓉. 中国1997～2007年包含建设用地投入的全要素生产率分析 ［J］. 中国土地科学，2010，24（7）：59 – 65.

［31］杜雪君，黄忠华，吴次芳. 中国土地财政与经济增长：基于省际面板数据的分析 ［J］. 财贸经济，2009（1）：60 – 64.

［32］段东平，薛科社. 水土资源在城市化进程中增长阻尼的计量分析：以西安市为例 ［J］. 水土保持通报，2010，30（5）：221 – 225.

［33］范恒山，土地政策与宏观调控 ［M］. 北京：经济科学出版社，2010.

［34］范辉，刘卫东，吴泽斌. 城市土地集约利用内部协调性的时空演变：以武汉市中心城区为例 ［J］. 地理科学，2014，34（6）：145 – 150.

［35］范辉，刘卫东，周颖. 基于结构——功能关系的城市土地集约利用评价：以武汉市中心城区为例 ［J］. 经济地理，2013，33（10）：145 – 150.

［36］范建双，任逸蓉. 违法用地对土地可持续集约利用的影响机制及效应研究 ［J］. 中国土地科学，2018，32（3）：52 – 58.

［37］范建双，虞晓芬，赵磊. 区域土地利用综合效率评价及其收敛性检验——以浙江省为例 ［J］. 华东经济管理，2015，29（8）：24 – 32.

［38］范建双，虞晓芬. 建筑业全要素生产率增长与区域经济增长的耦合效应分析 ［J］. 经济地理，2012（8）：25 – 30.

［39］范建双，虞晓芬. 区域建筑业技术效率的影响因素及趋同性分析：基于两种不同假设下的实证检验 ［J］. 管理评论，2014，26（8）：82 – 89.

［40］范建双，虞晓芬. 杭州市土地集约利用与产业结构演进的互动关系 ［J］. 浙江工业大学学报（社会科学版），2016，15（3）：273 – 280.

［41］范建双，虞晓芬. 土地利用效率的区域差异与产业差异的收敛性检验 ［J］. 统计与决策，2015（10）：99 – 103.

［42］范建双，周琳，虞晓芬. 产业结构演进、城镇化质量与土地集约利用之间的关系及其时空演变特征 ［J］. 地域研究与开发，2018，37（4）：19 – 24.

[43] 范胜龙，张莉，曾在森，等．不同经济发展水平地区开发区土地集约利用的影响因素研究——以福建省为例 [J]．中国土地科学，2017，31 (6)：51 – 58.

[44] 方创琳，马海涛．新型城镇化背景下中国的新区建设与土地集约利用 [J]．中国土地科学，2013，27 (7)：55 – 61.

[45] 方创琳，王德利．中国城市化发展质量的综合测度与提升路径 [J]．地理研究，2011，30 (11)：1931 – 1946.

[46] 方和荣．改革和完善城市土地产权制度的思考 [J]．中国土地科学，2003，17 (2)：30 – 35.

[47] 丰雷，魏丽，蒋妍．论土地要素对中国经济增长的贡献 [J]．中国土地科学，2008，22 (12)：4 – 10.

[48] 傅晓珊．城市土地利用与产业结构均衡性研究：以深圳市为例 [D]．北京，中国地质大学博士学业论文，2011.

[49] 高建华．关于建立我国土地用途管制制度的初步构想 [J]．中国软科学，1998 (3)：107 – 110.

[50] 高燕语，钟太洋．土地市场对城市建设用地扩张的影响：基于285个城市面板数据的分析 [J]．资源科学，2016，38 (11)：2024 – 2036.

[51] 龚晓红，庞新军．土地要素、土地资本化与经济增长：基于重庆统筹城乡视角的实证研究 [J]．农村金融研究，2011 (2)：38 – 43.

[52] 顾湘，姜海，王铁成，等．工业用地集约利用评价与产业结构调整：以江苏省为例 [J]．资源科学，2009b (4)：612 – 618.

[53] 顾湘，曲福田，付光辉．中国土地利用比较优势与区域产业结构调整 [J]．中国土地科学，2009a (7)：61 – 65.

[54] 顾湘，王铁成，曲福田．工业行业土地集约利用与产业结构调整研究——以江苏省为例 [J]．中国土地科学，2006，20 (6)：3 – 8.

[55] 郭贯成，任宝林，吴群．基于 ArcGIS 的江苏省金坛市工业用地集约利用评价研究 [J]．中国土地科学，2009，23 (8)：24 – 30.

[56] 郭欢欢，张孝成，李仕川．土地集约利用评价方中适度指标标准化方法改进研究 [J]．地理科学，2016，36 (3)：367 – 374.

[57] 郭婧锐，周伟．青海省土地集约利用与经济发展时空差异分析 [J]．水土保持研究，2014，21 (2)：194 – 199.

[58] 郭萍，余康，黄玉．中国农业全要素生产率地区差异的变动与分

解：基于 Färe-Primont 生产率指数的研究 [J]. 经济地理，2013，33（2）：141 –145.

[59] 郭施宏，王富喜. 山东省城市化与城市土地集约利用耦合协调关系研究 [J]. 水土保持研究 [J]. 2012，19（6）：163 –167.

[60] 韩峰，王琢卓，杨海余. 产业结构对城镇土地集约利用的影响研究 [J]. 资源科学，2013，35（2）：388 –395.

[61] 韩立彬，陆铭. 供需错配：解开中国房价分化之谜 [J]. 世界经济，2018（10）：126 –149.

[62] 韩增林，刘天宝. 中国地级以上城市城市化质量特征及空间差异 [J]. 地理研究，2009，28（6）：1508 –1515.

[63] 郝敬良，张国良，张绍良. 进一步巩固与完善土地用途管制制度：徐州市新《土地管理法》实施情况调查分析 [J]. 中国土地科学，2003，17（2）：14 –18.

[64] 何好俊，彭冲. 城市产业结构与土地利用效率的时空演变及交互影响 [J]. 地理研究，2017，36（7）：1271 –1282.

[65] 何平，倪苹. 中国城镇化质量研究 [J]. 统计研究，2013，30（6）：11 –18.

[66] 胡炜，贾明超，魏广玉. 深圳市高度城市化阶段违法用地影响因素分析与风险评估 [J]. 中国土地科学，2014，28（8）：10 –17.

[67] 虎陈霞，郭旭东，连纲. 村镇非居住建设用地集约利用评价研究：以四川省葛仙山镇为例 [J]. 经济地理，2011，31（3）：464 –469.

[68] 黄大全，洪丽璇，梁进社. 福建省工业用地效率分析与集约利用评价 [J]. 地理学报，2009，64（4）：479 –486.

[69] 黄贤金，彭补拙，张建新，濮励杰. 区域产业结构调整与土地可持续利用关系研究 [J]. 经济地理，2002，22（4）：425 –429.

[70] 黄贤金，王静，濮励杰，刘咏莲，彭补拙. 区域土地用途管制的不同方式 [J]. 南京大学学报（自然科学版），2003，29（3）：411 –422.

[71] 贾宏俊，黄贤金，于术桐，等. 中国工业用地集约利用的发展及对策 [J]. 中国土地科学，2010，24（9）：52 –59.

[72] 姜海，曲福田. 不同发展阶段建设用地扩张对经济增长的贡献与响应 [J]. 中国人口·资源与环境研究，2009，19（1）：70 –75.

[73] 姜海，曲福田. 县域建设用地集约水平影响因素计量分析：以江

苏省为例 [J]. 中国土地科学, 2008, 22 (8): 4-10.

[74] 姜永宏, 蒋伟杰. 中国上市商业银行效率和全要素生产率研究: 基于 Hicks-Moorsteen TFP 指数的一个分析框架 [J]. 中国工业经济, 2014 (9): 109-121.

[75] 金俭, 吕翾, 论台湾土地开发许可制及其对大陆地区的启示 [J]. 湖南师范大学社会科学学报, 2013 (3): 47-53.

[76] 瞿志印, 陈江强. 构建城乡统一土地管理制度的探讨 [J]. 农业经济问题, 2008, 12: 93-96.

[77] 孔伟, 郭杰, 欧名豪. 不同经济发展水平下的建设用地集约利用及区域差别化管控 [J]. 中国人口·资源与环境, 2014, 24 (4): 100-106.

[78] 赖德胜, 夏小溪. 中国城市化质量及其提升: 一个劳动力市场的视角 [J]. 经济学动态, 2012 (9): 57-62.

[79] 黎孔清, 陈银蓉, 陈家荣. 基于 ANP 的城市土地低碳集约利用评价模型研究: 以南京市为例 [J]. 经济地理, 2013, 33 (2): 156-161.

[80] 李刚, 王玲, 王丽洁. 集中分散论对于小城镇土地集约优化利用的实现研究 [J]. 城市发展研究, 2009 (5): 94-96.

[81] 李冠, 童新华, 张亮. 南宁市产业结构调整与土地利用结构变化关系研究 [J]. 江西农业学报, 2010, 22 (7): 152-155.

[82] 李建强, 曲福田. 土地市场化改革对建设用地集约利用影响研究 [J]. 中国土地科学, 2012, 26 (5): 70-75.

[83] 李磊, 张换兆, 朱彤, 土地 "尾效"、泡沫与日本经济增长 [J]. 日本研究, 2008b (3): 31-35.

[84] 李磊, 张换兆, 朱彤. 土地及其价格波动对经济增长的影响: 以日本为例 [J]. 财贸经济, 2008a (12): 135-139.

[85] 李隆伟, 杨蔚宁, 郭沛. 制度约束、部门利益与土地违法 [J]. 华南理工大学学报 (社会科学版), 2015, 17 (5): 9-17.

[86] 李闽, 姜海. 建设用地集约利用的理论与政策研究 [J]. 中国土地科学, 2008, 22 (2): 55-61.

[87] 李明秋, 郎学彬. 城市化质量的内涵及其评价指标体系的构建 [J]. 中国软科学, 2010 (12): 182-186.

[88] 李宁宁, 土地利用分区管制的国际对比 [J]. 边疆经济与文化, 2006 (1): 33-35.

［89］李曦，张宇，曾小波．半城市化区域违法用地的成因分析与治理对策［J］．华中农业大学学报（社会科学版），2008（1）：39 – 42.

［90］李晓庆，姜博，初楠臣．山东省城市土地集约利用与城镇化协调发展研究［J］．地域研究与开发，2017，36（3）：136 – 141.

［91］李效顺，蒋冬梅，曲福田，等．边际土地利用与经济增长关系计量研究［J］．中国人口、资源与环境研究，2009，19（3）：92 – 95.

［92］李鑫，欧名豪．中国省际建设用地单要素效率评价与区域差异研究［J］．南京农业大学学报（社会科学版），2012，12（1）：80 – 84.

［93］李影，沈坤荣．能源结构约束与中国经济增长：基于能源"尾效"的计量检验［J］．资源科学，2010，32（11）：2192 – 2199.

［94］李永乐，吴群．土地市场发育与农地非农化：基于省际面板数据的估计与测算［J］．中国土地科学，2009，23（11）：45 – 49.

［95］李玉双，葛京凤，梁彦庆，等．河北省城市土地集约利用与城市化的耦合协调度分析［J］．水土保持研究，2013，20（2）：238 – 242.

［96］李志强，吴诗嫚．基于"国家公顷"生态足迹模型的土地可持续利用研究——以抚州市为例［J］．开发研究，2011（4）：21 – 24.

［97］梁珍伟，李淑杰，马晓葳，孙博．低碳经济视角下长春市土地集约利用评价［J］．东北师大学报（自然科学版），2016，48（3）：156 – 161.

［98］梁振民，陈才，刘继生，等．东北地区城市化发展质量的综合测度与层级特征研究［J］．地理科学，2013，33（8）：926 – 934.

［99］林坚，张沛，刘诗毅．论建设用地节约集约利用评价的技术体系与思路［J］．中国土地科学，2009，23（4）：4 – 10.

［100］林坚，周琳，张叶笑，叶子君．土地利用规划学30年发展综述［J］．中国土地科学，2017，31（9）：24 – 33.

［101］刘传明，李红，贺巧宁．湖南省土地利用效率空间差异及优化对策［J］．经济地理，2010，30（11）：1890 – 1896.

［102］刘浩，张毅，郑文升．城市土地集约利用与区域城市化的时空耦合协调发展评价：以环渤海地区城市为例［J］．地理研究，2011（10）：1805 – 1817.

［103］刘黄金，地区间生产率差异与收敛：基于中国各产业的分析［J］．数量经济技术经济研究，2006（11）：50 – 58.

［104］刘晋，魏晓，林目轩，等，湖南省城镇建设用地集约利用评价

［J］．经济地理，2009，29（10）：1725－1730．

［105］刘平辉，郝晋珉．土地利用分类系统的新模式：依据土地利用的产业结构而进行划分的探讨［J］．中国土地科学，2003，17（1）：16－26．

［106］刘庆，陈利根．长株潭地区土地可持续利用综合评价及空间分区［J］．农业工程学报，2013，29（6）：245－253．

［107］刘书楷，国外与台湾地区土地使用管制和农地保护的经验［J］．中国土地科学，1998，12（6）：46－48．

［108］刘彦随，陈百明．中国可持续发展问题与土地利用/覆被变化研究［J］．地理研究，2002，21（3）：324－330．

［109］刘耀彬，陈斐．中国城市化进程中的资源消耗"尾效"分析［J］．中国工业经济，2007（11）：48－55．

［110］刘耀彬，杨新梅，周瑞辉，等．中部地区经济增长中的水土资源"增长尾效"对比研究［J］．资源科学，2011，33（9）：1781－1787．

［111］刘耀彬，杨新梅．基于内生经济增长理论的城市化进程中资源环境"尾效"分析［J］．中国人口、资源与环境，2011，21（2）：24－30．

［112］刘勇．江苏省土地利用程度与区域生态效率关系研究［J］．中国土地科学，2010，24（4）：19－24．

［113］刘忠生，李东．中国内资与外资的效率差异及收敛性分析［J］．数量经济技术经济研究，2009（5）：54－67．

［114］龙开胜，陈利根，占小林．不同利用类型土地投入产出效率的比较分析：以江苏省耕地和工业用地为例［J］．中国人口·资源与环境，2008，18（5）：174－178．

［115］卢为民．城市土地用途管制制度的演变特征与趋势［J］．城市发展研究，2015，22（6）：83－88．

［116］鲁春阳，文枫，杨庆媛．城市土地利用结构影响因素的通径分析：以重庆市为例［J］．地理科学，2012（8）：936－943．

［117］鲁春阳．城市用地结构演变与产业结构演变的关联研究［D］．重庆，西南大学博士学位论文，2011．

［118］陆冠尧，朱玉碧，潘科．国外及中国台湾地区土地用途管制制度研究比较［J］．中国农学通报，2005，21（8）：452－455．

［119］陆红生，韩桐魁，土地用途管制的难点和对策研究［J］．中国土地科学，1999，13（4）：18－20．

［120］吕康娟. 我国城市化中城市建设投资研究［D］. 哈尔滨工业大学博士学位论文, 哈尔滨, 2003.

［121］罗罡辉, 李贵才, 仝德. 土地用途管制调整与权益主体行为研究［J］. 中国土地科学, 2013, 27 (4): 8 – 14.

［122］罗静, 曾菊新. 城市化进程中的土地稀缺性与政府管制［J］. 中国土地科学, 2004, 18 (5): 16 – 20.

［123］马丁·贾菲, 于洋. 20 世纪以来美国土地用途管制发展历程的回顾与展望［J］. 国际城市规划, 2017, 32 (1): 30 – 34.

［124］马涛. 产业规划: 城市产业用地集约利用实现途径及其经济机理分析——基于土地空间特性的视角［J］. 上海交通大学学报 (哲学社会科学版), 2008, 16 (6): 75 – 80.

［125］马贤磊, 周琳, 赵爱栋. 城市土地可持续集约利用的时空特征及影响因素研究——对传统土地集约利用的修正［J］. 中国土地科学, 2014, 28 (12): 32 – 38.

［126］孟星. 城市土地的政府管制研究［J］. 复旦学报 (社会科学版), 2006 (3): 106 – 112.

［127］孟媛, 张凤荣, 姜广辉, 等. 北京市产业结构与土地利用结构的关系研究［J］. 地域研究与开发, 2011, 30 (3): 108 – 111.

［128］宁小李, 管莉婧, 门明新, 邓红蒂, 左玉强. 河北省城市土地集约利用时空分异特征［J］. 土壤通报, 2015, 46 (1): 48 – 53.

［129］牛煜虹, 张衔春, 董晓莉. 城市蔓延对我国地方公共财政支出影响的实证分析［J］. 城市发展研究, 2013 (3): 67 – 72.

［130］彭冲, 陈乐一, 韩峰. 新型城镇化与土地集约利用的时空演变及关系［J］. 地理研究, 2014, 31 (11): 2005 – 2020.

［131］彭冲, 肖皓, 韩峰. 2003 – 2012 年中国城市土地集约利用的空间集聚演化及分异特征研究［J］. 中国土地科学, 2014, 26 (12): 24 – 31 + 97.

［132］彭国华. 中国地区收入差距、全要素生产率及其趋同分析［J］. 经济研究, 2005 (9): 19 – 29.

［133］彭荣胜. 论土地整理与土地用途管制在耕地保护中的互补作用［J］. 中国土地科学, 2001, 15 (3): 15 – 17.

［134］钱铭杰. 区域建设用地集约利用模式与评价研究［D］. 中国地质

大学, 2011.

[135] 钱忠好, 牟燕. 征地制度、土地财政与中国土地市场化改革 [J]. 农业经济问题, 2015 (8): 8 – 12.

[136] 渠丽萍, 张丽琴, 胡伟艳. 城市土地集约利用变化影响因素研究: 以武汉市为例 [J]. 资源科学, 2010, 32 (5): 970 – 975.

[137] 邵绘春, 厉伟, 诸培新. 可持续发展观下的土地资源配置理论分析 [J]. 生态经济, 2009 (2): 112 – 115.

[138] 邵挺, 崔凡, 范英, 等. 土地利用效率、省际差异与异地占补平衡 [J]. 经济学 (季刊), 2011, 10 (3): 1087 – 1104.

[139] 沈坤荣, 李影. 中国经济增长的能源尾效分析 [J]. 产业经济研究, 2010 (2): 1 – 8.

[140] 沈坤荣, 孙文杰. 市场竞争、技术溢出与内资企业 R&D 效率——基于行业层面的实证研究 [J]. 管理世界, 2009 (1): 38 – 48 + 187 – 188.

[141] 沈悦, 刘天科, 周璞. 自然生态空间用途管制理论分析及管制策略研究 [J]. 中国土地科学, 2017, 31 (12): 17 – 24.

[142] 施建刚, 黄晓峰. 对土地用途分区管制的理性思考 [J]. 土地市场, 2007 (2): 66 – 68.

[143] 石晓平, 曲福田. 土地资源配置方式改革与公共政策转变 [J]. 中国土地科学, 2003, 17 (6): 18 – 22.

[144] 孙才志, 李欣. 环渤海地区海洋资源、环境阻尼效应测度及空间差异 [J]. 经济地理, 2013, 33 (12): 169 – 176.

[145] 孙平军, 赵峰, 修春亮, 中国城镇建设用地投入效率的空间分异研究 [J]. 经济地理, 2012, 32 (6): 46 – 52.

[146] 孙雯雯, 梅昀, 陈银蓉, 等. 郑州市低碳经济发展与土地集约利用之间的脱钩关系 [J]. 水土保持通报, 2015, 35 (4): 172 – 175 + 181.

[147] 孙宇杰, 陈志刚. 江苏省城市土地集约利用与城市化水平协调发展研究 [J]. 资源科学, 2012, 34 (5): 163 – 167.

[148] 谭术魁, 张孜仪. 寻租行为在土地用途管制中的衍生路径及抑制 [J]. 中国土地科学, 2012, 26 (5): 76 – 81.

[149] 谭鑫, 赵鑫铖, 张越. 能源对中国经济及三次产业的增长阻力分析 [J]. 经济学动态, 2011 (9): 94 – 98.

[150] 陶坤玉, 张敏, 李力行. 市场化改革与违法: 来自中国土地违法案件的证据 [J]. 南开经济研究, 2010 (2): 28 - 43.

[151] 童列春. 中国农村经济实现中的地租机制 [J]. 农业经济问题, 2013 (3): 25 - 32.

[152] 涂妍, 陈文福. 古典区位理论到新古典区位理论: 一个综述 [J]. 河南师范大学学报, 2003, 30 (5): 38 - 42.

[153] 万永坤, 董锁成, 王隽妮, 等. 北京市水土资源对经济增长的阻尼效应研究 [J]. 资源科学, 2012, 34 (3): 475 - 480.

[154] 汪秀莲, 张建平. 土地用途分区管制国际比较 [J]. 中国土地科学, 2001, 15 (4): 16 - 21.

[155] 王德利, 方创琳, 杨青山, 等. 基于城市化质量的中国城市化发展速度判定分析 [J]. 地理科学, 2010, 30 (5): 643 - 650.

[156] 王芳芳, 郑新奇, 夏天. 集约用地理论模式探析 [J]. 中国土地科学, 2015, 29 (1): 41 - 47.

[157] 王富喜, 毛爱华, 李赫龙, 等. 基于熵值法的山东省城镇化质量测度及空间差异分析 [J]. 地理科学, 2013, 33 (11): 1323 - 1329.

[158] 王佳, 陈甜甜, 王凌云, 等. 区域建设用地集约利用与城镇化的协调性评价 [J]. 水土保持研究. 2013, 20 (3): 237 - 242.

[159] 王家庭, 季凯文. 中国城市土地集约利用的影响因素分析: 基于34 个典型城市数据的实证研究 [J]. 经济地理, 2009, 29 (7): 1172 - 1176.

[160] 王家庭, 张换兆. 现有城市空间下城市化与土地集约利用 [J]. 经济评论, 2008 (4): 35 - 43.

[161] 王家庭. 中国区域经济增长中的土地资源尾效研究 [J]. 经济地理, 2010, 30 (12): 2067 - 2072.

[162] 王静, 程烨, 刘康, 汪秀莲, 黄贤金, 土地用途分区管制的理性分析与实施保障 [J]. 中国土地科学, 2003, 17 (3): 47 - 51.

[163] 王静, 关于我国县级土地用途管制分区类型的建议 [J]. 中国土地科学, 2001a, 15 (4): 26 - 30.

[164] 王静, 日本、韩国土地规划制度比较与借鉴 [J]. 中国土地科学, 2001b, 15 (3): 45 - 48.

[165] 王静, 土地用途分区管制与区域土地资源可持续利用浅析 [J].

中国人口·资源与环境，2001c，11（4）：83-86.

[166] 王静. 中国建设用地与区域经济发展的空间面板计量分析 [J]. 中国土地科学，2013，27（8）：52-58.

[167] 王万茂，土地用途管制的实施及其效益的理性分析 [J]. 中国土地科学，1999，13（3）：9-12.

[168] 王伟同. 中国人口红利的经济增长"尾效"研究：兼论刘易斯拐点后的中国经济 [J]. 财贸经济，2012（11）：14-20.

[169] 王文刚，庞笑笑，宋玉祥. 土地用途管制的外部性、内部性问题及制度改进探讨 [J]. 软科学，2012，26（11）：33-37+42.

[170] 王筱明，吴泉源. 城市化建设与土地集约利用 [J]. 中国人口·资源与环境，2001，11（52）：5-6.

[171] 王秀，姚玲玲，李阳，等. 新型城镇化与土地集约利用耦合协调性及其时空分异——以黑龙江省12个地级市为例 [J]. 经济地理，2017，37（5）：173-180.

[172] 王元京. 论土地"闸门"政策调控投资增长 [J]. 经济理论与经济管理，2008（6）：11-18.

[173] 王中亚，陈卫东，张广平. 资源型城市土地集约利用评价与影响因素分析 [J]. 地域研究与开发，2012，31（6）：139-144.

[174] 韦亚平，王纪武. 城市外拓和地方城镇蔓延：中国大城市空间增长中的土地管制问题及其制度分析 [J]. 中国土地科学，2008，22（4）：19-24.

[175] 魏莉华. 美国土地用途管制制度及其借鉴 [J]. 中国土地科学，1998，12（3）：26-30.

[176] 温朝霞. 可持续发展思想与城市规划理念的转变 [J]. 广东农工商技术学院学报，2004，20（2）：28-32.

[177] 文贯中. 用途管制要过滤的是市场失灵还是非国有土地的入市权——与陈锡文先生商榷如何破除城乡二元结构 [J]. 学术月刊，2014，46（8）：5-17.

[178] 乌拉尔·沙尔赛开，孙平军，宋庆伟. 脆弱性视角的中国大城市土地节约集约利用模式的规划思考 [J]. 经济地理，2014，34（3）：156-161.

[179] 吴得文，毛汉英，张小雷，等，中国城市土地利用效率评价 [J]. 地理学报，2011，66（8）：1111-1121.

[180] 吴郁玲，曲福田，周勇. 城市土地市场发育与土地集约利用分析及对策：以江苏省开发区为例 [J]. 资源科学，2009，31 (2)：303 –309.

[181] 吴郁玲，袁佳宇，余名星，等. 基于面板数据的中国城市土地市场发育与土地集约利用的动态关系研究 [J]. 中国土地科学，2014，28 (3)：52 –58.

[182] 武康平，杨万利. 基于新古典理论的土地要素与经济增长的关系 [J]. 系统工程理论与实践，2009，29 (8)：50 –55.

[183] 项锦雯，陈利根. 产业转移与土地集约利用耦合机理及协调发展研究：以皖江示范区为例 [J]. 农业经济问题，2012 (6)：61 –65.

[184] 肖曙露，李姣姣，陈莉. 新型城镇化进程中基于主成分分析的我国土地集约利用研究 [J]. 江西农业学报，2015，27 (9)：89 –93.

[185] 谢静琪. 当前台湾地区都市土地使用管制制度之课题与解决方向之刍议 [J]. 中国土地科学，1996，10 (6)：14 –15.

[186] 谢芒芒，赵敏娟. 陕西省城镇土地效率评价 [J]. 山东农业大学学报（自然科学版），2011，42 (4)：603 –608.

[187] 谢书玲，王铮，薛俊波. 中国经济发展中水土资源的"增长尾效"分析 [J]. 管理世界，2005 (7)：22 –25 +54

[188] 熊强，郭贯成，中国各省区城市工业用地生产效率差异研究 [J]. 资源科学，2013，35 (5)：910 –917.

[189] 徐磊，陈恩，董捷. 长中城市群产业结构优化与土地集约利用协调性测度 [J]. 城市问题，2017，36 (11)：17 –24.

[190] 徐日辉. 关于建立土地用途管制制度的探讨 [J]. 中国土地科学，1998，12 (6)：11 –14

[191] 许冬兰，李琰. 能源约束对经济增长和城市化影响的实证研究：以山东省为例 [J]. 北京理工大学学报（社会科学版），2012，14 (4)：74 –79 +88.

[192] 许建伟，许新宇，朱明侠，等. 基于数据包络分析的长三角城市群土地利用效率及其变化研究 [J]. 世界地理研究，2013，22 (1)：121 –129.

[193] 许迎春，刘琦，文贯中. 我国土地用途管制制度的反思与重构 [J]. 城市发展研究，2015，22 (7)：31 –36.

[194] 荀文会，王雨晴，李洪涛. 城乡结合部土地集约利用评价方法探讨与实证研究 [J]. 经济地理，2014，34 (10)：144 –149.

［195］严兵. 效率增进、技术进步与全要素生产率增长——制造业内外资企业生产率比较［J］. 数量经济技术经济研究，2008（11）：16－27.

［196］严金明，王晨. 基于城乡统筹发展的土地管理制度改革创新模式评析与政策选择：以成都统筹城乡综合配套改革试验区为例［J］. 中国软科学，2011（7）：1－8.

［197］杨红梅，刘卫东，刘红光. 土地市场发展对土地集约利用的影响［J］. 中国人口·资源与环境，2011，21（12）：129－133.

［198］杨俊. 新型城镇化背景下建设用地集约利用研究——以武汉城市圈为例［D］. 中国地质大学，2015.

［199］杨遴杰，陈祁晖. 城市土地集约利用：基于生产理论的一个解释［J］. 经济地理，2009，29（9）：1535－1540.

［200］杨璐璐. 中部六省城镇化质量空间格局演变及驱动因素：基于地级及以上城市的分析［J］. 经济地理，2015，35（1）：68－75.

［201］杨杨，吴次芳，罗罡辉，等. 中国水土资源对经济的"增长阻尼"研究［J］. 经济地理，2007，27（4）：2067－2072.

［202］杨杨，吴次芳，韦仕川，等. 土地资源对中国经济的"增长阻尼"研究：基于改进的二级 CES 生产函数［J］. 中国土地科学，2010，24（5）：19－25.

［203］杨杨，吴次芳，韦仕川，等. 中国建设用地扩展的空间动态演变格局——基于 EBI 和 EBIi 的研究［J］. 中国土地科学，2008，22（1）：23－31.

［204］杨勇. 开放条件下重庆地区城镇化对土地利用效率的影响及区位差异［J］. 地域研究与开发，2011，30（3）：112－116.

［205］姚成胜，李政通，杜涵，等. 长三角地区土地集约利用与经济发展协调性［J］. 经济地理，2016，36（2）：159－166.

［206］叶浩，张鹏，濮励杰. 中国建设用地与区域社会经济发展关系的空间计量研究［J］. 地理科学，2012，32（2）：149－154.

［207］叶青青，刘艳芳，刘耀林，等. 基于多层线性模型的湖北省县域建设用地集约利用影响因素研究［J］. 中国土地科学，2014，28（8）：33－39＋97.

［208］叶艳妹，吴次芳，我国土地产权制度与耕地保护问题研究［J］. 农业经济问题，1997（6）：32－37.

［209］游和远，吴次芳，林宁，等，基于数据包络分析的土地利用生态

效率评价 [J]. 农业工程学报, 2011, 27 (3): 309 – 315.

[210] 游和远, 吴次芳. 土地利用的碳排放效率及其低碳优化: 基于能源消耗的视角 [J]. 自然资源学报, 2010, 25 (11): 1875 – 1886.

[211] 于尚云, 郭建科. 辽宁省城市土地利用集约度测定及其时空差异 [J]. 经济地理, 2014, 34 (11): 140 – 145.

[212] 宇向东, 郝晋珉, 王博祺. 中国土地用途管制的技术支撑体系 [J]. 农业工程学报, 2008, 24 (1): 16 – 19.

[213] 喻世友, 史卫, 林敏. 外商直接投资对内资企业技术效率的溢出渠道研究 [J]. 世界经济, 2005 (6): 44 – 52.

[214] 袁志刚, 绍挺. 土地制度与中国城市结构、产业结构选择 [J]. 经济学动态, 2010 (12): 28 – 35.

[215] 臧俊梅, 王万茂. 土地资源配置中规划与市场的经济学分析 [J]. 南京农业大学学报 (社会科学版), 2005, 5 (3): 35 – 39.

[216] 曾先峰, 李国平. 我国各地区的农业生产率与收敛: 1980 ~ 2005 [J]. 数量经济技术经济研究, 2008 (5): 81 – 92.

[217] 甄江红, 成舜, 郭永昌, 等. 包头市工业用地土地集约利用潜力评价初步研究 [J]. 经济地理, 2004, 24 (4): 250 – 253.

[218] 张兵, 金凤君. 1990 年代以来长江三角洲城市土地利用效率研究 [J]. 重庆建筑大学学报, 2007, 29 (5): 38 – 43.

[219] 张春梅, 张小林, 吴启焰, 等. 发达地区城镇化质量的测度及其提升对策: 以江苏省为例 [J]. 经济地理, 2012, 32 (7): 50 – 55.

[220] 张贵军, 曲奕桦, 姜洪成, 盖微欣, 等. 山东省土地集约利用评价 [J]. 安徽农业科学, 2017, 45 (2): 203 – 205.

[221] 张红凤, 曲衍波. 我国城镇化发展与土地集约利用的时空耦合及调控格局 [J]. 经济理论与经济管理, 2018 (10): 44 – 54.

[222] 张红星. 城市土地集约利用与城市经济增长关系研究 [J]. 城市问题, 2013 (11): 19 – 25.

[223] 张乐勤, 陈素平, 陈保平, 等. 1996 ~ 2011 年安徽省产业结构演进对城镇土地集约利用影响测度与分析 [J]. 地理科学, 2014a, 34 (9): 1117 – 1124.

[224] 张乐勤, 陈素平, 陈保平, 等. 城镇化与土地集约利用耦合协调度测度: 以安徽省为例 [J]. 城市问题, 2014b (2): 75 – 82.

[225] 张良悦, 师博, 刘东. 中国城市土地利用效率的区域差异: 对地级以上城市的 DEA 分析 [J]. 经济评论, 2009 (4): 18-26.

[226] 张琳, 李娟, 李影. 土地资源对中国城市化进程的增长阻力分析 [J]. 华东经济管理, 2011, 25 (12): 30-33.

[227] 张琳, 王亚辉, 郭雨娜, 等. 中国发达地区工业土地集约利用的驱动因素——基于企业微观数据的研究 [J]. 中国土地科学, 2016, 30 (10): 20-28.

[228] 张琳, 许晶, 李影. 中国城市土地消耗强度区域差异的收敛性研究 [J]. 中国土地科学, 2013, 27 (5): 27-35.

[229] 张琳, 许晶, 王亚辉, 等. 中国城镇化进程中土地资源尾效的空间分异研究 [J]. 中国土地科学, 2014, 28 (6): 30-36.

[230] 张鹏. 土地使用管制及其利益补偿研究: 理论和实践意义 [J]. 经济地理, 2011, 31 (9): 1528-1533.

[231] 张洽. 企业盈利能力、负债水平和生产效率的实证分析——基于我国国有企业与私营企业比较视角 [J]. 华东经济管理, 2013 (3): 140-145.

[232] 张全景. 我国土地用途管制制度的耕地保护绩效研究 [D]. 南京农业大学博士学位论文, 南京, 2007.

[233] 张绍阳, 刘琼, 欧名豪. 地方政府土地违法: 财政激励还是引资激励? [J]. 中国人口·资源与环境, 2017, 27 (8): 115-121.

[234] 张素兰, 严金明. 土地利用规划视角下土地政策参与宏观调控的作用机制 [J]. 经济体制改革, 2009 (4): 56-59.

[235] 张昕. 土地出让金对经济增长作用机理研究 [J]. 建筑经济, 2009 (8): 48-51.

[236] 张兴榆, 黄贤金, 赵小凤, 等. 快速城市化地区土地利用动态变化及结构效率分析: 以江苏省为例 [J]. 中国土地科学, 2008, 22 (10): 34-39.

[237] 张衍毓, 刘彦随. 大城市边缘区统筹城乡土地利用战略探讨: 以天津市东丽区为例 [J]. 中国土地科学, 2010, 24 (2): 3-8.

[238] 张颖, 王群, 王万茂. 中国产业结构与用地结构相互关系的实证研究 [J]. 中国土地科学, 2007, 21 (2): 4-11.

[239] 张占录, 李永梁. 开发区土地扩张与经济增长关系研究: 以国家级经济技术开发区为例 [J]. 中国土地科学, 2007, 21 (6): 4-9.

[240] 张志，龚健，王利华. 城市土地集约利用与社会经济时空耦合协调发展评价——以湖北省 12 个地级市为例 [J]. 水土保持研究，2017，24 (4)：296 – 303 + 310.

[241] 赵爱栋，马贤磊，曲福田. 市场化改革能提高中国工业用地利用效率吗？ [J]. 中国人口·资源与环境，2016，26 (3)：118 – 126.

[242] 赵丹丹，胡业翠. 土地集约利用与城市化相互作用的定量研究——以中国三大城市群为例 [J]. 地理研究，2016，35 (11)：2105 – 2115.

[243] 赵珂，石小平，曲福田. 我国土地市场发育程度测算与实证研究——以东、中、西部为例 [J]. 经济地理，2008 (5)：821 – 825.

[244] 赵丽，付梅臣，张建军，等. 乡镇土地集约利用评价及驱动因素分析 [J]. 农业工程学报，2008，24 (2)：89 – 94.

[245] 赵敏宁，周治稳，曹玉香，等. 陕西省城市土地集约利用评价及其区域差异研究 [J]. 水土保持研究，2014，21 (5)：210 – 215.

[246] 赵小风，黄贤金，钟太洋，等. 江苏省开发区土地集约利用的分层线性模型实证研究 [J]. 地理研究，2012，31 (9)：1611 – 1620.

[247] 甄江红，成舜，郭永昌，等. 包头市工业用地土地集约利用潜力评价初步研究 [J]. 经济地理，2004，24 (2)：250 – 253.

[248] 镇风华，舒帮荣，李永乐，等. 20 世纪 90 年代以来不同时段经济增长与土地违法关系再审视：基于省级面板数据的格兰杰因果检验 [J]. 华中农业大学学报（社会科学版），2016 (5)：116 – 124.

[249] 郑斌，黄丽娜，卢新海. 论城市土地集约利用中的全面可持续观：国内外研究比较与评述 [J]. 中国土地科学，2010，24 (3)：75 – 80.

[250] 周立群，张红星. 从农地到市地：地租性质、来源及演变——城市地租的性质与定价的政治经济学思考 [J]. 经济学家，2010 (12)：79 – 87.

[251] 周扬，张军连，李林，等. 基于宗地层次的合肥市产业用地集约利用评价 [J]. 中国人口·资源与环境，2014，24 (7)：140 – 148.

[252] 周游，谭光荣. 空间视角下生产性服务业集聚对城市土地集约利用的影响研究 [J]. 中国土地科学，2016，30 (10)：37 – 46.

[253] 周作江，周国华，等. 环长株潭城市群土地集约利用时空演变研究 [J]. 水土保持研究，2014，21 (5)：89 – 93.

[254] 朱洪祥，雷刚，吴先华，等. 基于预警指标体系的城镇化质量评

价: 对山东省城镇化质量评价体系的深化 [J]. 城市发展研究, 2011 (12): 7 - 12.

[255] 朱会义, 孙明慧. 土地利用集约化研究的回顾与未来工作重点 [J]. 地理学报, 2014, 69 (9): 1346 - 1357.

[256] 宗仁, 论规划修编后的土地用途管制 [J]. 中国土地科学, 1998, 12 (4): 24 - 26.

[257] Banker R. D. , A. Charnes and W. W. Cooper. Some Models for Estimating Technical and Scale Inefficiencies in Data Envelopment Analysis [J]. Management Science, 1984, 30 (9): 1078 - 1092.

[258] Barro Robert J. , Sala-i-Martin, Xavier. Convergence [J]. The Journal of Political Economy, 1992, 100 (2): 305 - 321.

[259] Charnes A. , Cooper W. W. , Rhodese E. Measuring the Efficiency of Decision Making Units [J]. European Journal of Operational Research, 1978, 6 (2): 429 - 444.

[260] Chen Z, Wang Q, Huang X. Can Land Market Development Suppress Illegal Land use in China? [J]. Habitat International, 2015 (49): 403 - 412.

[261] Deng J. S. , Qiu L. F. , Wang K. , et al. An Integrated Analysis of Urbanization-triggered Cropland Loss Trajectory and Implications for Sustainable Land Management [J]. Cities, 2011, 28 (2): 127 - 137.

[262] Dietrich J. P. , Schmitz C. , Muller C. , et al. Measuring Agricultural Land-use Intensity: a Global Analysis Using a Model Assisted Approach [J]. Ecological Modelling, 2012, 232: 109 - 118.

[263] Fare R. , Grosskopf S. , Norris M. Productivity Growth, Technological Progress and Efficiency Change in Industrialized Countries [J]. American Economic Review, 1994, 84 (1): 66 - 83.

[264] Garnett T. , Appleby M. C. , Balmford A. , et al. Sustainable intensification in agriculture: Premises and policies [J]. Science, 2013, 341: 33 - 34.

[265] Geoffrey K. Turnbull. The Investment Incentive Effects of Land Use Regulations [J]. The Journal of Real Estate Finance and Economics, 2005, 31 (4): 357 - 395.

[266] Grau R. , Kuemmerle T. , Macchi L. Beyond 'land sparing versus

land sharing': environmental heterogeneity, globalization and the balance between agricultural production and nature conservation [J]. Current Opinion in Environmental Sustainability, 2013, 5 (5): 477 – 483.

[267] Heaton E. A. , Schulte L. A. , Berti M. , et al. Managing a second-generation crop portfolio through sustainable intensification: Examples from the USA and the EU [J]. Biofuels Bioproducts & Biorefining, 2013, 7 (6): 702 – 714.

[268] Hoang V. N. Measuring and decomposing changes in agricultural productivity, nitrogen use efficiency and cumulative exergy efficiency: Application to OECD agriculture [J]. Ecological Modelling, 2011, 222 (1): 164 – 175.

[269] Hoang V. N. , T. Coelli. Measurement of agricultural total factor productivity growth incorporating environmental factors: A nutrients balance approach [J]. Journal of Environmental Economics and Management, 2011, 62 (3): 462 – 474.

[270] Jieming Zhu. The impact of industrial land use policy on industrial change [J]. Land Use Policy , 2000 (17) : 21 – 28.

[271] Kuemmerle T. , Erb K. , Meyfroidt P. , et al. Challenges and opportunities in mapping land use intensity globally [J]. Current Opinion in Environmental Sustainability, 2013 (5): 484 – 493.

[272] Lau, S. S. Y. , et al. Multiple and intensive land use: case studies in Hong Kong [J]. Habitat International 2005, 29 (3): 527 – 546.

[273] Lau, S. S. Y. , et al. Policies for implementing multiple intensive land use in Hong Kong [J]. Journal of Housing and the Built Environment, 2003 (18): 365 – 378.

[274] Maya Kant Awasthi. Dynamics and resource use efficiency of agricultural land sales and rental market in India [J]. Land Use Policy, 2009 (26): 736 – 743.

[275] Mukherjee, A. N. and Y. Kuroda, Productivity growth in Indian agriculture: is there evidence of convergence across states? [J]. Agricultural Economics, 2003, 29 (1): 43 – 53.

[276] O'Donnell C J. An aggregate quantity-price framework for measuring and Decomposing productivity and profitability change [R]. Centre for Efficiency

and Productivity Analysis Working Papers, University of Queensland, 2008 (7).

[277] O'Donnell, C. J. Econometric Estimation of Distance Functions and Associated Measures of Productivity and Efficiency Change [R]. Centre for Efficiency and Productivity Analysis Working Papers, 2011b, 01. University of Queensland.

[278] O'Donnell, C. J. The Sources of Productivity Change in the Manufacturing Sectors of the U. S. Economy [R]. Centre for Efficiency and Productivity Analysis Working Papers, 2011a, 07. University of Queensland.

[279] Pandey B. and K. C. Seto. Urbanization and agricultural land loss in India: comparing satellite estimates with census data [J]. Journal of Environmental Management, 2015 (148): 53 –66.

[280] Perloff H. Interrelations of State Income and Industrial Structure [J]. The Review of Economics and Statistics, 1957, 39 (2): 162 –171.

[281] Quan B. , Chen J. , Qiu H. , et al. Spatial-temporal Pattern and Driving Forces of Land Use Changes in Xiamen [J]. Pedosphere, 2006, 16 (4): 477 –488.

[282] Ralph B. McLaughlin. Land use regulation: Where have we been, where are we going? [J]. Cities , 2012 (29): 50 –55.

[283] Romer D. Advanced Macro-economics (Second Edition) [M]. Shanghai University of Finance & Economics Press, The McGraw-Hill Companies, 2001, 35 –43.

[284] Satty T. L. The analytical network process: decision making with dependence and feedback [M]. Pittsburgh: RWS Publication, 2001: 98 –113.

[285] Shephard, R. W. Cost and Production Functions. Princeton [M]. Princeton University Press, 1953.

[286] Siciliano G. Urbanization strategies, rural development and land use changes in China: A multiple-level integrated assessment [J]. Land Use Policy, 2012, 29 (1): 165 –178.

[287] Smith P. , Gregory P. J. , van Vuuren D. , et al. Competition for land. Philosophical Transactions of the Royal Society [J]. Biological Sciences, 2010, 36 (5): 2941 –2957.

[288] Steven A. Gabriel, Jose A. Faria, Glenn E. Moglen. A multiobjec-

tive optimization approach to smart growth in land development [J]. Socio-Economic Planning Sciences, 2006 (40): 212 – 248.

[289] S. S. Y. LAU, et al. Policies for implementing multiple intensive land use in Hong Kong [J]. Journal of Housing and the Built Environment, 2003 (18): 365 – 378.

[290] Teruel R. G. and Y. Kuroda. Public infrastructure and productivity growth in Philippine agriculture, 1974 – 2000 [J]. Journal of Asian Economics, 2005, 16 (3): 555 – 576.

[291] Verburg P. H., Mertz O., Erb K. H., et al. Land system change and food security: Towards multi – scale land system solutions [J]. Current Opinion in Environmental Sustainability, 2013 (5): 494 – 502.

[292] Wu Yuzhe, Zhang Xiaoling, Liyin Shen. The impact of urbanization policy on land use change: A scenario analysis [J]. Cities, 2011, 28 (2): 147 – 159.

[293] Yang J., et al. Development of evaluation model for intensive land use in urban centers [J]. Frontiers of Architectural Research, 2012, 1 (4): 405 – 410.

[294] York R., Rosa E. A., Dietz T. STIRPAT, IPAT and IMPACT: Analytic Tools for Unpacking the Driving Forces of Environmental Impacts [J]. Ecological Economics, 2003, 46 (3): 351 – 365.

[295] Young T. A. Soil changes under agroforestry-ScuFA. ICRAF, 1990.